臺灣歷史與文化 研究輯刊

二 二 編

第 4 冊

中西跨文化戲劇交流溯源與改編方式探究
——兼以歌仔戲《威尼斯雙胞案》、
《Mackie 踹共沒?》為例

陳 佩 瑜 著

花木蘭文化事業有限公司

國家圖書館出版品預行編目資料

中西跨文化戲劇交流溯源與改編方式探究——兼以歌仔戲《威
尼斯雙胞案》、《Mackie 踹共沒？》為例／陳佩瑜 著 -- 初版
-- 新北市：花木蘭文化事業有限公司，2022〔民111〕
目 4+206 面；19×26 公分
（臺灣歷史與文化研究輯刊二二編；第 4 冊）
ISBN 978-986-518-984-6（精裝）
1.CST：戲劇 2.CST：比較研究 3.CST：跨文化研究
733.08   111009904

ISBN-978-986-518-984-6

9 789865 189846

臺灣歷史與文化研究輯刊
二二編　第四冊　　　　　　ISBN：978-986-518-984-6

中西跨文化戲劇交流溯源與改編方式探究
——兼以歌仔戲《威尼斯雙胞案》、《Mackie 踹共沒？》為例

作　　者　陳佩瑜
總 編 輯　杜潔祥
副總編輯　楊嘉樂
編輯主任　許郁翎
編　　輯　張雅淋、潘玟靜、劉子瑄　美術編輯　陳逸婷
出　　版　花木蘭文化事業有限公司
發 行 人　高小娟
聯絡地址　235 新北市中和區中安街七二號十三樓
　　　　　電話：02-2923-1455 ／傳真：02-2923-1452
網　　址　http://www.huamulan.tw 信箱 service@huamulans.com
印　　刷　普羅文化出版廣告事業
初　　版　2022 年 9 月
定　　價　二二編 9 冊（精裝）新台幣 26,000 元　　版權所有・請勿翻印

中西跨文化戲劇交流溯源與改編方式探究
——兼以歌仔戲《威尼斯雙胞案》、
《Mackie 踹共沒？》為例

陳佩瑜　著

作者簡介

　　陳佩瑜，土生土長台北人。政治大學歷史系、台北藝術大學戲劇系碩士班畢業。融會了對歷史、戲劇／戲曲、與文字的愛，構築成這本著作。從事中學教職十餘年。文章曾見於《聯合報》、《人間福報》，劇評數篇見於《表演藝術評論台》。

提　　要

　　1980 年代起，跨文化改編風潮吹進臺灣傳統戲曲界；1990 年代中期，歌仔戲也加入了此一浪潮。相較其他戲曲劇種，2000 年代中期起，歌仔戲的活潑性使它逐漸脫離移植故事期，邁向反思形式期，直至 2010 年代中期此風潮仍方興未艾。

　　論文前半段跳脫常見的西方跨文化劇場理論套用，改以更宏觀的歷史溯源來探究中西方戲劇互相取經的歷程以相互參照。歸結出移植劇目的過程中，從粗糙的故事挪用到更深入的反思形式，乃是自然的演進變化。

　　論文後半段挑選了 2000 年代中期後，進入反思形式期的歌仔戲作品為研究對象：2007 年臺灣春風歌劇團的「新胡撇仔」《威尼斯雙胞案》——改編哥多尼（Carlo Goldoni）的義大利即興喜劇（Commedia dell`arte）《威尼斯雙胞案》（The Venetian Twins）；與 2012 年一心歌仔戲劇團的《Mackie 踏共沒？》——改編布萊希特（Bertolt Brecht）的史詩劇場《三便士歌劇》（The Three-Penny Opera）。兩齣劇碼的特殊之處皆為擺脫跨文化改編習慣採用莎劇的窠臼，找尋對傳統戲曲來說更新鮮的表演形式，並設法與之巧妙融合。

　　本論文除分析中西文本轉化中的異同外，為了與歌仔戲的表演形式相互比較，更著力在原典劇種／劇場形式的描繪，藉以探討歌仔戲在改編特殊劇種／劇場形式時所擁有的優勢與缺失；並觀察在跨文化改編中，中國傳統戲曲美學獨特性之彰顯、淡化或折衷的現象。

目
次

表目錄

圖目錄

第一章　緒　論

第一節　研究動機

　　大學本科為歷史系的筆者，一直對探討事物的起源發展、因果關係有著極大的興趣。一件事物之所以形成眼前的樣子，是因為背後累積了多少環環相扣的時空因素，才演變發展而成。而跨文化戲曲改編，正是符合戲曲自身在縱向時間軸上的演化、成熟，與中西文化在橫向空間軸上的傳播、交互作用，縱橫交錯，孕育而生。觀察此一現象從無到有、生成變化的樣貌，精米程度簡直可以稱作中西戲曲文化學的縮影。

　　當決心要以「跨文化戲曲改編」為研究方向後，筆者便展開了將近十年的劇場觀察生涯。以歌仔戲為主，其他傳統劇種為輔，只要聽說有跨文化改編的劇目，即到場觀賞，並留下看戲筆記；對於不熟悉的原著，事前或事後也找來閱讀，以便在第一時間發現原著與改編間的差異。其中，也有工作吃緊時，無暇留意演出資訊而有所遺漏，只能徒呼負負。開始進行本論文中對歌仔戲跨文化改編地毯式的分類評述時，此項歲月累積的工夫展現了它的成果。由於近十年的劇目相關評述極少、影音資料也不易獲得，筆者的看戲筆記往往成為本論文寫作的第一手資料，甚至補充了許多跨文化戲曲研究皆未深談或無記載的劇目，實在深感慶幸。

　　東西方文化交流自古有之，戲劇也不可能自外於「文化」。但因古時交通不便，文化傳播漫長過程造成的時間差、對異地文化的不瞭解與幻想等等，都造成了戲劇在傳播時，有著隔閡與誤讀。自 20 世紀後半以來，世界上各種文化藝術的跨文化交流愈加頻繁而興盛，在戲劇上的影響也愈加明顯。對中

華文化圈而言，除了現代戲劇，傳統戲曲面對跨文化風潮的衝擊可說是更大。

1980 年代起，跨文化改編風潮吹進臺灣傳統戲曲界；1990 年代中期，歌仔戲也加入了此一浪潮。相較其他戲曲劇種，2000 年代中期起，歌仔戲的活潑性使它逐漸脫離移植故事階段，邁向反思形式階段，直至 2010 年代中期此風潮仍方興未艾。

觀察歌仔戲的發展歷史，其算是臺灣現存的傳統戲曲中，最能因應時代脈動而自然地將其他技藝、風潮吸納進自己體系中的劇種。如最早從外臺進入內臺的轉變階段，歌仔戲就吸收了亂彈系統戲曲（包括京劇）的武場伴奏、武打場面和部分唱腔；吸收了部分南管戲曲的身段和曲調；同時，伴隨高甲戲曲的通俗走向，採用福州和上海京劇炫麗的造型和機關布景。〔註 1〕皇民化運動時期，被迫穿上現代時裝或和服，改文武場為西樂演奏，咬牙繼續存活下來。二戰結束後，因應不同時代的媒體演進，歌仔戲也強化了不同形式的表演方式，如廣播歌仔戲時期磨練唱腔的細緻度；電影歌仔戲除多了戶外實景增加逼真感外，更重要的是劇情變緊湊，原本再怎樣長的連臺本戲，拍成電影一律兩、三個小時內要結束，由鬆散無章轉成結構緊密是一大進步。電視歌仔戲雖然有傳統身段和唱詞比例減少的缺點，但對後世的貢獻即是創作出一大批悅耳動聽的「電視新調」，與因傳播媒體的大眾化，培養出一批原本不知外臺戲為何物，卻從小看電視歌仔戲長大、以致產生孺慕之情的戲曲新世代（如筆者本人）。

對於跨文化改編，許多研究者常批評舞臺劇與其他劇種（如：京劇、豫劇等）有著嚴重的文化扞格或出現四不像的樣貌。故本研究欲以歌仔戲作為研究主體，希望能發現跨文化改編對戲曲的積極意義，不論是對故事題旨或形式表現都能帶來高度的啟發。

第二節　研究範圍與研究目的

一、研究範圍

本論文題目主詞為「中西跨文化戲劇」，故而將「跨文化」研究對象限定為西方，若改編來源為亞洲其他國家者，均不在此列。而「中」字專指中式傳統戲曲，現代舞臺劇不在此列；由於相對的「西」並無戲曲，只好以「戲劇」

〔註 1〕林鶴宜，《臺灣戲劇史》。臺北縣：空大，2003 年，頁 151。

一詞囊括。另外,「跨文化」表演的範圍極廣,本論文僅限討論涉及「文本改編」的作品,若只在表演題材或表演方法上跨文化、或外國導演跨文化執導新編作品,均不在此列。

由於中式傳統戲曲的範疇非常大,尤其近代以來中國地方戲是百花齊放,跨文化作品也不少,〔註2〕故而本論文對於戲曲的分析,先以京劇為主,最後則聚焦於歌仔戲。選定以歌仔戲為核心,是著眼於其為臺灣唯一的原生劇種,及其有著豐沛的民間自發性演化的生命力,筆者在臺灣亦方便以在地的長期親身觀察做深入的剖析。

本文從第三章後半切入歌仔戲主題,將歌仔戲自1996〜2017年的所有跨文化改編作品做一全盤式的檢視,此處所界定的範圍是「現代劇場歌仔戲」,外臺戲不論,但若原是外臺戲碼卻因故得以進入室內劇場演出,即納入討論;而所探討劇目的原著作品以西方的戲劇(包含音樂劇與歌劇)、文學為主。

第四、五章則把研究對象集中在兩齣因跨文化改編題材的影響,導致歌仔戲團進行了形式上反思的積極性作品。一齣為2007年臺灣春風歌劇團的「新胡撇仔」《威尼斯雙胞案》——改編自哥多尼(Carlo Goldoni,1707〜1793)的義大利即興喜劇(Commedia dell'arte)《威尼斯雙胞案》(The Venetian Twins),本劇是歌仔戲反思形式的首齣作品,有其開創上的意義;另一齣為2012年一心歌仔戲劇團的《Mackie踹共沒?》——改編自布萊希特(Bertolt Brecht,1898〜1956)的史詩劇場《三便士歌劇》(The Three-Penny Opera),本劇為至2017年為止,僅有的四齣反思形式作品中,符合改編自戲劇、有明顯形式上變化的成熟作品。

二、研究目的

筆者希望跳脫一般慣性套用西方跨文化理論來討論傳統戲曲的方法,而是從歷史演進的脈絡中找尋跨文化戲劇改編的發展。利用中西戲劇互相跨文化取經的歷史相互參照,以探討從移植故事到移植形式的脈絡是否為自然之演變。

〔註2〕例如1980年後,在中國政府主導下,1986、1993年曾兩度大規模舉辦「中國莎士比亞戲劇節」;在長達數月的活動中,分別以戲曲、話劇、偶戲、廣播劇等不同劇類演出莎劇。(引自陳芳,《「莎戲曲」:跨文化改編與演繹》。臺北:臺灣師範大學,2012年,頁3。)1986年首屆中國莎士比亞戲劇節中,有四個劇曲改編本:越劇《第十二夜》、黃梅戲《無事生非》、崑劇《血手記》、越劇《冬天的故事》。(引自葉長海,《當代戲劇啟示錄》。臺北:駱駝,1991年,頁46。)

在討論跨文化戲劇時，對中西戲劇史的認識與體會力求平衡與客觀。既避免抬高中國戲曲的地位，將西方戲劇當作功能性的敘述介紹；也避免以西洋戲劇的角度批判或誤解中國戲曲傳統。劇本內容方面，擺脫一般性的跨文化純文本比較，進一步討論戲曲改編與原著在不同的「戲劇文化」中，有哪些是該保留的共性，有哪些是無法同理的文化內涵。表現形式方面，針對歌仔戲與西方原典劇種／劇場形式的相仿性或相容性的對比；以探討歌仔戲在改編特殊的劇種／劇場形式時所擁有的優勢與缺失。在對歌仔戲跨文化改編全面性的分類評述中，由於發現《威尼斯雙胞案》與《Mackie 踹共沒？》是改編西方戲劇中，在「形式」上有明顯受到原典影響而創新者，故特別挑選出進行深度討論，希望進一步發現歌仔戲的更多可能性。以一如既往的求新求變，在不同時代，持續受到新觀眾的接受與喜愛。

總之，經由長時間的劇場觀察記錄與對中西劇場的客觀比對，希望從劇本創作角度到舞臺演出觀點，全方位的剖析跨文化改編現狀的成果與缺陷；並觀察在跨文化改編時，戲曲獨特性是被彰顯、淡化，或是能與現代性折衷並存，進而，提出作品優良的關鍵與指出未來可發展的方向。

第三節　文獻探討

由於本論文的討論範圍較廣，在文獻探討上，除了要爬梳大量跨文化改編作品的相關評論外，也涉獵了許多關於中西戲劇史、中西戲劇美學、中西戲劇比較等的分析；並針對本論文核心的歌仔戲部分，延伸更多的觸角在發展脈絡、劇種特色、重要劇團的經營等方面。

在跨文化改編劇目分析上，除了兩齣專例探討的跨文化改編歌仔戲必須深入瞭解它們的西方原典劇種／劇場形式，才能發掘出其與歌仔戲的相容性或差異性外；為了能將 1996～2017 年其他二十幾齣歌仔戲劇目適切定位分類，也需對其改編的原著有一定程度的熟悉，才能瞭解改編後的差異。以上種種皆在文獻探討涵蓋的範圍之內。

一、跨文化戲曲改編相關

（一）專書

臺灣「跨文化」的專書一般皆溯源自 2000 年由外籍學者戴雅雯（Catherine

Diamond）的《做戲瘋，看戲傻——十年所見臺灣劇場的觀眾與表演（1988～1998）》一書。本書為作者於國內外期刊發表的九篇論文，有關跨文化戲曲部分皆以「當代傳奇劇場」為例。

再來，則要到 2008 年、2009 年，才有學者石光生、段馨君相繼以「跨文化」為名，以集結相關單篇論文方式出版專書。石光生之《跨文化劇場：傳播與詮釋》提出「跨文化劇場傳播四階段」的說法：原文展演、翻譯原著、改編原著、創作新劇本的闡釋，個人認為範圍太過廣人。尤其到了第四階段，只要有吸收外來主題，甚至外來技巧（如象徵、後設……）的新創作都符合定義的話，那幾乎每一個劇本都可被定位成「跨文化」了。本土篇中，基本上就是用上述四階段的概念搭配個案討論，戲曲的部分為第三章「近來臺灣傳統戲曲的歐洲作品改編」。

石光生著作雖為集結文章之作，但作者明顯用心統整過。相比之下，段馨君之《跨文化劇場：改編與再現》的結構便較不嚴謹，翻譯名詞、人名前後不一，也有論述重覆之處。雖其於第一章簡明扼要的整理了國外重要的跨文化劇場理論，令讀者易於上手，但其後的劇作分析常羅列甚多專有名詞，卻少有實際論述。與戲曲有關的部分只有粗略提及「當代傳奇劇場」和《奧瑞斯提亞》；還有屬於客家歌舞劇而非客家戲的《福春嫁女》。隔年段馨君又推出了《凝視臺灣當代劇場：女性劇場、跨文化劇場與表演工作坊》一書，跨文化佔 1/4 主題，理論內容類同前書而略加延伸，劇作舉例描述略為繁冗，戲曲例了依然是《奧瑞斯提亞》。

2010 年，臺南人劇團出版由陳芳主編的《劇場事 8：戲曲易容術專題》，文中集結了不少戲劇學者對跨文化改編的見解，其中數篇為本論文所引用，如：劉美芳〈本色與跨越的拉扯〉論及臺灣現代劇場歌仔戲在 21 世紀的創新嘗試，但由於其「跨越」的定義除了跨文化，還包涵「跨界」，故而討論範圍較廣。羅基敏〈文化傳遞、接受與再生〉談新編京劇《弄臣》，可能因作者為音樂背景，文中主要討論劇情與音樂部分，較不夠全面。除此之外，本書收錄的某些文章定位不清，與跨文化關係不明，充其量僅可以「全球化」觀點視之，較為可惜。

2012 年起，完全針對戲曲的「跨文化」專書出現，計有朱芳慧的《跨文化戲曲改編研究》與陳芳的《「莎戲曲」：跨文化改編與演繹》。前者以「執行面」分析為主，四項戲曲例子中，歌仔戲以《彼岸花》為例；後者顧名思義以

改編莎士比亞戲劇為主，探討戲曲劇種從豫劇、京劇、崑曲、以至越劇，但無歌仔戲。段馨君亦再接再厲出版了《西方經典在臺灣劇場：改編與轉化》，此書分析的五齣戲中，除「當代傳奇劇場」外，戲曲改編例子為「臺灣豫劇團」的《約／束》。

2017 年朱芳慧的《當代戲劇鑑賞與評論》雖然書名沒有「跨文化」，實際上跨文化內容佔了約 1/2 篇幅。其中第三章：論「跨文化劇場」之建構與分類，將跨文化改編「戲曲」與「戲劇」劇目分別做了梳理，讓後繼研究者在資料查閱上方便許多。但或許因資料為學生協助統整，在「跨文化改編戲曲」部分，資料正確度仍需多所斟酌。雖然書中有言明：對象以國內主流專業劇團為主，不包括校園改編作品、兒童劇團改編作品、偶劇團改編作品及資料不全之劇團改編作品，〔註 3〕但仍有標準不一狀況，如：臺灣戲曲專科學校（2006 年改制為國立臺灣戲曲學院）的作品，京劇只有兩齣、歌仔戲則完全沒有；以此校的特殊性而言，並不該被歸類於一般「校園改編作品」之中。另外，對尚和歌仔戲劇團的跨文化改編標準過於寬鬆，例如：《半人》（改編自《巴黎聖母院》，多譯成《鐘樓怪人》）並非歌仔戲，是「臺味音樂劇」；《醜女的婚禮》與《慾望當鋪》只能算截取跨文化素材的戶外演出，如果可以列入，那麼與其他外臺的改編劇目如何區分？以本論文來說，便是以進入現代室內劇場為原則，故明華園天字戲劇團的《秦好也搶妻》即可列入（此書亦無提及）。總之，為避免誤導後繼研究者，在建構分類資料時，應更小心謹慎。

（二）碩士論文

臺灣有關跨文化改編的碩論，以全面性來說，最早可以 2001 年臺灣大學戲劇研究所黃千凌的〈當代臺灣戲曲跨文化改編（1981～2001）〉為代表。此論文以 1980 年代起整整二十年間，戲曲界掀起的跨文化改編風潮做整體評論為其最大貢獻，但也由於作者探討的面向過於廣泛，論文流於現象的介紹與描述。以「跨文化」來說，作者從臺灣小劇場的狀態切入無可厚非，但一來需控制篇幅比例，二來應與戲曲改編討論有所區隔。「大陸戲曲跨文化改編」占的篇幅太多，需再斟酌與主題「當代臺灣戲曲」的切合性。此外，關於文化背景及戲曲「現代化」的發展也著墨太多。跨文化改編只是戲曲「現代化」的重要發展路線之一，但此論文幾乎回顧了「戰後臺灣戲曲史」。論文後半部的深

〔註 3〕朱芳慧，《當代戲劇鑑賞與評論》。臺北：五南，2017 年，頁 73。

度漸入佳境，但由於前半以劇目縱軸分析與後半以專題橫軸分析只是切入點的不同，在後半部往往重覆論述，是美中不足之處。

再來直到 2008、2012 年才又有兩篇碩論專門討論當代傳奇劇場的跨文化作品，分別是臺灣大學戲劇所鄭傑文《慾望現代與混血表演：1986～2006 當代傳奇劇場作品初探》，與中正大學中文所吳岳霖《擺盪在創新與傳統之間：重探「當代傳奇劇場」（1986～2011）》。

2012 年另有兩篇討論歌仔戲跨文化改編專例的碩論，分別是中央大學中國文學研究所黃佳文的〈臺灣歌仔戲跨文化編演與詮釋——以《梨園天神》、《梨園天神桂郎君》為研究對象〉，與成功大學藝術研究所張舒涵的〈論析跨文化劇場之理論與實踐——以法國音樂劇《羅密歐與茱麗葉之愛與恨》與臺灣歌仔戲《彼岸花》為例〉。前者架構齊整，既有國外的跨文化劇場概要，亦有國內歌仔戲本質的討論，最後還輔以符號學分析。後者的脈絡較複雜，先分別分析法國音樂劇與臺灣歌仔戲兩版本，再比較兩者；如此便弱化了莎翁原著的角色，並在比較中西差異時，讓東方歌仔戲版的比較對象游移於西方莎翁原著和法國音樂劇之間。在此之後，雖然歌仔戲跨文化改編作品創作不輟，但只有 2015 年臺灣藝術大學表演藝術碩士班鍾惠斐的〈歌仔戲《阿育王》之跨文化改編研究〉與此相關；不過，由於此劇改編來源為印度電影，與本論文設定「西方、戲劇文學」條件不同。

2013 年有兩篇專題討論跨文化戲曲，包括中央大學中國文學研究所王尚淳的〈跨文化改編與詮釋：莎劇在臺灣的戲曲化研究〉，與臺北教育大學語文與創作學系碩士班紀聖美的〈國光劇團跨文化京劇的改編與詮釋〉。前者「莎戲曲」劇作舉例豐富，但每例與原著對比較為精簡，偏向通論性質，但對於戲曲學院作品的介紹頗為重要，因為一般評論極少；後者主題較為單薄，只略為提及國光劇團的兩齣戲劇。2015 年臺灣師範大學翻譯研究所鍾佩真的〈一劇兩吃：從《量·度》談跨文化改編〉，則從翻譯的角度討論豫劇《量·度》的改譯策略。

以「跨文化」為主題的碩論，近十年來以臺灣藝術大學戲劇學系碩士班為量產大本營。2009 年（時稱戲劇與劇場應用學系，隔年改稱戲劇學系）由方尹綸的〈臺灣當代劇場跨文化改編研究（2000～2009）〉揭開序幕，此篇討論「當代劇場」，並無談及戲曲。之後與戲曲相關的有：2012 年劉晏慈的〈論臺原偶戲團之跨文化呈現〉、2018 年鄭哲智的〈臺灣豫劇團《天問》跨文化劇

場改編研究〉。2017 年馬國萍的〈從視覺符號觀點析論新編豫劇《約／束》〉，
則跳脫跨文化劇場理論，以符號學理論分析。除此之外，與現代舞臺劇相關
的碩論則不知凡幾。

　　成功大學藝術研究所的「跨文化改編」碩論，明顯聚焦於戲曲，相關的
有：2014 年侯汶姍的〈《李爾在此》之跨文化劇場改編研究〉、2015 年徐英涵
的〈京劇《胭脂虎與獅子狗》之跨文化戲曲改編研究〉。另外，論文名稱不明
顯，但其實也是跨文化研究的有：2012 年葉芳欣的〈《杜蘭朵》歌劇與戲曲四
版本探析〉討論到豫劇《中國公主杜蘭朵》，2016 年丁文泠的〈中西《弄臣》
七版本研究〉討論到李寶春京劇《弄臣》。

（三）重要期刊論文

　　在戲曲跨文化改編深度討論方面，較重要的有：李羿伶〈論海山戲館《惡
女嬌妻》的跨文化呈現〉、高詩婷〈河洛歌子戲《太子復仇》與莎士比亞《哈
姆雷特》之比較研究〉、謝筱玫〈展演後設：國光劇團的《艷后》與《水袖》〉
等。楊馥菱的相關論述最為豐富，有〈歌仔戲的跨文化編創——談梨園天神
的兩次創作〉、〈一心歌仔戲《狂魂》改編浮士德之書寫策略探討〉、〈試探跨
文化戲曲《啾咪愛咋》之跨文化導演的創作及其藝術特色〉等。

二、西方戲劇與臺灣戲曲相關

（一）西方戲劇部分

　　近年來西方經典劇作的劇本在臺灣出版，往往附上豐富詳盡的導讀資料，
對讀者理解劇本有莫大幫助，與本論文相關的有：鄭芳雄、彭鏡禧合譯《四
川好人、高加索灰闌記》；張靜二譯註《乞丐歌劇譯註》；林志芸譯《馬里伏劇
作精選：《雙重背叛》及《愛情與偶然狂想曲》》等。

　　關於莫努虛金，以「在兩廳院遇見大師」系列的《莫虛金：當下的藝術》
為瞭解其戲劇理念的入門讀物；但由於是訪談集，雖每段訪談都有設定大方
向，但要找到切合本論文的素材，仍需在地毯式搜集下才有意外收穫。針對
陽光劇團的作品分析，中文相關資料極有限。2013 年臺灣大學戲劇研究所王
仁芳的〈莫努虛金導演作品中的東亞印記〉提供了許多莫努虛金作品的東方
元素實例。

　　有關義大利即興喜劇，重要參考資料為 2003 年臺北藝術大學劇場藝術研
究所鍾欣志的〈威尼斯雙胞案〉展演報告。在缺乏義大利即興喜劇中文專書

的情況下，其論文的第二章「劇本分析及相關研究資料」相當簡明扼要的描繪出此劇種的輪廓。

有關《三便士歌劇》，參考了 2005 年東吳大學音樂學系碩士班吳品萱的〈科特・懷爾《三毛錢歌劇》之研究〉，她從音樂的角度切入創作背景與劇情分析，補充了戲劇史以外的面向。

（二）臺灣戲曲相關

臺灣戲曲發展部分，有王安祈《臺灣京劇五十年》、盧健英《絕境萌芽：吳興國的當代傳奇》、邱莉慧主編《劉鐘元與河洛歌子戲團》等著作與本論文相關。邱坤良《臺灣劇場與文化變遷：歷史記憶與民眾觀點》從各方面剖析臺灣民間劇場存在的意義與價值，並從現實面、政策面等語重心長地提出建言與針砭，這種非從戲曲內部分析作品，而是從外在環境的影響去解釋戲曲作品的質變，是非常值得學習的觀察角度；雖然某些看法略為主觀，但深刻感受到作者為民間劇場發聲的用心。

針對歌仔戲史部分，除通盤性瞭解外，主要關注點放在「現代劇場歌仔戲」上。參考書目為：2002 年楊馥菱《臺灣歌仔戲史》、2006 年林茂賢《歌仔戲表演型態研究》、2005 年蔡欣欣《臺灣歌仔戲史論與演出評述》等。其中，楊馥菱偏向歷史描繪；蔡欣欣夾敘夾議；林茂賢則於每一時期的前半純介紹、後半再予以評析。但也因此，林茂賢著作中，佔了相當多篇幅的就是「列劇名」，「現代劇場」時期還加上「演出場地」，往往一整段只見眼花撩亂的時間、地點、劇團、劇名。若能將劇名分期整理製表，效果應更好。「重複性」是另一問題，如唱片期與廣播期、電影期與電視期兩組的特色雷同性頗高，同樣的評論卻重複提出，其實可以思考是否有合併論述的可能；而上述四期與傳統表演的相同差異，作者竟也重述了四遍，頗為累贅。本書優點為試著釐清一些爭議問題，如：歌仔戲發源地之爭；或者持平列出正反意見，如：國樂加入「現代劇場歌仔戲」優劣與否；有些常見說法亦加以詳細解析，如：外臺戲班「大小月」之形成。

由於之後未見再有歌仔戲通論類的著作，故對「現代劇場歌仔戲」的介紹也僅止於 2000 年代中期。

陳幼馨《臺灣歌仔戲的異想世界——「胡撇仔」表演藝術進程》為其碩論，將「胡撇仔」漸受重視後陸續產出的學術討論、搭配田野調查，做出統整性的歷史梳理。其中對於「胡撇仔」藝術位階轉變後，出現的「文化場」表演

與新世代的「現代劇場」創作討論，延伸了「胡撇仔」的當代意義。

　　針對單一劇作而著書介紹的有：魏子雲主編的《法國椅子中國席》、鍾傳幸《戲曲導演：兒童戲曲《森林七矮人》創作演出》等。後者除將〈森林七矮人〉的創作過程分門別類詳細整理並附劇本外，更加上了「學理基礎」篇，簡明易懂的介紹了京劇的行當、程式、音樂……等等元素。

　　以歌仔戲團的發展來觀察他們跨文化改編的成果，可參考的碩論有：2011年臺灣師範大學歷史學系在職進修碩士班鍾怡君的〈「傳統與創新」——河洛歌子戲團的發展（1991～2011）〉、2014年臺灣師範大學臺灣史研究所蕭君霖的〈融合中西戲劇文化的臺灣劇場歌仔戲——孫榮輝與一心戲劇團〉。

　　綜上觀之，跨文化戲劇專書多為集結論文之作，除陳芳的《「莎戲曲」：跨文化改編與演繹》外，其餘較無明顯主題。跨文化戲曲碩論則多針對單一劇目分析，少數針對特定劇團或莎劇主題討論。歌仔戲通論專書部分，由於2000年代中期後未有新作，故「現代劇場歌仔戲」及其跨文化改編作品的通論介紹，也付之闕如。

　　檢視本論文，在縱向時間軸上，向下補足了近十年來歌仔戲跨文化改編作品的發展軌跡，並將作品分類定位；向上延伸至京劇自清末以來跨文化改編的啟發。橫向空間軸上，則有西方向中國戲曲的跨文化歷史階段以茲對照呼應。另外亦提出兩齣在形式出現新意的歌仔戲跨文化改編作品深度剖析，以供參照反思。

第四節　研究方法

　　本論文的研究方法主要分三大方向，一為理論探究。二為內在的文本分析（textual analysis），包括書籍、劇本，以及影音媒體紀錄，並配合劇作家時代環境、思想主題逐一論析。三為外在的劇場形式分析比較，如傳統戲曲之於義大利即興喜劇，及傳統戲曲之於史詩劇場；時空環境對劇作思想的影響等等。四為廣義的田野調查，以近十年針對研究主題的實際看戲經驗累積長期田調資料，一方面筆記即時的直覺感受，一方面觀察現場觀眾反應，並輔以網路觀戲評論交叉分析。

　　關於理論部分，目前臺灣學界相關論文多沿用西方跨文化理論來分析，例如學者帕維斯（Patrice Pavis，1947～）、芭芭（Eugenio Barba，1936～）等

人的見解。但本論文希望能跳脫一般俗套，提出一套新的跨文化分析角度。

　　本論文研究的概念，是由斯叢狄（Peter Szondi，1929～1971）的《現代戲劇理論》（*Theory of the Modern Drama*）所啟發。在第二次世界大戰後的西德學術界，由於種種政治社會因素，文學研究多以作品的內在分析為主，有意無意的忽略歷史性的影響。而斯叢狄的戲劇理論正是一改此弊病，「從歷史的角度出發，以形式和內容的辯證關係為基礎，全面描述了從 1880 到 1950 年之間現代戲劇的危機、過渡和革新的過程。」〔註4〕與筆者強調「歷史性」的理念不謀而合。

　　斯叢狄在內容與形式方面的辯證討論雖然是針對西方現代戲劇，但若將此處較為抽象的「形式」（form）聯想到中國戲曲的「程式」，進而應用在歌仔戲的討論上，反而更加適合且易懂。此處引用斯叢狄關於內容與形式相互作用和轉化的三步驟，做為本論文的論述主軸：

> 形式性與內容性表述起初是相符的，隨著新的內容性表述的出現走向分裂，導致兩者之間的矛盾；在矛盾的過程中，一方面是舊有的形式性表述出現了問題，無法適應新的內容性表述；另一方面在新的內容性表述的掩蓋下已經出現了新的形式要素，這些要素為消除兩者之間的矛盾做了準備；隨著具有形式功能的內容性表述凝聚成新的形式性表述，最終突破舊的形式性表述，新的內容性和形式性表述的統一得以實現。〔註5〕

　　斯叢狄論點的開端可謂是「新的內容（content）出現」，對他來說，新內容不斷出現是必然的，因為人類社會必將持續變遷。

　　《現代戲劇理論（1880～1950）》一書中，斯叢狄明確的寫出「本文中決定性的觀點要歸功於黑格爾的美學……。」〔註6〕黑格爾（G. W. F. Hegel，1770～1831）在《美學》第三卷下冊中將「詩」（廣義的文學）分為抒情詩、史詩、戲劇詩（epic, lyric, and dramatic poetry）三類。由於抒情詩在西方現代戲劇發展中無甚重要，斯叢狄書中主要是辯證後兩者的特性在現代戲劇中的

〔註4〕王建，〈譯者序——從一本小書看文論的轉折〉，《現代戲劇理論（1880～1950）》。北京：北京大學，2009 年，序頁 11。

〔註5〕王建，〈譯者序——從一本小書看文論的轉折〉，《現代戲劇理論（1880～1950）》，序頁 13。

〔註6〕Peter Szondi（斯叢狄）著，王建譯，《現代戲劇理論（1880～1950）》。北京：北京大學，2009 年，頁 150。

消長。

其實西方將文學分類可追溯自亞里士多德的《詩學》第三章：「（一）有時以作者口吻敘述，有時通過一個假托的人物言說出來，如荷馬所從事的；或為（二）全篇以一貫之方式敘述，沒有變化；或為（三）由模擬者將整個故事戲劇地照所描述的實際表演出來。」〔註7〕依姚一葦箋註，前二者的種類皆為「敘述」，第三項則為「表演」。〔註8〕故而古希臘文學最先發展出的本來就是史詩和戲劇。「希臘文學批評——至少在古典時代和和古代時代以後——還沒來得及為抒情詩命名，當時，人們對於與史詩和戲劇相對應的今日所謂抒情詩，並沒有一致的認識。」〔註9〕「我們可能驚異，這個三部的分類，特別是抒情種類的概念在它的廣義之下比較上很晚才獲得完成。伊倫·柏倫斯曾經指出，它大約在 1700 年在義大利才固定下來，後來在 18 世紀流傳到德國，從德國再進入法國。」〔註10〕

在西方近代以前，這三大文體可說是涇渭分明，即使黑格爾提出戲劇體詩是史詩的客觀原則和抒情詩的主體性原則這二者的統一，但也強調「這種把史詩因素和主體的內心生活統一於現在目前的動作情節中的表現方式，卻不容許戲劇用史詩方式去描述地點環境之類，外在細節以及動作和事跡的過程。」〔註11〕

由於斯叢狄在 20 世紀初發現人類朝向內心化、孤獨化改變，因而需於戲劇中加入「敘事」（epic）成份，進一步衝突到三大傳統戲劇概念：當下性、人際互動和明顯的事件行動。〔註12〕時至 21 世紀初，世界當然產生了更多的新樣貌。人類社會在向前走，戲劇自然也應該向前走。社會內部的變遷本來就會產生新的戲劇形式；引入異文化的文本，是從外部影響改變，同樣會對

〔註7〕 Aristotle（亞里斯多德）著，姚一葦譯註，《詩學箋註》。臺北：臺灣中華，1992 年，頁 47。

〔註8〕 「詩」分此三類，其實在亞里斯多德老師柏拉圖的《理想國》書中即曾以不同敘述出現過。參見 Aristotle（亞里斯多德）著，姚一葦譯註，《詩學箋註》，頁 48。

〔註9〕 轉引自李鳳亮，《中國古典文論現代觀照的海外視野》。臺北：秀威資訊科技，2016 年，頁 300。

〔註10〕 Wolfgang Kayser（凱塞爾），陳銓譯《語言的藝術作品——文藝學引論》。上海：上海譯文，1984 年，頁 442。

〔註11〕 G. W. F. Hegel（黑格爾）著，朱光潛譯，《美學（第三卷下冊）》。北京：商務印書館，1981 年，頁 241。

〔註12〕 Peter Szondi（斯叢狄）著，王建譯，《現代戲劇理論（1880～1950）》，頁 67。

形式帶來衝擊。

　　維持舊內容當然就可保持舊形式，但原屬於庶民生活一部分的戲劇，要是與當代社會或西化的生活形態脫節，必然會流失無法共鳴的觀眾。若出現新內容，依斯叢狄的理論，舊形式必然會迎來挑戰。有時死守窠臼，可能會面臨衰亡的命運；而有時危機就是轉機，挑戰成功了便能蛻變出新生命。

　　筆者更希望能在討論跨文化改編時，除了分析西方原典內容外，進一步辨析西方原典劇種或形式，並且在這過程中同時省思戲曲（尤其是歌仔戲）自身的形式特性。希望某些帶有強烈風格（或表演方法）的西方故事（內容），不論在形式或內容上，都能使歌仔戲在保持劇種特色下，激盪出更適合現代社會、更為新世代所接受的新樣貌。

第五節　論文架構與綱要

　　本論文分為六章，除去「緒論」，餘下五章說明如下：

　　第二章為「西方戲劇向中國的跨文化」。筆者將之劃分為「移植故事期」、「移植形式期」與介於其中的「移植故事到形式間的過渡期」。第一節「移植故事期」以《趙氏孤兒》為例，從歐洲數種面目全非的改編本觀察 18 世紀西方戲劇家的思考方式與戲劇原則。

　　第二節「移植故事到形式間的過渡期」以《高加索灰闌記》為例，先談到十九世紀以降的戲曲翻譯西傳開始重視忠實度，再述及二十世紀起西方的現代主義驚奇的發現，中國戲曲的詩意是如此地可供借鑒。接著，溯源李行道《灰闌記》的「二母爭子」題材，發現在東西方皆有不只一種原型傳說，東方以佛教《賢愚經》為主，西方以舊約《聖經》為主，故而其在跨文化改編時，較不容易產生「戲劇文化」背景上的隔閡。由於布萊希特對《灰闌記》題材有著高度的興趣，在經過了數次不同形式的創作試驗後，終於完成《高加索灰闌記》。在改編時，布萊希特除了以社會主義觀點改寫了結局、賦予濃厚的思考性；更重要的是，配合內容需求，他有意識的化用中國戲曲形式以創新手法來表現。

　　第三節「移植形式期」以莫努虛金的陽光劇團為例，由於莫努虛金本人自小對東方的熱愛，在陽光劇團長年多變的風格中，東方元素便成了其中一個重要階段的代表。最後以八〇年代的莎士比亞系列為例，來看陽光劇團對

東方元素運用上的成績與誤解。

第三章為「中國戲曲向西方的跨文化」。筆者將之劃分為「移植故事期」
與「移植故事與反思形式期」，但分為京劇及歌仔戲兩支不同的脈絡討論。本
論文核心為歌仔戲，但第一節從京劇談起，主要是因京劇在臺灣有啟發歌仔
戲跨文化改編的作用，且與第二章的中國戲曲例子有承接性的脈絡。此處的
重要代表非「當代傳奇劇場」莫屬，但由於其自身定位已超越傳統京劇，故
另外挑選一些京劇跨文化改編值得借鏡的作品來分析。

第二節為論文主軸「歌仔戲改編的發展」，從 1996～2017 年為止，歌仔
戲跨文化改編依內容來看，剛好可以分為前十年的「移植故事期」，和後十年
的「移植故事與反思形式期」。在「移植故事期」中，又恰好約前五年是「因
襲舊套階段」，後五年左右是「合理新詮階段」；但不論是前者或後者，當然
都有成功或失敗的作品，並非獨斷的認定這是一個從落後到進步的過程。在
「移植故事與反思形式期」則是走向 M 型發展：「開展型」既有延續前一時
期後半、但趨向成熟的故事新詮類，亦有更積極性的反思形式類；「守舊型」
類似「因襲舊套」模式，但因多走小品路線，常為一般跨文化戲曲改編所忽
略，不過仍不該無視此類作品的存在。

由於第二、三章的架構較為複雜，茲以下圖展示之。

圖 1-1　第二、三章論文架構

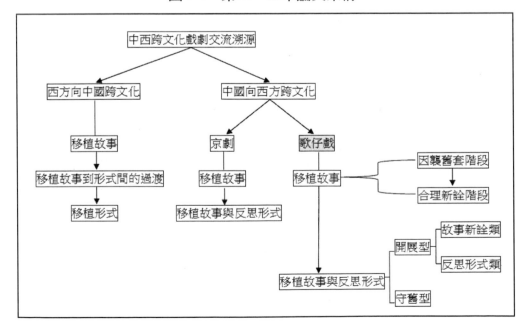

　　第四章為「反思形式初創期──同源非雙胞之《威尼斯雙胞案》」。由於義大利即興喜劇在哥多尼時進行了不小的改革，有「新義大利即興喜劇」〔註13〕之稱；而臺灣春風歌劇團的《威尼斯雙胞案》也標榜著「新胡撇仔」，因此筆者先將此兩劇種的新舊類型分別討論之。第一節為義大利即興喜劇與「胡撇仔」歌仔戲的介紹與相似點的提出，為本論文主軸之一。第二節為「新義大利即興喜劇」與「新胡撇仔」的介紹，與兩版《威尼斯雙胞案》的劇情、場次比較。第三節為《威尼斯雙胞案》的深度分析，談及人物、主題、情節等元素在改編時的重塑狀態。第四節則特別提出屬於超出原著的外加劇情和傳統戲曲元素在歌仔版中運用的優與劣。

　　第五章為「反思形式成熟期──Mackie 魂不滅之《Mackie 踹共沒？》」。由於《Mackie 踹共沒？》的改編來源──德國布萊希特的《三便士歌劇》亦是改編作品，因此第一節有必要從英國約翰‧蓋伊（John Gay，1685～1732）的民謠歌劇（Ballad opera，或稱敘事歌劇）《乞丐歌劇》（The Beggar's Opera，1728）這個源頭談起，以觀察出這個帶有強烈社會性和將通俗性引進歌劇的成優良種子，如何在往後的不同時代、地區不斷的開出芬芳的花朵。接著便進入布萊希特及其改編的介紹，同時也可觀摩布萊希特這個成功的改編版，如何用同一個故事，卻傳達出不同的時代新意義，以致於後世幾乎沒人把《三便士歌劇》視為《乞丐歌劇》的影子，而是一齣獨立存在的成功作品。

　　第二節為本論文主軸之一，即將「史詩劇場」與中國戲曲的連結性和差異性釐清並逐一評述，接著進一步將重點集中在《三便士歌劇》單一劇目與歌仔戲的相容性上，以肯定歌仔戲改編此劇的適切與合拍。最後將布萊希特版與歌仔版做出場次內容對比，以瞭解歌仔版對原版刪改的部分為何。

　　第三節正式進行《Mackie 踹共沒？》的深度分析，除了人物與主題外，也提及本劇最大的特色便是將「跳躍式敘事法」引入歌仔戲界、活化了舞臺道具的巧思、仍保有濃濃歌仔味的新編曲調……等等起著烘托作用的元素。

　　第六章為結論。綜合二到五章的討論，本章首先將歌仔戲跨文化改編從作品與製作團隊的角度做現況的總檢討。再來，從中西戲劇特質檢視跨文化

〔註13〕此說法根據李其昌，〈藝術喜劇之十八世紀的改革──哥多尼的「新藝術喜劇」「扇子」與其排演過程〉（《美育》125 期，2002 年 1 月，頁 15～16）的期刊論文而來。但惟恐讀者無法立即的將「新藝術喜劇」的說法轉換理解為「新義大利即興喜劇」，故本論文皆以「新義大利即興喜劇」稱之。

改編的難易：優勢如中國戲曲是綜合西方三大文類的藝術，在題材選擇上其實很寬廣；難處是西方戲劇與中國戲曲在基本設定與觀看角度上頗有差異，在改編時需有所理解才能夠權衡輕重。最後，是對跨文化改編的展望，願能在關照「傳統戲曲美學之維護」與瞭解「經典題材對戲曲創作之啟發」的積極性意義下，有更多優秀的跨文化改編戲曲作品出現。

第二章　西方戲劇向中國的跨文化

　　近代跨文化劇場被有意識的理論化，約可上溯至 19 世紀末至 20 世紀初；自 20 世紀末起，跨文化劇場在歐美更被視為創作的一項重要新方向。但東西方文化交流自古有之，戲劇也不可能自外於「文化」。本論文之二、三章將東方概念限縮於中國，希望整埋出西方戲劇與中國戲劇在歷史長河中，自然產生的互相挪用或襲仿，甚至刻意借鏡或學習之脈絡。在本章中，將西方戲劇向中國的跨文化劃分為「移植故事期」（以《趙氏孤兒》為例）、「移植形式期」（以陽光劇團為例）與介於其中的「移植故事到形式間的過渡期」（以《高加索灰闌記》為例），希望見微知著，觀察出跨文化改編的發展歷程。

第一節　移植故事期——中國戲劇文化西漸的先聲《趙氏孤兒》

一、初次譯介背景

　　西方對於東方戲劇的發現，可以前推到 18 世紀的啟蒙時代。當深入亞洲大陸的耶穌會教士們攜回了大量東方文化信息時，也把中國戲劇「文本」帶進了歐洲。

　　《趙氏孤兒》是傳入歐洲的第一部中國戲劇。翻譯者是法國耶穌會傳教士普雷馬雷（Joseph Henri-Marie de Prémare，1666～1736，漢名馬若瑟，後文以漢名稱之）。馬若瑟於 1698 年（清康熙 37 年）赴中國傳教，停留 38 年，大部分時間在江西居住；1724 年受雍正禁教影響流放廣州，1732 年又被逐還

澳門，1736 年卒於澳門。〔註1〕

　　這裡有必要介紹一下馬若瑟教士。作為第一部中國戲劇的引介者，他並不是一名普通的翻譯者，他甚至被稱為「西方漢語研究的開創者」〔註2〕、中國「索隱學派」（Figurists）〔註3〕的代表人物，本著對中國傳統文化極深的研究功底，他甚至還翻譯過《詩經》、《書經》等；因此由他翻譯的《趙氏孤兒》在品質上應具有一定的水準。

　　馬若瑟於 1731 年在廣州將《趙氏孤兒》譯成法文（L'Orphelin de la Maison de Tchao）。在選擇一個「典型的」中國劇本進行翻譯時，清初來華的馬若瑟是作了慎重比較和挑選的；他沒有選擇當時中國社會流行的明清傳奇，而是選擇了更為古老的元雜劇。廖奔認為是因：「他了解歐洲戲劇的美學口味，理解社會上層心理最推崇的戲劇類型是『悲劇』，也熟知當時歐洲的戲劇概念已經朝向時空的絕對集中性相當發展了」〔註4〕；因此與時空隨意性高、動輒幾十齣的明清傳奇相比，時空相對集中、以四折為主的元雜劇當然是比較符合需求的；但若以嚴格的「三一律」〔註5〕來檢視，元雜劇絕對仍是大大出格；這也造成歐洲後世在改編此作品時的困擾之一，此是後話。戲劇樣式確定了，那劇目選擇的原則呢？馬若瑟在法譯版前言說明了本意，是希望歐洲人通過這部真正的中國悲劇，能夠觀察到中國文明的程度和中國人的道德觀念。〔註6〕

　　但由於元曲中多用俗字，用典很多，如果沒有足夠的中國歷史文化知識根本無法理解，因此馬若瑟為歐洲讀者理解劇情的便利，在翻譯時只翻譯了

〔註1〕李真，〈來華耶穌會士馬若瑟生平及學術成就鉤沉〉《東アジア文化交涉研究》第 5 號，2012 年 6 月，頁 132。

〔註2〕馬若瑟的《漢語箚記》（Notitia Linguae Sinicae，1728），為世界上第一部系統研究漢語白話和文言的論著，該書被譽為是「19 世紀以前最完美的漢語語法書」。引自李真，〈來華耶穌會士馬若瑟生平及學術成就鉤沉〉，頁 131、156。

〔註3〕索隱思想是一種神學闡釋方法，認為世界各民族都本源於基督教。對此具有爭議的學派而言，對中國語言和古籍的研究，能找出古代中國與基督教的某種神秘聯繫，與一般性的傳教工作相比，通過此種方法能引領中國人瞭解他們古書中有關基督的奧義。

〔註4〕廖奔，《戲劇：中國與東西方》。臺北：學海，1999 年，頁 369。

〔註5〕三一律（unities of time, place and action）即：時間律（戲劇進行時間不超過 24 小時）、場地律（戲劇進行地點僅限一處或允許場所可轉移到 24 小時以內可以趕到的地方）、動作律（戲劇中只能容納一個情節，不能摻雜次要情節）。三一律是法國新古典主義的原則，於 17、18 世紀時盛行歐洲，改編作品亦無法無視此觀念。

〔註6〕牛國玲，《中外戲劇美學比較簡論》。北京：中國戲劇，1994 年，頁 245。

賓白而無唱曲。〔註7〕但陳艷霞據此認為馬若瑟「根本不懂中國戲劇最重要的部分就是其唱段」〔註8〕。陳受頤對馬若瑟的翻譯評價則如下：「馬若瑟的譯文，我們今日看來，原是非常簡略；闕而不譯的地方很多，例如開場下白詩，差不多完全不譯。但是原文的大體結構，尚能保存；而難明的地方，亦加注解，對於當時的讀者，頗有幫助。」〔註9〕廖奔則認為，從此點「可以看出他原本不是為了向歐洲人提供一個劇本，而只是提供一個故事」〔註10〕。

馬若瑟的譯本交給同會教士杜布魯斯（Du Brossy）於 1732 年帶回法國，1735 年全文發表在耶穌會會士杜哈德（Jean-Baptiste Du Halde，1674～1743）編輯的《中華帝國全志》（Description de l'Empire de la Chine）〔註11〕第三卷上。1755 年巴黎阿‧帕金出版社出版了單行本，英譯本、德譯本、俄譯本也相繼問世。

二、《趙氏孤兒》原著簡介與故事概要

《趙氏孤兒》，又名《趙氏孤兒大報仇》，元紀君祥著，為一末本，止末先後飾演趙朔、韓厥、公孫杵臼以及趙武。王國維讚其：「即列之於世界大悲劇中，亦無愧色也。」〔註12〕共有兩個最早的版本，一為《元刊古今雜劇三十種》本，全劇分為四折，演至孤兒決心殺賊為止；一為《元曲選》本，全劇分為五折，演至孤兒復仇為止。據鄭騫的意見，他以為第五折，草草收場，是

〔註 7〕 李真，〈來華耶穌會士馬若瑟生平及學術成就鈎沉〉，頁 155。據施叔青在《西方人看中國戲劇》（臺北：聯經，1976 年，頁 45）所述，馬若瑟有在該起唱之處註明：「由此處起唱」或者指出演員在此該說一段韻文。

〔註 8〕 陳艷霞，《華東西傳法蘭西》。巴黎：羅德斯坦，1934 年。轉引自 René Étiemble（安田樸）著，耿昇譯，《中國文化西傳歐洲史》。北京：商務印書館，2000年，頁 592。

〔註 9〕 陳受頤，〈十八世紀歐洲文學裡的趙氏孤兒〉，《中歐文化交流史事論叢》。臺北：臺灣商務印書館，1970 年，頁 151。

〔註 10〕 廖奔，《東西方戲劇的對峙與解構》。上海：上海辭書，2007 年，頁 129。

〔註 11〕 全名為《中華帝國及其所屬韃靼地區的地理、歷史、編年紀、政治和博物》（Description Géographique, Historique, Chronologique, Politique, et Physique de l'Empire de la Chine et de la Tartarie Chinoise），被譽為「法國漢學三大奠基作之一」。這部中國百科全書分為四卷，首卷記載中國各省地理和歷代編年史，第二卷記述政治、經濟、教育和經典，第三卷介紹宗教、道德、醫藥、博物，第四卷介紹滿洲、蒙古、西藏、朝鮮。

〔註 12〕 王國維著，謝維揚、房鑫亮主編，《王國維全集第三卷——宋元戲曲史》。杭州：浙江教育；廣州：廣東教育，2009 年，頁 114。

後人所增添。〔註13〕後世改編本中，最著名者為明徐元（徐叔同）的傳奇《八義記》。《元曲選》本劇情大要如下：

楔子：春秋時晉大將軍屠岸賈兇暴殘忍，專權誤國，陷害忠誠正直的大夫趙盾，在他的慫恿下，晉國國君下令：抄斬趙氏滿門。一夜之間，趙盾和他的兒子趙朔、家屬、奴婢等共計三百餘口罹難。趙朔的夫人莊姬公主，因是國君的胞妹，倖免於難，被送回內宮居住，此時她已懷有身孕。

第一折：幾個月以後，莊姬公主生下一個男嬰，取名趙武，但這一切都逃不過屠岸賈的眼睛，他早已下令，把內宮封鎖起來。莊姬公主以看病為名，把趙家的摯友、鄉間醫生程嬰召進內宮，含淚請求程嬰救孩子出宮後被自盡。程嬰把趙武放進藥箱準備帶出宮門，守將韓厥見程嬰一腔正義，十分感佩，放走程嬰和趙武，自己拔劍自刎。

第二折：屠岸賈追查不到趙氏孤兒的下落，氣急敗壞，宣佈要把全國半歲以內、一月以上的男嬰全部殺光。為了保全趙氏孤兒和晉國所有無辜的嬰兒，程嬰與退職年邁的大夫公孫杵臼商議瞞騙屠岸賈：程嬰獻出自己親生兒子代替趙氏孤兒，公孫老人頂替救孤藏孤的罪名，由程嬰親自去向屠岸賈告發。

第三折：屠岸賈聽信了程嬰的舉報，殘忍地殺死了公孫老人和「趙氏孤兒」。晉國上下目睹了這場血腥屠殺，敢怒而不敢言，人們在背後無不切齒痛罵程嬰的賣友求榮。程嬰面對這一切，只有強忍悲憤，默默承受。

第四折：十幾年來，程嬰苦心教育，把趙武培養成一個文武雙全的青年。為了接近屠岸賈，他讓趙武認屠岸賈為義父，名屠成（即程勃）。終於有一天，他把真相告訴了趙武。

第五折：在守邊歸來的大將軍魏絳的鼎力相助下，趙武拔劍刺向仇人，並告之自己便是他斬不盡、殺不絕的趙氏孤兒。

三、歐洲數種改編本面貌

第一個改編者是英國的劇作家及翻譯家哈切特（William Hatchett，1701～1760 年代？），他於 1741 年改作的《中國孤兒：歷史悲劇》（The Chinese Orphan: An Historical Tragedy）為了反應當時英國的政治鬥爭狀況，將劇中的權相 Siako 影射為當時執政的沃波爾（Robert Walpole，1676～1745）〔註14〕；

〔註13〕羅錦堂，《錦堂論曲》。臺北：聯經，1977 年，頁 360。
〔註14〕此人亦是後文分析《乞丐歌劇》時，所討論的同一位影射對象。

他將將領迫害文官的情節顛倒過來，變成宰相陷害大將軍，使此改編成為一齣攻擊首相的政治諷刺劇。但因此，也「使劇情中充滿了其政治觀點的長篇道白，而這些觀點與戲劇的內容又沒有任何共同之處」〔註15〕，如第四幕第三節即在攻擊英國當時的內政：

> 我們的國家，豈不像個陳屍，給蝗蟲般的文官和雄蜂般的武吏擇肥而噬？我們又豈不是活埋在公債和賦稅裡？豈不是信人而遭欺騙，愛人而遭切齒？豈不是內仇與外敵，都給我們以同樣的鄙夷？多回的剝削，豈不已全銷元氣？不論是糜財的和平，或消費的戰爭，豈不是一樣的無用，一樣的懦弱，一樣的塗毒生靈？〔註16〕

為了增強劇中的「中國感」，他把劇中人名都任意換成當時一般英國人可能聽過的中國人名字，如：屠岸賈改為蕭何（Siako）〔註17〕、公孫杵臼改為老子（Laotse），趙氏孤兒改為康熙（Camhi）、韓厥改為吳三桂（Ousanguee）……等等，令人哭笑不得。劇本在倫敦出版後，可能因為政治上的敏感性，從未上演過。

第一個上演的改編本是義大利人修道院長梅塔斯塔齊奧（Pietro Metastasio，1698~1782）的歌劇《中國英雄》〔註18〕（L'Eroe Cinese，1748出版，1752公演）。由於改編的目的是為了給維也納宮廷提供一個異國情調的抒情歌劇，因此成為了「雙生雙旦」的愛情戲碼；並且在演出時長及人員（共五名演員）的限制下，主要注重唱詞。劇情大要如下：

第一幕：做為人質的韃靼公主李辛佳（Lisinga）因收到父命要嫁給中華帝國的皇位繼承人而難過，她必須放棄原本的情人席文諾（Siveno）；公主之妹烏拉尼婭（Ulania）則因明特奧（Minteno）的出身低微而未答應其追求。另一方面，攝政王朗格（Leango）正受官員擁戴要他繼承皇位，李辛佳得知消息後極為開心，因為席文諾即是朗格之子，她的丈夫便是中華帝國的皇位繼承人了。第二幕：由於朗格拒絕接受皇位，並將昭告真正皇太子的下落，席

〔註15〕René Étiemble（安田樸）著，耿昇譯，《中國文化西傳歐洲史》。北京：商務印書館，2000年，頁638。

〔註16〕陳受頤，〈十八世紀歐洲文學裡的趙氏孤兒〉，頁163。

〔註17〕也許出於對劇中反派主角認知上的差異，有學者認為屠岸賈相對於劇中角色應為高皇帝（Kiohamti），如：陳受頤、廖奔。陳受頤並判斷「首相Siako完全是哈切特自己添入的」（引自〈十八世紀歐洲文學裡的趙氏孤兒〉，頁163。）

〔註18〕廖奔，《東西方戲劇的對峙與解構》，頁130。

文諾難過他將失去李辛佳了。李辛佳向朗格質問為何他可以有權力決定誰能擁有她的心。朗格宣布當年的孤兒就是席文諾時，席文諾好友明特奧卻說他才是皇位的真正繼承人。第三幕：李辛佳誤以為前去平民亂的席文諾已犧牲，朗格為保不住皇子而難過。沒想到席文諾與明特奧同時出現，朗格便拿出先皇李維亞諾的遺詔證明席文諾的身份，並說出了當年犧牲親生兒子給劊子手以換取皇子性命的真相。此時明特奧突然匍匐於朗格腳下說：「您的兒子，這就是我」，並出示傷疤說明被當成皇子而獲救的往事。

最有影響力的改編版是法國伏爾泰（F. de Voltaire，1694～1778）於 1753～1755 年改編的《中國孤兒：五幕孔子道德劇》（L'Orphelin de la Chine: la morale de Confucius en cinq actes），劇情只取搜孤救孤，並依照法國新古典主義「三一律」的要求，縮短到一個晝夜，再加進了一段愛情糾葛。劇情大要如下：

第一幕：成吉思汗率領大軍攻進燕京時，大臣尚德（Zamti）的妻子伊達美（Idame）與侍女亞瑟麗（Asseli）正等待丈夫歸來。伊達美曾為成吉思汗愛慕，遭父母反對。她的丈夫尚德為了救宋室遺孤，打算把自己的兒子頂替遺孤；同時命令他的秘書艾旦（Etan）將皇子先藏至皇陵，再俟機帶到高麗去。第二幕：伊達美因為母子天性的驅使，把自己的兒子中途救了回來，把丈夫尚德痛罵一頓，她認為天底下應該人人平等，皇子與百姓之子價值應相等。此時，大將窩闊臺領兵而至，搜出嬰兒。第三幕：伊達美親自到宮廷求情，成吉思汗願將無辜的孩子釋放；但是對於尚德始終不肯說出皇子所在而勃然大怒。第四幕：成吉思汗勸伊達美與尚德離婚，來當中國的新皇后；甚至尚德也勸伊達美犧牲個人節操，以拯救皇子。第五幕：成吉思汗繼續向伊達美求愛，伊達美仍不改初衷，寧可玉石俱焚，她只希望在臨刑前能夠再見丈夫一面，成吉思汗答應了。刑場上她要求丈夫先將她殺死，然後自殺。成吉思汗目睹這一壯烈場面，感受到了堅貞的愛情以及不屈不撓的氣節，於是赦免眾人，野蠻的世界征服者歸服於高尚的中國文明之下。

伏爾泰版上演不久，1759 年，英國劇作家默非（Arthur Murphy，1727～1805）由於不滿伏爾泰版沒有突出悲劇結局，在故事中插入愛情故事使劇情鬆懈，且讓一個侵略者與尚德夫人談情說愛是「非常不自然」的；再加上受到當時英法戰爭英國連吃敗仗的影響，故在他的《中國孤兒》（The Orphan of China）劇本中突出歌頌的是抵抗異族侵略的愛國主義精神。〔註19〕原本伏爾

〔註19〕牛國玲，《中外戲劇美學比較簡論》，頁 249。

泰版中的孤兒可有可無，對推動劇情沒多大貢獻；但默非認為：一個成年的孤兒能夠手刃仇敵對人心的鼓舞和民族的凝聚會有很大的幫助。〔註20〕劇情大要如下：

成吉思汗入寇中國，將皇族殺滅殆盡，只剩下一名孤兒，他被遺臣尚德改名為愛頓收養。哈默德是尚德的親生兒子，卻被送給高麗的一名隱士。戲從20年後開始，成吉思汗再次進攻中原，攻陷北京。哈默德從高麗回國參加衛國戰爭，不幸被俘。鐵木真懷疑哈默德是前朝太子，乃召尚德審問，並揚言：如果搜不到遺孤，將要斬殺全國二十歲的青年。尚德夫婦面臨著艱難的抉擇，最終他們忍痛割愛，犧牲了自己的親生兒子，尚德也被車裂，妻子自盡。此時充滿家仇國恨的真孤兒愛頓殺了進來，擊斃成吉思汗，報了深仇大恨。

1781年，德國大詩人歌德（Johann Wolfgang von Goethe，1749～1832）也曾寫過一個題為《埃爾佩諾》（Elpenor）的兩幕未完成劇本，故事大意為：弟弒兄，並將兄之子搶來當作自己之子撫養；孩子長大後知道真相，準備為自己的生父報仇……。由此可看出它與《趙氏孤兒》的情節頗為接近，（但由於同是復仇的主題，也有人認為它受到了莎士比亞《哈姆雷特》的啟發）〔註21〕。牛國玲認為未能寫完之因是：大報仇後的大團圓不符合希臘悲劇的理論，「所以歌德竭盡全力也寫不出大團圓的結局來」〔註22〕。此點我並不認同，因默非的結局也是大報仇。余秋雨的看法較為我所接受：

> 在中國的觀眾看來，趙氏孤兒殺掉「義父」屠岸賈是理所當然之事，……歌德考慮到了這位「假父親」十餘年來真心誠意的撫養，也想到了孩子對於真正的父親的概念畢竟還十分抽象。因此，在歌德看來，這個成長了的孩子舉起刀來的時候，不會是不假思索的。〔註23〕

四、改編本展現的跨文化差異

由上列各改編本的介紹，可以看出歐洲人對《趙氏孤兒》做的改編，都是歷代作者針對當時的社會背景，將故事改成符合自己需求的內容。原故事

〔註20〕 張海濤，〈現代性的重述：《趙氏孤兒》在西方和現代中國的解讀〉。《戲劇文學》346期，2012年，頁69。
〔註21〕 廖奔，《東西方戲劇的對峙與解構》，頁131。
〔註22〕 牛國玲，《中外戲劇美學比較簡論》，頁250。
〔註23〕 余秋雨，《中國戲劇史》。臺北：天下遠見，2007年，頁160。

被截取的重點大多只有「孤兒」與「有權勢的壞人」，而不見原著最大的「犧牲」主題；因此各改編本中，多將奸臣改為異族，強調了「征服」的可能結果，而非討論「忠義」。

　　以知名度和演出率都較高的伏爾泰版為例來分析。第一，從劇名的副標「五幕孔子道德劇」即可看出，他認為此劇本符合他道德與人性可戰勝暴力與邪惡的理念，故而將入侵者成吉思汗設定為一個既人道又浪漫的明君；當女主角伊達美拒絕他的求愛後，他竟然還向她及其夫尚德道歉：

> 成吉思汗：你們給了我公正，現在我應該回敬你們，我仰慕你們倆，你們使我心裡感動，我坐在中國的皇位上只覺得臉紅，因為下面有那麼多像你們這樣高尚的靈魂……尚德，我要請你來為我解釋法律，讓世界都像你的國家一樣善良清純。教我們道德，理性和公正，讓被征服者來治理征服的大軍。〔註24〕

　　我相信華人看到這段話，都只會啼笑皆非吧！伏爾泰太急切地要用他理想中的中國榜樣，來為他對法國宗教與道德的腐敗批判助威。但對「一個沒到過中國又不懂中文的十八世紀法國作家，要準確地評價中國文化幾乎是不可能的」〔註25〕。相信對歐洲的觀眾而言，他們也分不出中國人和蒙古人有什麼區別。除了成吉思汗，法國學者安田樸（René Étiemble，1909～2002）亦不認同伏爾泰賦予尚德夫婦的形象：「他根據自己的想法而塑造了兩個既無任何瑕疵過失，又無任何薄弱意志的主角。這就是說，這兩個人具有一切優點，唯獨沒有人性；具有一切性格，唯獨沒有中國人的特徵。」〔註26〕

　　針對伏爾泰版的此項「批評西方人，浪漫化東方」的特點，孫惠柱特別提出此為對薩依德（Edward W. Said，1935～2003）「東方主義」理論的最大挑戰；我們可以從《東方主義》書中，薩依德提出的兩大歐洲人的「東方主義」主題來證明——一：西方是強有力的、清晰明白的，東方則是遙遠曖昧的、被征服的國度；二：東方暗喻著危險，西方理性總是被東方的異國情調所瓦解。〔註27〕而此版本在巴黎極為成功的演出，亦讓我聯想到了《東方主

〔註24〕孫惠柱，〈西方文化批判者伏爾泰的跨文化戲劇〉。《戲劇：中央戲劇學院學報》111 期，2004 年，頁 32。
〔註25〕孫惠柱，〈西方文化批判者伏爾泰的跨文化戲劇〉，頁 33。
〔註26〕René Étiemble（安田樸）著，耿昇譯，《中國文化西傳歐洲史》，頁 629。
〔註27〕Edward W. Said（薩依德）著，王志弘等譯，《東方主義》。臺北：立緒文化，1999 年，頁 79。

義》中，一段引用學者丹尼爾（Norman Daniel）的文字：「距離伊斯蘭越遠，其再現伊斯蘭教義的形式就越奇怪；但是同時，西方世界卻反而越容易接受那本書。」〔註28〕不過，孫惠柱關於此版的看法倒是挺正向：

> 在一個文化和宗教專制的封建社會裡，能在舞臺上展現出不盡真實
> 的東方英雄或者僅僅是和基督徒平起平坐的東方人形象，就已經是
> 很了不起的成就。〔註29〕

第二，對於原著最大的「犧牲」主題，伏爾泰只以「不近人情」〔註30〕帶過，他藉伊達美之口，以歐洲啟蒙主義者的平等觀念，從根本上批判了封建的忠義精神〔註31〕。

第三，日本慶應大學教授後藤末雄分析，伏爾泰因《趙氏孤兒》中欠缺熱烈地戀愛情感而感到不滿，所以在《中國孤兒》的角色中，把世界征服者成吉思汗，化為一個戀愛的追求者，〔註32〕以「愛情」取代「復仇」的包裝。但伏爾泰眼中「熱烈地戀愛」，對我而言的戲劇動作卻很微弱，尤其後面三幕，基本上就是成吉思汗反覆的召見與逐退尚德夫婦，再加上漫長的對話。默非也曾在給伏爾泰的信中提到：「法文《中國孤兒》最顯著的短處，是太少有興味的動作，而太多長冗的對話。」〔註33〕

分析各改編本的戲劇結構，可以反映出18世紀歐洲的劇作家與評論者一致不滿的即是《趙氏孤兒》並不符合「三一律」。於是伏爾泰僅借用了原著的前半部分──孤兒始終是個嬰兒；廖奔認為，此點「迫使他捨棄了全劇的悲劇結局，把悲劇改寫成了喜劇」〔註34〕；但哈切特版一樣等不到孤兒長大復仇，卻仍讓「那位居心不良的『蕭何』遭到了他應該得到的命運，也如同紀君祥戲中的屠岸賈一樣喪生」〔註35〕。基於同樣的理由，默非則借用了原著的

〔註28〕Edward W. Said（薩依德）著，王志弘等譯，《東方主義》，頁85。

〔註29〕孫惠柱，〈西方文化批判者伏爾泰的跨文化戲劇〉，頁36。

〔註30〕伏爾泰：「雖然有不近人情之處，然而卻充滿了濃厚的情節；情節雖不免複雜，而線索脈絡卻清晰分明。」以上轉引自牛國玲，《中外戲劇美學比較簡論》，頁247。

〔註31〕余秋雨，《中國戲劇史》，頁159。

〔註32〕後藤末雄，《中國思想のフランス西漸》（中國思想對法國的影響）。奈良：養德社，1956年，頁344。作者認為「屠岸賈是野心的奴隸，成吉思汗是戀愛的奴隸」，與《趙氏孤兒》相較，《中國孤兒》的動機「不外是些小的私怨」。

〔註33〕陳受頤，〈十八世紀歐洲文學裡的趙氏孤兒〉，頁176。

〔註34〕廖奔，《東西方戲劇的對峙與解構》，頁133。

〔註35〕René Étiemble（安田樸）著，耿昇譯，《中國文化西傳歐洲史》，頁638。

後半部分——孤兒以 20 歲的青年姿態登場，「造成他悲劇身世的巨大戲劇衝突過程都被隱在了幕後，剩下的只是一個血淋淋的結局」〔註36〕。

第二節　移植故事到形式間的過渡——《灰闌記》／《高加索灰闌記》

一、十九世紀以降的戲曲西傳

18 世紀時馬若瑟教士翻譯《趙氏孤兒》時，多少帶有為宗教文化服務之意；但 19 世紀從事中國戲曲劇本翻譯的多是歐洲的漢學家，他們是從了解東方文化的角度開展工作的。從這個意義上說，英國的戴維斯（John Francis Davis，1795～1890，又譯德庇時）是歐洲第一個重視並對翻譯中國戲曲劇本做出貢獻的人。〔註37〕19 世紀伊始，歐洲漢學被納入學院體制，成為現代意義學術建制下的一環。自《趙氏孤兒》之後中斷半個多世紀之久的戲曲翻譯工作，重為漢學家所拾。1817 年，戴維斯譯出武漢臣雜劇《老生兒》，這是繼《趙氏孤兒》之後，歐洲全本譯出的第二齣中國戲曲作品。〔註38〕也值得一提的是法國籍猶太漢學家茹理安（Stanislas Aignan Julien，1797～1873，漢名儒蓮，後文以漢名稱之），他於 1832 年翻譯了《灰闌記》（間接影響了布萊希特的《高加索灰闌記》），在倫敦出版，這是首部完整保留唱詞的中國戲曲譯本；1834 年，儒蓮重譯《趙氏孤兒》，亦保留唱詞與念白。〔註39〕西方也有人再次嘗試演出中國戲劇，例如 1911 年法國音樂學家、漢學家路易·拉盧瓦（Louis Laloy，1874～1944）改編的《漢宮秋》（Le Chagrin dans le Palais de Han）在法國演出；〔註40〕為了適合法國人的趣味，他減少了西方演員所無法克服的京劇音樂及太過詩化的語言，採用西式布景。〔註41〕民國初年，開始

〔註36〕廖奔，《東西方戲劇的對峙與解構》，頁 133。

〔註37〕廖奔，《東西方戲劇的對峙與解構》，頁 135。

〔註38〕羅仕龍，〈從律法價值的推崇到文學位階的確立：《竇娥冤》在法國的傳譯與接受〉。《戲劇研究》23 期，2019 年 1 月，頁 76。

〔註39〕羅仕龍，〈中國「喜劇」《㑳梅香》在法國的傳譯與改編〉。《民俗曲藝》189 期，2015 年 9 月，頁 67。

〔註40〕Min Tian. *The Use of Asian Theatre for Modern Western Theatre: The Displaced Mirror*. Switzerland: Palgrave Macmillan, 2018, p. 131.

〔註41〕施叔青，《西方人看中國戲劇》。臺北：聯經，1976 年，頁 52。

有西方人在中國學習戲曲表演的記載，最著名的應屬德籍的雍竹君（Rosa Jung，1908～1995）。中德混血的她從小喜愛京劇，先是北平「公餘雅集」票房的票友，老伶工陳德霖、律佩芳、吳富琴曾教過她戲，後來經梅蘭芳、程硯秋等名師指點，演技更為精湛。她工青衣花旦，據說會的戲有四、五十齣，〔註42〕常在京津兩地表演，1920年代中期至1930年代中期為極受歡迎的名票。後赴歐洲（瑞士、奧地利與德國）進行巡迴演出《琵琶記》，頗為成功。演出時所用語言為德語，但服裝道具等均為地道中國式的。〔註43〕

二、西方現代主義〔註44〕對中國戲曲的借鑒

做為劇場現代主義的先聲，20世紀初的象徵主義張起反寫實主義的大旗，「否認終極的真理存於五官經驗或理性的思考過程之中，而主張真理要靠直覺來把握」〔註45〕。讓我們看一段寫實主義大師史坦尼斯拉夫斯基（Konstantin Stasnislavsky，1863～1938）的文字：寫實主義及其描繪生活的方式已經過時了。現在，我們要搬演「不真實」的東西。我們不應該描繪現實的生活，而是要捕捉在高超的情緒瞬間，我們的幻想、靈視模糊地感知到的生活。……顏色、線條、音符和聲韻提供了許多暗示，讓最漫不經心的人都能以自己的想像來創造。〔註46〕如此強調內在真理和舞臺藝術的統一性下，西方的現代戲劇家「發現了中國的古典戲曲——一種由歌唱、表演、體能技術共同融合而成的形式，竟然如此切近他們的理想」〔註47〕。

西方現代戲劇家借鑒中國戲曲主要體現在兩個方面，一部分劇作家把中國戲曲的不同理解融注在自己的創作中，如懷爾德（Thornton Wilder，1897～

〔註42〕丁娜，〈落葉歸根的雍女士——德籍京劇票友雍竹君二三事〉。《中國京劇》2009年第3期，頁46。

〔註43〕丁娜，〈落葉歸根的雍女士——德籍京劇票友雍竹君二三事〉，頁47。

〔註44〕依照布羅凱特在《世界戲劇藝術欣賞》中的章節分類——「對寫實主義的反抗：象徵主義、表現主義，及史詩劇場」，此段把象徵主義包涵在反寫實之中；與鍾明德在《現代戲劇講座：從寫實主義到後現代主義》（臺北：書林，1995年，頁82）中定義「劇場現代主義」指的是寫實主義劇場和象徵主義劇場之後的各種反寫實表演藝術不同。

〔註45〕Oscar Gross Brockett（布羅凱特）著，胡耀恆譯，《世界戲劇藝術欣賞》。臺北：志文，1974年，頁447。

〔註46〕轉引自鍾明德，《現代戲劇講座：從寫實主義到後現代主義》。臺北：書林，1995年，頁43。

〔註47〕廖奔，《東西方戲劇的對峙與解構》，頁160。

1975）〔註 48〕等，二是一些戲劇家在舞臺理論和實踐上加力宏揚戲曲的精神和原則，如布萊希特等。〔註 49〕

關於懷爾德，以其 1938 年的《小鎮》（Our Town）為例，開場的舞臺指示寫的頗有「一桌二椅」和「說書人」的影子。

> 沒有幕，沒有佈景，到場的觀眾看到空無一物的舞臺呈露在半亮的燈光中。……舞臺監督走進舞臺，他把桌子及幾張椅子放在舞臺左下方……〔註 50〕

對西方來說，中國戲劇在幾個世紀以前，就已運用詩意發展起來的象徵方法，在他們看來，竟是如此符合現代主義。

關於布萊希特，我將在後面的章節陸續闡述之。

在進入布萊希特《高加索灰闌記》的主題前，下段將先找出東西方各自擁有的原型傳說，以強調因為此題材的普世性，使得在跨文化改編時常出現的文化隔閡，在此劇並未產生。

三、《灰闌記》與「二母爭子」主題溯源

《灰闌記》又名《包待制智勘灰闌記》，元李行道（李潛夫）著，為一旦本，正旦飾演張海棠，是一齣公案劇。劇情大要如下：鄭州風月女子張海棠嫁入馬員外家做姜，生有一子壽郎。正房妻子不甘馬員外疼愛海棠而冷落了她，故勾搭上地方官趙令史。適巧海棠兄張林落魄而歸，投靠妹妹祈求借貸。海棠原不給，大娘子說服海棠，讓她脫下衣飾，假裝是自己的物品，給予張林。另一方面，大娘子趁機在員外前毀謗海棠，謂其衣飾是贈與奸夫；員外怒叱海棠，因兄已去，無從置辨。大娘子又假意要海棠做湯給員外消氣，自己卻偷偷投毒藥於湯中；員外飲後立刻斃命，再將罪行嫁禍給海棠，要海棠「官休或是私休」，官休就是將海棠毒害親夫之事報官，私休就是把所有家產，還有壽郎都歸大娘子所有。海棠自認清白無辜，所以和大娘子一同上官衙「官休」。不料地方衙門全由趙令史把持；且買通鄰里及接生婆，皆謂海棠之子為

〔註 48〕1930 年 2 月，梅蘭芳率團首次於美國紐約市四十九街戲院（The 49th Street Theater）演出京劇，隨後梅劇團在美巡迴演出歷半年之久。懷爾德當時亦在紐約觀賞了演出，深受啟發。

〔註 49〕廖奔，《東西方戲劇的對峙與解構》，頁 161。

〔註 50〕Thorntom Wilder（韋爾德）著，薛悧悧等譯，《韋爾德戲劇選集——小鎮、出生入死》。臺北：驚聲文物，1970 年，頁 19。

大娘子所出，海棠含冤入獄。

　　在被押解的路上，海棠剛好與在開封府當差的兄張林相遇，兄知悉其冤屈，跟她一起去開封府求包青天重審此案。在衙門上，海棠與大娘子都堅稱孩子是己出，爭執不下。包青天於是叫人在地上畫了一個灰闌，將孩子擺在中間，叫兩位母親分別把孩子從灰闌中拉出，大娘子一下就用力把孩子拉了出來，但是海棠卻因為怕傷到孩子，連續三次都寧可把孩子讓給大娘子，也不肯拉扯孩子，包青天於是看出，原來海棠才是孩子真正的母親，將孩子判給海棠，也看出原來大娘子是為了獨佔馬員外的家產，才要搶奪孩子，將大娘子與姦夫趙令史一同凌遲處死。

　　若將「灰闌拽子」的主題擴大到「二母爭子」，那麼此一題材並不能算是李行道自己創發，甚至東西方都可各拉出一條故事源流脈絡出來。以東方來說，東漢末應劭的《風俗通義》有兩婦爭子之事：

> 潁川有富室，兄弟同居，兩婦皆懷妊，數月，長婦胎傷，因閉匿之；產期至，同到乳舍，弟婦生男，夜因盜取之，爭訟三年，州郡不能決。丞相黃霸〔註51〕出坐殿前，令卒抱兒，去兩婦各十餘步，叱婦曰：「自往取之。」長婦抱持甚急，兒啼大叫；弟婦恐傷害之，因乃放與，而心甚自悽愴，長婦甚喜。霸曰：「此弟婦子也。」責問大婦，乃伏。〔註52〕

　　佛教《大藏經》內《賢愚經・檀膩䩭品》〔註53〕中也有藥王判斷二母爭子之事：

> 時檀膩䩭身事都了，欣踊無量。故在王前，見二母人共諍一兒，詣王相言。時王明點，以智權計，語二母言：「今唯一兒，二母召之，聽汝二人，各挽一手，誰能得者，即是其兒。」其非母者，於兒無慈，盡力頓牽，不恐傷損；所生母者，於兒慈深，隨從愛護，不忍挩挽。王鑒真偽，語出力者：「實非汝子，強挽他兒，今於王前，道汝事實。」即向王首：「我審虛妄，枉名他兒。」大王聰聖，幸恕虛

〔註51〕黃霸在西漢武帝至宣帝時居官，為政外寬內明，曾任御史大夫、丞相，封建成侯，諡號定侯。

〔註52〕應劭撰，王利器校注，《風俗通義校注》。臺北：明文，1982年，頁590。

〔註53〕《賢愚經》（十三卷）是很特殊的一部佛典，其雖名為「經」，但實際上是一部「佛教故事集」。引自杜斗城，《白話賢愚經》。新北市：空苑書苑，2012年，前言頁III。

過。兒還其母，各爾放去。〔註54〕

《賢愚經》為曇學、威德等八僧共譯。杜斗城考證其成書時空約為西元
435 年左右時的北涼（推翻西元 445 年北魏的說法）。此經並不像流傳到中國
的絕大多數佛經那樣，是從梵語或從其他語言翻譯成中文的，〔註55〕而是曇
學等八人「各書其聞」，所以很難斷定此故事在被記載下來前，流傳的程度如
何？流傳的時間有多久？

以西方來說，最著名的莫過於《聖經·舊約·列王記上》第三章中所羅
門王斷案故事：

> 一日有兩個妓女來、站在王面前。一個說：「我主阿，我和這婦人同
> 住一房；他在房中的時候，我生了一個男孩。我生孩子後第三日，
> 這婦人也生了孩子。……夜間，這婦人睡著的時候，壓死了他的孩
> 子。他半夜起來，趁我睡著，從我旁邊把我的孩子抱去，放在他懷
> 裏，將他的死孩子放在我懷裏。」……王說：「這婦人說『活孩子是
> 我的，死孩子是你的』，那婦人說『不然，死孩子是你的，活孩子是
> 我的』」，就吩咐說：「拿刀來！」人就拿刀來。王說：「將活孩子劈
> 成兩半，一半給那婦人，一半給這婦人。」活孩子的母親為自己的
> 孩子心裏急痛，就說：「求我主將活孩子給那婦人罷，萬不可殺他！」
> 那婦人說：「這孩子也不歸我，也不歸你，把他劈了罷！」王說：「將
> 活孩子給這婦人、萬不可殺他；這婦人實在是他的母親。」〔註56〕

伊斯蘭信仰中的蘇萊曼（阿拉伯語）聖人，其實就是所羅門（希伯來語）
王。故《穆斯林聖訓實錄全集》〔註57〕（第 32 章—訴訟）也承接了相似的故
事：

> 從前有兩個女人帶著兩個孩子，突然來了一隻狼，將一孩子叼走。
> 兩個女人各執一詞，硬說被叼走的是對方孩子。……兩個人出來，
> 遇到達烏德的兒子先知蘇萊曼，將情況告訴他，蘇萊曼聽後說：「拿

〔註54〕《大藏經第四冊·本緣部下》，〈賢愚經卷第十一·檀膩𩮜品第四十六〉。臺北：
　　　　新文豐，1983 年，頁 429。
〔註55〕杜斗城，《白話賢愚經》。新北市：空苑書苑，2012 年，前言頁 IV。
〔註56〕《聖經：新標點和合本》。香港：聯合聖經公會，1996 年，頁 333～334。
〔註57〕「聖訓」記述的穆罕默德言行，被視為可說明和補充《古蘭經》，其權威僅次
　　　　於《古蘭經》。《穆斯林聖訓實錄全集》為遜尼派六大聖訓集之一。許多資料
　　　　均誤認此故事是《古蘭經》的內容。

刀來！我將這孩子劈成兩半分給你倆。」這時，那個年少的女人說：
「不能這樣做！願安拉憐憫你，這就是她的孩子。」於是，蘇來曼
將孩子斷給了這個年少的女人。〔註58〕

　　從上述至少四種原型來看，西方雖有二例，但穆斯林「聖訓」與《舊約
聖經》的故事在人物上和宗教發展上明顯系出同源。東方的《風俗通義》約
成書於三世紀初；《賢愚經》成書於五世紀中，但其間故事源遠流長，最早甚
至可追溯至前六世紀佛教成立時，而佛教傳入中國時間約西漢末年（一世紀
左右），應劭不無可能耳聞過《賢愚經》內的故事。以《灰闌記》斷案一節內
容與《風俗通義》、《賢愚經》兩者相比，筆者認為《灰闌記》受《賢愚經》影
響的可能性較大些。至於鄭振鐸〔註59〕等學者認為《灰闌記》有受《舊約聖
經》的啟發，很可能純粹是因聖經故事在當代社會流通較廣，學者想當然爾
的一種聯想罷了。（廣義的）基督教雖曾於唐初（七世紀）以景教之姿傳播至
中國，但至唐末已無蹤跡；之後就要到明末（十六世紀）才有耶穌會教士東
來了；故而十三世紀的元朝漢人理論上很難有接觸到舊約聖經的可能。至於
聖經裡的故事有無可能在十三世紀前便由西域間接傳至中國？這種或然率就
很難預料了。筆者認為聖經與佛經恰巧產生了類似的教化故事，而形成東西
方兩支「二母爭子」的流變脈絡，應是一個合理的推斷。

　　那麼布萊希特的《高加索灰闌記》為何就斷定是受李行道的《灰闌記》
影響呢？因為布萊希特在楔子中直接透過歌手之口公開指明：「一個非常古老
的傳說。叫做《灰闌記》，是從中國傳來的。不過，我們當然是演出改編劇。……」
〔註60〕。當然，我們也不能否認身為西方人的布萊希特多少也存有對《聖經·
舊約·列王記》的印象在。〔註61〕

〔註58〕穆斯林·本·哈查吉輯錄，穆薩·余崇仁譯，《穆斯林聖訓實錄全集》。北京：
　　　　宗教文化，2009 年，頁 445。
〔註59〕鄭振鐸著，《中國文學史》（下）。臺北：五南，2015 年，頁 159。
〔註60〕鄭芳雄、彭鏡禧合譯，《四川好人、高加索灰闌記》。臺北：聯經，2005 年，
　　　　頁 175。
〔註61〕若不針對「二母爭子」主題，也有學者認為《高加索灰闌記》的救嬰情節頗
　　　　似《趙氏孤兒》，民變的背景則取材德布林（Alfred Döblin，1878～1957）的
　　　　《王倫三躍記》（Die drei Sprunge des Wang-lun，1915）。後者以 18 世紀的中
　　　　國為背景，描寫清水教（白蓮教的餘支）教徒結合大批乞丐和窮人，揭竿而
　　　　起。小說主軸在主角王倫生命中的三次「跳躍」：南山悟道、孤立隱居、拋家
　　　　起義。

四、布萊希特改編《高加索灰闌記》背景

　　布萊希特一生的許多戲劇和小說都是透過改編的方式完成的，如本段主題《高加索灰闌記》利用了中國元代李行道的雜劇《灰闌記》，後文會專章討論的《三便士歌劇》取材於 18 世紀英國約翰‧蓋伊（John Gay，1685～1732）的《乞丐歌劇》（The Beggar's Opera）；另外，著名的尚有《大膽媽媽和她的孩子們》（Mother Courage and Her Children）取材於 17 世紀德國小說家格里美爾斯豪森（Hans Jakob Christoffel von Grimmelshausen，1622～1676）的小說《女騙子和女流浪者庫拉舍》（Die Erzbetruegerin und Landstoerzerin Courasche）〔註62〕，《第二次世界大戰中的帥克》（Schweik in the Second World War，1943）取材於捷克作家哈謝克（Jaroslav Hašek，1883～1923）的小說《好兵帥克》（The Good Soldier Švejk），《潘第拉和他的僕人馬狄》（Mr. Puntila and his Man Matti，1940）是根據芬蘭女作家赫拉‧沃里約基（Hella Maria Wuolijoki，1886～1954）的小說和劇本改編的……等等。布萊希特提出了傳統（遺產）具有「材料價值」的理論（Meterialwert-Theorie）。所謂「材料價值」具體說來指的是古典文學作品的情節（材料）改造加工後可以「舊瓶裝新酒」，可以用古代的材料表現現代的觀念。〔註63〕

　　《高加索灰闌記》（The Caucasian Chalk Circle，1945）可以說是自《三便士歌劇》以後布萊希特最受歡迎的一個劇本，也是他最後一部重要劇作。〔註64〕早在 1925 年，他就看過由好友克拉本（筆名 Klabund，原名 Alfred Henschke，1890～1928）改編、萊茵哈特（Max Reinhardt）導演的《灰闌記》（Circle of Chalk，德文為 Der kreidekreis），這也是布萊希特最早在德國舞臺上見到的中國戲劇，但克拉本之《灰闌記》仍是使用西方手段演出的戲劇。劇情是以元代原劇為基礎，加入白蓮教起義的革命情節，女主角張海棠之兄張林起先加入、後被朝廷招安。劇末，當年與不知情的張海棠有過一夜風流的王子繼位為皇帝，在法庭前意外地認出身為階下囚的海棠，迎娶為后，並

〔註62〕「庫拉舍」（courage）這個詞在巴洛克時代的含義是女人勾引男人的「心計」，在布萊希特筆下意思是，小人物為了生存而必備的「勇氣」。從劇本內容來看，亦有人認為布萊希特借鑑格里美爾斯豪森的另一部小說《癡兒歷險記》（Simplicissimus，書名即主角名，意為「單純」）中的一些情節，包括社會背景、歷史色彩、關於戰爭的描寫、對戰爭性質的評價等。

〔註63〕余匡復，〈布萊希特和傳統〉。《戲劇藝術》總 100 期，2001 年第 2 期，頁 30。

〔註64〕廖可兌，《西歐戲劇史（下）》。北京：中國戲劇，2002 年，頁 601。

揭露孩子實為己出。灰闌的情節則與原著一樣。最後皇帝讓皇后張海棠開庭主審，皇后決定由馬太太自行量罪判刑，勾勒出一個推翻傳統司法判決的社會主義大同理想世界。海棠說：「馬太太，姑且放你走，但這不是赦罪；你摻在馬員外茶裡的白糖，你應該還有；請你回家泡茶，處罰你自己吧！」〔註65〕吃與不吃毒藥，竟是由馬太太自憑良心？

克拉本版看來更動頗大。撇開白蓮教情節不說，克拉本彷彿不相信中國會有清官般，把審案者（即此版中的王子）改成了非要跟張海棠「有染」，才得以靠這種關係引起上位者的關注。此外，讓張海棠主審似乎有塑造男女平權的動機，但最後由被告「自行量罪判刑」，彷如烏托邦社會主義般太高估人性。

這個題材想必引起布萊希特極大的興趣，因為在接下來的 20 年中，布萊希特不斷嘗試用自己的觀點去駕馭這個題材：最早可追溯到觀賞完克拉本版的隔年（1926 年），布萊希特就在《人就是人》（Man Equals Man，1926）的幕間劇《象孩》（The Elephant Calf，1926）中借用了「灰闌斷案」這一情節，描寫小象為了要證明他是媽媽的兒子，拉住套在媽媽脖子上的環索，硬要把她拖出粉筆圈外，此無異於勒死媽媽的荒誕，是布萊希特轉化的一種辯證式的諧仿。1938 年，流亡丹麥期間，他曾經希望利用丹麥聖徒克努特（Knut der Heilige）被謀殺的中古傳說為背景，創作劇本《奧登西灰闌記》（Der Odenseer Kreidekreis）但未完成。〔註66〕1940 年，流亡瑞典期間，他又以「三十年戰爭」（Thirty Years' War，1618～1648）〔註67〕為背景，用自己出生地為名，創作了短篇小說《奧格斯堡灰闌記》（Der Augsburger Kreidekreis）〔註68〕，以內容看來，已經很有《高加索灰闌記》的雛形。1944～1945 年流亡美國期間，終於完成他構思多年的《高加索灰闌記》。

〔註65〕Adrian Hsia（夏瑞春）著，王珍瑤譯，〈在德國作家筆下奪胎換骨的《灰闌記》〉（Eindeutschung des Kreidekreismotivs）。《明報月刊》總 135 期，1977 年 3 月，頁 57。

〔註66〕張黎，〈異質文明的對話——布萊希特與中國文化〉。《外國文學評論》2007 年 1 期，頁 32。

〔註67〕為宗教改革後最慘烈的一場宗教戰爭，由神聖羅馬帝國皇帝壓迫境內新教活動而起，由內戰演變成國際性戰爭。

〔註68〕《奧格斯堡灰闌記》中譯版全文：http://img.memopool.cn/news/2011/11/05/5d670af733688f53013371dd876e00b2.html。引用日期：2011 年 11 月 5 日。

五、《高加索灰闌記》的跨文化改編

（一）故事概要

　　二戰後期（約 1943 年底），德軍撤出蘇聯境內。蘇聯高加索的兩個集體農場（生產大隊），為了一個山谷的所有權問題發生爭執。最後山谷的原屬牧羊集體農場，放棄了山谷的所有權，把它讓給了更善於使用這片山谷的果樹集體農場。得到山谷的農莊，因此演了一齣涉及「歸屬」問題的戲，題名《灰闌記》。

　　故事開始於古老的喬治亞王國。由於親王叛變，大公潛逃，總督被殺，總督夫人自顧逃難卻狠心遺棄親生兒子米歇爾；而女傭古如莎不忍，救了嬰兒，並為扶養他在逃亡中受盡艱苦，甚至被迫違背與愛人西蒙的婚約下嫁他人。

　　戰亂平息後，總督夫人為了財產繼承權，欲奪回米歇爾，古如莎卻想繼續養育孩子，案子遂送法官審理。

　　故事在岔開介紹鄉村文書艾茲達克如何莫名其妙當上法官的過程後，回到故事主線。米歇爾的案子送到艾茲達克手上審理，艾茲達克巧用灰闌斷案，將米歇爾判給真正愛他而不忍強奪的古如莎；並於審理一樁離婚案件時，故意錯判，讓古如莎脫離原來不幸的婚姻，得以與心愛的西蒙匹配。判完這個案子，艾茲達克隨即消失、不見蹤影。

（二）改編主題與形式

　　布萊希特改編《灰闌記》是以社會革命的觀點為前提的。早在上述的短篇小說《奧格斯堡灰闌記》裡，他就已將背景設定在「三十年戰爭」時期，而《高加索灰闌記》即發生在「古代血腥的高加索」，同樣具有歷史革命意義的戰亂時代。

　　由社會革命此一社會主義觀點延伸，在《高加索灰闌記》中分成兩大主題——社會階級問題和土地歸屬問題。

　　以社會階級問題來看，《高加索灰闌記》裡的總督夫人屬於有錢有勢階級，以社會主義意識型態來看，為不事生產的寄生蟲，並被物欲薰染而失去作為母親的天性和親情。這種經過社會演變過程所造成的人性之異化，也導致「灰闌試探」產生與中國包公斷案完全不同的結果；不是親生母，而是照顧小孩、具有社會生產力的婢女展現較多的愛心、保有善良的天性，不忍死拖活拉將

小孩拖出粉筆圈（灰闌）外。〔註69〕

　　此點在胡馨丹〈中西兩部《灰闌記》之敘事分析〉一文中，認為實屬荒謬論證——理由很簡單，端看艾茲達克判定的魯德薇加一案以及三位富農控告貧婦一案可知，他判案的標準不是「事實」，而是「階級」；「愛孩子的人」在艾茲達克的標準中，還得是個下層階級的人，如果這個人不幸身處上流社會，那他絕對無法在艾茲達克的「司法殿堂」打贏官司。〔註70〕再譬如說書人代替古如莎對艾茲達克答辯為何不希望孩子過富裕生活時，內心獨白竟是：他若穿上金縷鞋，將會踐踏弱小。且勢必為非作歹……變成心如鐵石，遲早難以收拾；……屆時他將只怕饑餓，卻不怕饑民……。〔註71〕擺明認定資產階級與惡人劃上等號是顛撲不破的真理。

　　再從土地歸屬問題來看，身為地主的「牧羊生產大隊」放棄其土地所有權，目的是實現蘇維埃「果農生產大隊」的灌溉計畫，以達成布萊希特的社會主義烏托邦之人同社會理想，在他看來，世間的權利都不是天賦的，如同上述「二母爭子」結局的改寫，「山川土地不應屬於地主，而應該歸於能夠開發、熱愛它們的人」。〔註72〕反映在現實面上，即為蘇聯在二戰後重建時，所需解決的土地分配問題。

　　就上述故事主題分析，布萊希特當然賦予《灰闌記》迥異於原著的觀點，但不同於本章第一節「移植故事期」《趙氏孤兒》只有故事被各種改造，以服膺西方戲劇形式；布萊希特的《高加索灰闌記》在形式上亦受中國戲曲影響頗深。不過《高加索灰闌記》並不是布萊希特作品的特例。布萊希特著名的「史詩（敘事）劇場」疏離效果在創發過程中，中國戲曲即讓他獲得了極大的啟發；儘管布萊希特一再地強調他並無模仿中國戲劇的意圖，然而無可否認地，他從中國戲劇中找到了他一直思索著的、被他稱為「自覺的戲劇性」的要素。〔註73〕而《高加索灰闌記》普遍被認為是其「史詩（敘事）劇場」

〔註69〕鄭芳雄，〈導讀〉，《四川好人、高加索灰闌記》，頁42。
〔註70〕胡馨丹，〈中西兩部《灰闌記》之敘事分析〉。《淡江中文學報》第26期，2012年6月，頁41。
〔註71〕鄭芳雄、彭鏡禧合譯，《四川好人、高加索灰闌記》，頁296～297。
〔註72〕余秋雨，《中國戲劇史》，頁148。
〔註73〕劉佳，〈元雜劇《灰闌記》對布萊希特「陌生化效果」的影響〉。《戲曲藝術》第30卷4期，2009年11月，頁33。

中最成熟、最成功的作品之一。〔註74〕下文就針對《高加索灰闌記》中，布萊希特受中國戲曲形式影響的部分分析之。

首先，第一幕即具有類戲曲的「楔子」形式，但布萊希特同時應用了戲中戲架構，營造了觀眾對看戲的超然立場，而化除對「戲劇的迷入」；因此之後的灰闌故事才有可能用敘述、疏離化的方式演出。〔註75〕

其次，高加索的歌手及樂隊（或以中式的說書人稱之），是熟悉全劇情節的全知全能者，甚至具有導演的功能：交代場景，指示人物演出的動作，洞悉劇中人物的心理活動、說出他們內心的感觸和想法，〔註76〕甚至也可趁著詮釋事件時，表達袒護弱者維護社會正義的立場，說出作者本人的心聲。

第三，舞臺空間上破除以觀眾為第四面牆的固定場面，好幾場都採用流動場景，〔註77〕符合中國戲曲「境隨人遷」的特色。如「逃往北部山區」一幕，寫古如莎背著孩子趕路，從鄉間小道到搖搖晃晃的索橋，接連變換五個場面。

第四，臉譜的運用是布萊希特本人明言模仿自京戲的舞臺技巧，目的在製造戲劇的疏離效果。〔註78〕其使用臉譜的原則是用來象徵壞人，用來呈現僵化、邪惡的臉形，譬如統治階級和買辦階級。所以他把人物分成全臉譜、半臉譜和沒有臉譜；前兩種類型有點類似京戲裡的大花臉和小花臉，對他來說，好人或正直的人物是不需要臉譜的。〔註79〕

《灰闌記》原著作品特色在於母愛親情、官場黑暗的描述，到了《高加索灰闌記》中，轉化為社會主義的階級對比與生產工具（土地）共有之宣揚。不論社會主義觀點在當代是否仍有說服力，布萊希特將灰闌斷案的古老故事賦予全新的意境和理念，並有意識的化用中國戲曲形式以創新形式來配合內容需求，已使東西方跨文化戲劇交流邁向新的一步。

〔註74〕關於布萊希特「史詩（敘事）劇場」對中國戲曲的誤讀，與兩者間的連結性、差異性，請參閱本論文第五章第二節。
〔註75〕鄭芳雄，〈導讀〉，《四川好人、高加索灰闌記》，頁39。
〔註76〕鄭芳雄，〈導讀〉，《四川好人、高加索灰闌記》，頁47。
〔註77〕梁工，〈所羅門斷案故事在東西方的流變〉。《中州學刊》第119期，2000年9月，頁104～108。
〔註78〕鄭芳雄，〈導讀〉，《四川好人、高加索灰闌記》，頁43。
〔註79〕鄭芳雄，〈導讀〉，《四川好人、高加索灰闌記》，頁51。

第三節　移植形式期——莫努盧金的陽光劇團

一、陽光劇團的歷史軌跡

（一）求新求變的五十年老店

　　陽光劇團（Théâtre du Soleil）由莫努盧金（Ariane Mouchkine，1939～）等人成立於 1964 年，之所以用「陽光」命名，乃是取其光明燦爛、樂觀歡快之意；同時也蘊含了對電影藝術創始人盧米埃兄弟的敬意。〔註 80〕團員原本都是法國六〇年代學生運動開始之初，志同道合的年輕劇場知識分子，因而塑造出其一貫關懷人權的傳統。自 1970 年起，陽光劇團安頓在巴黎東南郊區凡仙森林（Bois de Vincennes）中的「彈藥庫園區」（La Cartoucherie）〔註 81〕。陽光劇團七〇年代的作品多以義大利即興肢體喜劇（Commedia dell'arte）的表演來呈現對法國歷史與當代社會關注的議題。〔註 82〕

　　劇團在 1976 年曾一度解散，後於 1979 年重新恢復。八〇年代起，莫努盧金著手用東方戲劇的形式，特別是日本的能劇、歌舞伎的演劇手法導演系列莎士比亞的戲劇。九〇年代後，莫努盧金又把目光轉向了古希臘悲劇，運用印度古典舞劇（Kathakali）元素來詮釋《阿楚德家族》（Les Arides）。1999 年，莫努盧金移植日本淨琉璃人偶，用真人來代替偶，推出了《河堤上的鼓手》（Tambours sur la Digue）。一再地顯示了莫努盧金對東方戲劇的不懈追求。〔註 83〕

（二）東方色彩的展現

　　陽光劇團直到 1967 年演出《廚房》（La Cuisine）（臺上佈滿餐廳廚房的道具與裝置，演員在會流水的水槽前洗菜、洗盤子）為止，陽光劇團的演出、莫努盧金師法的對象，仍是歐陸的戲劇傳統。但是，此時的莫努盧金已經開始對寫實主義厭倦了。〔註 84〕此時，東方劇場吸引了她的注意，早在 1972 年，

〔註 80〕宮寶榮，〈姆努什金與太陽劇社〉。《戲劇藝術》第 94 期，2000 年，頁 91。（盧米埃 Lumiere 原意即為「光明」、「光線」。）

〔註 81〕在園區中，陽光劇團坐擁自有劇場、排練室、及一巨大的佈景道具工廠。

〔註 82〕傅裕惠，〈因為身在歷史，更要創造歷史〉。《表演藝術》第 179 期，2007 年 11 月，頁 68。

〔註 83〕姚冰，〈戲劇藝術的未來在東方——從阿爾托的預言到姆努什金的實踐〉。《戲劇文學》2001 年第 8 期，頁 67。

〔註 84〕李立亨，〈莫努盧金・東方劇場・陽光劇團〉。《表演藝術》第 55 期，1997 年 6 月，頁 16。

陽光劇團推出以法國大革命為主題的《一七八九》和《一七九三》兩齣戲的
節目單上，莫努盧金就明白表示：「長期以來，歐洲劇場的舞臺上什麼都有、什
麼都不缺；真的，我們甚至連窗戶外面應該有什麼都準備好了。可是中國劇場
只運用了一些象徵性的道具、符號性動作，卻能呈現出驚人、經過轉化、而又
令人感到熟悉的風格。」〔註85〕對莫努盧金而言，東方劇場幾乎完全符合了她
對劇場形式應該「簡單、漂亮、直接」的要求。她曾在一次訪談中說：

> 亞陶說過一句話：「戲劇是東方的。」我明白他的意思。戲劇特有的東
> 西是從亞洲來的，這就是演員創造的永恆象徵——在他們有能力這樣
> 創造的時候。我們做的事情是認識有哪些象徵我們的演員可以借用。

> 我們西方人僅僅創立了現實主義形式。這就是說，我們根本沒有創
> 造任何真正的形式。在戲劇領域只要談到「形式」（form），必然是
> 指亞洲戲劇。而我們尋找的一直就是形式。〔註86〕

莫努盧金向亞洲戲劇學習的部分原因還出於她個人對東方的迷戀。她曾
說：「從小我就有一個夢想，那就是去中國旅行。對那時的我而言，中國是一
個充滿美麗、冒險與神祕的國度。」〔註87〕1963 年，她專程到遙遠的東方旅
行，她到了日本、香港、印度、新加坡、泰國、尼泊爾、土耳其、伊朗、阿富
汗、柬埔寨、印尼、臺灣、韓國等，足跡幾乎踏遍了西方人定義下的近東到遠
東。特別的是，當年因故錯過的中國，卻在後來因為支持西藏獨立而至今堅
持不願踏入。這趟旅程讓她直接接觸東方戲劇的強烈力量，真正見識到、體
驗到東方戲劇的美與震撼。旅程也由原訂的六個月延伸成為十五個月。隔年
回到法國之後，她便成立了陽光劇團。〔註88〕

此後莫努盧金揮撒的東方色彩，不僅是從表演者的內部到外在形體造
型，並從視覺（色彩與線條）到聽覺（聲音與語調及音樂）的神祕氛圍，從
化妝到道具，從西方的到世界性的、民族性的音樂〔註89〕等元素，皆納入了

〔註85〕 李立亨，〈我所認識的莫努盧金與陽光劇團〉。《表演藝術》第 179 期，2007 年
11 月，頁 60。

〔註86〕 Patrice Pavis. *The Intercultural Performance Reader*. London: Routledge, 1996, p. 97.

〔註87〕 Ariane Mnouchkine（莫盧金）、Fabienne Pascaud（巴斯喀）著，馬照琪譯，《莫
盧金：當下的藝術》。臺北：中正文化，2011 年，頁 49。

〔註88〕 馬照琪，〈東方形式點金，鎔鑄西方新劇場〉。《表演藝術》第 179 期，2007 年
11 月，頁 61。

〔註89〕 陸愛玲，〈世界的中央是一座劇場，舞臺之上搬演浮生若夢〉。《聯合文學》第
277 期，2007 年 11 月，頁 152。

陽光劇團之中。

表 2-1　莫努虛金（含東方元素的）重要作品年表

首演時間	作品名稱	（主要）元素特色	備　註
1975～ 1976	黃金年代（L'Âge d'Or）	中國京劇臉譜與義大利即興喜劇面具	
1981	理查二世（Richard II）	日本歌舞伎（輔以能劇、中國京劇鑼鼓等）	【莎士比亞系列】
1982	第十二夜（La Nuit des rois，劇名意為「國王之夜」）	印度古典舞劇（Kathakali）	
1984	亨利四世第一部分（Henry IV, part 1）	日本歌舞伎（輔以能劇、中國京劇鑼鼓等）	
1985～ 1986	柬埔寨國王諾倫頓·西哈諾克悲慘卻未完成的故事（L'Histoire terrible mais inachevée de Norodom Sihanouk, roi du Cambodge）	以亞洲為背景，卻無亞洲舞臺技巧	
1987～ 1988	印度史詩，或夢中的印度（L'Indiad, ou l'Inde de leurs rêves）		
1990	歐里斯的伊菲珍妮（Iphigenie à Aulis）		【古希臘悲劇系列】 四齣合稱《阿楚德家族》（Les Atrides）
1990	奧瑞斯提亞之阿格曼儂（Agamemnon）	印度古典舞劇	
1991	奧瑞斯提亞之祭酒人（Les Choéphores）		
1992	奧瑞斯提亞之復仇女神（Les Euménides）		
1999	河堤上的鼓手（Tambours sur la Digue）	日本淨琉璃人偶	題材來源：14世紀中國詩作〔註90〕

資料來源：主要依據耿一偉，〈藝術·歷史·政治——莫努虛金與陽光劇團創作年表〉。《表演藝術》第 179 期，2007 年 11 月，頁 58～59。

〔註 90〕Ariane Mnouchkine（莫虛金）、Fabienne Pascaud（巴斯喀）著，馬照琪譯，《莫虛金：當下的藝術》，頁 202。莫努虛金在莫斯科發現此作品時，作者題為西叟（Hsi-xhou）。羅磊在〈太陽劇社中期的「東方」轉向〉（《文藝研究》2016 年第 11 期，頁 121）中推論可能為明代詩人崔世召——字征仲，號霍霞，別號西叟。

二、陽光劇團的東方元素

（一）表演形式

1. 姿態

　　東方劇場存在一個西方沒有的東西，那就是姿態所蘊含的戲劇意義，一種屬於姿態的語言。比如在中國傳統戲曲中，手勢即是很重要的一個表演手段，用手演戲的行家如梅蘭芳，他創造的各種優美、逼真的手姿，據齊如山《梅蘭芳藝術一斑》的整理，就有 53 種之多，每種手勢名稱所代表的手勢圖式與涵義都不同，如映日、護蕊、吐蕊、伸萼、雨潤、怒發、承露……等，可分別根據不同的劇情要求，使用在不同的場合之中。（參看圖 2-1）

圖 2-1　梅蘭芳手姿

圖片來源：齊如山，《梅蘭芳藝術一斑》，《齊如山全集二》。臺北：聯經，1979 年，頁 995。

如前述引文（頁 38），對莫努虛金而言，西方所謂的心理寫實表演沒有她要的藝術「形式」；在東方，表演的藝術為情感找到了對應的徵狀。

1966 至 1967 年，莫努虛金在與法國戲劇大師賈克‧樂寇〔註91〕（Jacques Lecoq，1921～1999）短暫學習的六個月中，亦領悟了身體在表演中的重要性。賈克‧樂寇讓她了解，一個身體姿態形成的過程；讓她將她在亞洲所感受到的戲劇感動與西方戲劇傳統連結起來。〔註92〕

2. 面具

莫努虛金在參加賈克‧樂寇的默劇課程中，體驗到肢體動作作為戲劇表現的關鍵即因戴上「面具」。因為一旦戴上面具，細緻的表情差異被掩蓋了，表演的重心便從臉部轉向全身肢體。

曾有人質疑用面具演戲是否會落入誇張刻板化（caricature）的危險。莫努虛金的回答是：「面具，是將他者變成具體形式的過程。演員戴上面具然後站在鏡子前面，他看到的是他者，是另一個人。」「面具使得演員必須接納、擁抱這張面具的靈魂整體。」〔註93〕

西方劇場中，出現在希臘悲劇跟義大利式喜劇的「面具」，同樣也在東方劇場裡出現。日本能劇和峇里島舞蹈使用「真的面具」，印度舞劇及中國劇場則以化妝來代表面具。

在《黃金年代》（L'Âge d'Or）〔註94〕中，四十多名演員除了一半戴上了義大利即興喜劇式面具外，還有一半則採用中國戲劇中的臉譜形式，即將人物的性格特徵與表情畫在臉上。〔註95〕莫努虛金認為，唯有透過極度符號化

〔註91〕Patrice Pavis. *The Intercultural Performance Reader*, p. 140.中提到賈克‧樂寇「創辦的國際學校（按：賈克‧樂寇國際戲劇學校）極負盛名，是不同文化傳統的天然熔爐。該學校師生廣泛借鑒歐洲以外的演藝技巧，汲取其意義和精髓，內化到演員的運動中樞，而不拘泥於形式和技巧本身。」

〔註92〕馬照琪，〈東方形式點金，鎔鑄西方新劇場〉，頁62。

〔註93〕Ariane Mnouchkine（莫虛金）、Fabienne Pascaud（巴斯喀）著，馬照琪譯，《莫虛金：當下的藝術》，頁225、160。

〔註94〕本劇以法國的北非阿拉伯移民勞工為表現對象，描寫摩洛哥工人阿布杜拉（Abdallah）從出國來到法國馬賽做苦力開始，到其最後摔死在工地。由於殖民歷史的原因，法國社會有著相當數量的北非移民，他們從來沒有得到主流社會的承認，相反還要遭到歧視與排斥。特別的是，《黃金年代》沒有留下任何文本，甚至也沒有錄像，演出之後便煙消雲散。引自宮寶榮，〈姆努什金與太陽劇社〉，頁98。

〔註95〕宮寶榮，〈姆努什金與太陽劇社〉，頁99。

的表演如義大利即興喜劇，或中國京劇，才能幫助我們看到與理解平時我們習以為常的事物。唯有透過不斷的戲劇轉化，才能看清平時藏在迷霧後面的事情。〔註96〕對演員來說，運用面具便不是在學習人物的潛在欲望或潛臺詞，而是要了解人物在社會中的地位，以及他們與周圍世界的關係。〔註97〕

不過，隨著年齡漸長，莫努虛金也稍稍修正了年輕時對面具的全然信仰。在 2004 年的訪談中她提到：「漸漸地，我發現（雖然與我的心願相違），面具似乎與當代有一絲格格不入。彷彿真正當代的劇場需要的是一種更隱藏於內在的、更透明的戲劇形式。相反的，如果要說發生在遠古的故事，甚至是傳說與神話，那麼希臘面具與日本面具一樣，能夠產生極大的力量。」〔註98〕

（二）音樂

音樂總監尚──賈克‧勒梅特（Jean-Jacques Lemêtre）於莫努虛金創作一系列莎士比亞作品前後加入陽光劇團，使世界性的音樂從此充滿在陽光劇團之中。

為了讓「音樂」這個角色在創作時能更自由、更寬廣地發揮，勒梅特不斷去認識、搜集或甚至自己設計創造世界各地、各民族的樂器，以符合戲劇之需要。勒梅特在訪談中舉例：

> 想像已經不用的、不存在的、被宣佈不再有用的樂器。我們發明了新的聲域、電子域，尋找世界樂器的重疊組合。比如說，臺灣樂器結合非洲樂器；在十六世紀或中世紀樂器中，我放進聞所未聞的純美國印第安人的東西。真的，世界提供一切可能性。〔註99〕

勒梅特至少擁有 2500 件樂器供他在劇團演出時現場演奏；每齣戲裡他平

〔註96〕Ariane Mnouchkine（莫虛金）、Fabienne Pascaud（巴斯喀）著，馬照琪譯，《莫虛金：當下的藝術》，頁 159。

〔註97〕Judith Graves Miller. *Ariane Mnouchkine*. New York: Routledge, 2007, p. 121. 關於將表演重點放在人物的社會關係而非心理關係的概念，應與莫努虛金的社會主義傾向有關，她曾在訪談中表示：「對我們而言，身體力行左派的精神，那就夠了。」（Ariane Mnouchkine（莫虛金）、Fabienne Pascaud（巴斯喀）著，馬照琪譯，《莫虛金：當下的藝術》，頁 30。）布萊希特提倡演員的「社會姿態」與此相關，可參見頁 143～144。

〔註98〕Ariane Mnouchkine（莫虛金）、Fabienne Pascaud（巴斯喀）著，馬照琪譯，《莫虛金：當下的藝術》，頁 160。

〔註99〕蘇真穎，〈發現東方的戲劇音樂旅行〉。《當代》第 201 期，2004 年 5 月，頁 105。

均演奏 200～350 個樂器（同時有兩位音樂演奏者）。〔註100〕

關於音樂設計的過程：

> 他首先尋找適合角色與演員聲音的音色，然後在排練時「如蠶一般」
> （這個比喻來自莫努盧金）編織旋律線、節奏線及和聲線，同時配
> 合演員的步態（身體）、他們的移位或說話的速度來固定。他的音樂
> 想像逐步地貼合導演的觀點，音樂因此變成表演不可分離的組成部
> 分。〔註101〕

對勒梅特來說，演員的聲音是旋律的來源，呼吸、動作則帶來節奏。而
工作的方法便是「跟排」，勒梅特在訪談中說道：

> 從排練的第一天開始，我就在那裡。首先，音樂汲取自他們，汲取自
> 文本——說和演的文本，而非朗誦的文本。……因為這是我的眼睛和
> 耳朵的結合，也就是說，聽見什麼、看見什麼、感覺什麼。〔註102〕

而其與導演的接觸情況，也是出人意料之外，勒梅特在訪談中解釋：

> 我和導演的關係……是個三角關係：導演——舞臺——音樂空間。
> 始終是三方交流……以致沒有直接的關係。……我們不交換意見
> 說：「我要這樣做。」從來沒有。一個字都沒有。什麼都沒有。……
> 只是看一眼，一個眼色，如此而已。〔註103〕

至於表演情況，勒梅特陸續提出不以傳統方式寫成的複雜音樂，以保留
與舞臺演奏的開放可能性。他只記下「樂器名稱和節奏編碼；其餘一切，便
靠記憶力。」〔註104〕

分析勒梅特的劇場音樂，可以發現與中國戲曲的板腔體音樂〔註105〕（如：
京劇）特色有異曲同工之妙，例如依照呼吸、動作形成節奏，類似於戲曲武
場的「鑼鼓點」搭配。但勒梅特的音樂與中國戲曲音樂仍有差別：1. 勒梅特
是唯一的創作者與有眾多樂器可選擇的即興演奏者；戲曲「文武場」有其固
定曲式與樂器配置，但在鼓佬的帶領下，師傅們亦有集體臨場反應的彈性在。
2. 勒梅特的音樂像配樂，中國戲曲音樂則是伴奏性質。

〔註100〕蘇真穎，〈發現東方的戲劇音樂旅行〉，頁 104、108。
〔註101〕蘇真穎，〈發現東方的戲劇音樂旅行〉，頁 102。
〔註102〕蘇真穎，〈發現東方的戲劇音樂旅行〉，頁 105。
〔註103〕蘇真穎，〈發現東方的戲劇音樂旅行〉，頁 106。
〔註104〕蘇真穎，〈發現東方的戲劇音樂旅行〉，頁 102～103。
〔註105〕亦稱「板式變化體」。與「曲牌聯套體」為中國戲曲音樂兩大系統。

（三）儀式化的「戲班」

在莫努盧金的劇場，儀式感是很強烈的。許多特殊的排演規則皆有別於一般劇團。例如：日常鞋子和服裝都不准進排練場及舞臺，演出的服裝材料和物件在排練中就會提供給演員，演員們需與幕後團隊合作，共同設計出演出服裝，〔註106〕穿著角色裝扮排練。

關於「儀式感十足，戲班子味濃厚」的形容，出自於曾在陽光劇團工作五年的臺灣人謝宜靜的觀察感受：

> 從排練場移師進劇場那天，莫努盧金會率領演員走上那小小一段
> 路。伴隨勒梅特的吹打，演員帶著自己的妝盒或其他對角色有意義
> 的東西，辦公室和技術組的人全部出來看熱鬧。〔註107〕

開演前的儀式對莫努盧金而言也很重要，她說：

> 我會到觀眾席，跟所有的劇場工作人員大聲的喊道：「注意！注意！
> 劇場大門要開了！」彷彿皇室隊伍的司儀一般。我知道我這樣有些
> 可笑，但我不在乎。接著，我會用力的敲大門三下——我會聽到門
> 外傳來小小的驚呼聲、笑聲、竊竊私語聲——然後我會用力的把大
> 門敞開。〔註108〕

儀式性也表現在對待面具的態度上。在莫努盧金的工作坊裡，面具是最嚴肅的神聖事物，不是馬上就可以隨便碰的。演員跟面具的相遇，莫努盧金也定下更嚴苛的規定。她說：「戴面具時你必須服從。試著謙虛，並愛惜你與角色的相遇。對面具一定要畢恭畢敬，視它們如神靈下凡（god descends）一般。」莫努盧金甚至要求，拿面具的時候要恭敬，由兩側扶著，不能將兩根手指從面具眼睛穿過去或直接從鼻子捏起來，也不能將面具的臉朝下放。〔註109〕

（四）空舞臺

東方劇場極簡、甚至沒有任何佈景的空曠舞臺，亦為莫努盧金所嚮往。一個東方演員，只需要一個樂師，一張椅子，以及一根棍子，就足以創造一

〔註106〕Judith Graves Miller. *Ariane Mnouchkine*, p. 123.

〔註107〕謝宜靜口述，廖俊逞、鄭尹真採訪整理，〈在陽光劇團的一千八百二十五個日子〉。《表演藝術》第 179 期，2007 年 11 月，頁 71。

〔註108〕Ariane Mnouchkine（莫盧金）、Fabienne Pascaud（巴斯喀）著，馬照琪譯，《莫盧金：當下的藝術》，頁 89。

〔註109〕Judith Graves Miller. *Ariane Mnouchkine*, p. 126.

個戲劇世界。剩下的，觀眾會用想像力把它填滿。〔註110〕

　　陽光劇團的劇場即是一個沒有任何裝飾、沒有舞臺、沒有觀眾廳的空房間。在空蕩蕩的倉庫裡，演員與觀眾同處單一房間的四面牆中，共享表演空間。

　　不過此一特色在莫努虛金後來的作品中有逐漸隱退的趨勢。如2007年的《浮生若夢》（Les Ephemeres）或2010年推出的《未竟之業》（Les Naufragés du Fol Espoir）皆以快速變換的寫實場景做為舞臺設計概念。

三、東方元素的運用——以八〇年代的莎士比亞系列為例

　　早期的陽光劇團，多採取集體即興創作，他們捨棄文本，發展形體表演。《黃金年代》可說是早期集體創作的巔峰，但巔峰也意味著一種表演形式面臨再突破的困境。莫努虛金對此曾表示：

> 在經過漫長又困難重重的創作過程之後，我對自己說：「我們的集體創作走到瓶頸了！我想要回到文本，我需要重新學習。」在長時間的集體創作之後，我們往往變得不斷自我重複並且不再進步。〔註111〕

　　莫努虛金漸漸發覺，他們欠缺的是訓練與紀律，他們需要建立的是更高的標準，一個超越自身能力的標準；於是他們開始翻譯與創作莎士比亞戲劇。〔註112〕然而，她並非按照傳統的方式去尋找莎劇的原汁原味，而是著重探索新形式，企圖程式化的表現莎士比亞語言和戲劇性結構，所有的行動、聲音、姿態、場景和服裝都要像是「一首無韻詩（blank verse）」。〔註113〕而這些她曾在東方劇場上感受到的元素，在標準的西方自然主義劇場上，是找不到的。

> 當我們決定排演莎士比亞時，我們必須借用亞洲戲劇的手法。因為莎士比亞的戲劇是植根於人類真實的寓言中的，所以我們搬演他的劇作就一定要避免寫實的與平淡的手段。〔註114〕

〔註110〕馬照琪，〈東方形式點金，鎔鑄西方新劇場〉，頁62。

〔註111〕Ariane Mnouchkine（莫虛金）、Fabienne Pascaud（巴斯喀）著，馬照琪譯，《莫虛金：當下的藝術》，頁159。

〔註112〕Ariane Mnouchkine（莫虛金）、Fabienne Pascaud（巴斯喀）著，馬照琪譯，《莫虛金：當下的藝術》，頁166。至於為何是莎士比亞，莫努虛金說：「莎士比亞與我們的距離，就像我們最深的內在與我們自己的距離一樣。」她自承當時自己未有足夠的寫劇本與創造角色能力，而莎翁的角色都是真實完整的「人」，有著豐富且複雜的靈魂。（引自同書，頁166、167、169。）

〔註113〕Adrian Kiernander. *Ariane Mnouchkine and the Theatre du Soleil*, p. 109.

〔註114〕Patrice Pavis. *The Intercultural Performance Reader*, p. 95.

本來，莎士比亞的語言就是十分矯飾的，它不是客廳或咖啡館裡的

閒談，它不是現實主義而是詩劇。〔註115〕

雖然在前文莫努盧金「含東方元素」的重要作品年表中，是以《黃金年
代》做為開端；但其含有的中國京劇臉譜元素，卻與歐洲義大利即興喜劇的
面具特色混雜在一起，難以辨識。因此筆者認為，不論從上述集體即興創作
轉向有文本的整體性追求，或是以莫努盧金開始有意識的大量採用東方元素
來考量，皆以莎士比亞系列做為其劇場東方化的探究對象較有意義。此處以
風格較為接近的《理查二世》與《亨利四世》為例（省略《第十二夜》），審視
其如何在舞臺上展現她心中的東方元素。

從劇場視覺效果來看，陽光劇團莎士比亞系列皆使用空曠舞臺，大幅錦
緞由舞臺牆壁上沿拖曳到地上。造型上，角色們不是戴上面具，就是像面具
那樣化妝，搭配瑰麗多彩的服裝；（關於舞臺、造型，參看圖 2-2）他們用姿
勢、動作和形式化的歌唱與舞蹈來表現人物情緒。

圖 2-2 《理查二世》舞臺

注意榻榻米上的右側演員臉上戴著的是真的面具，左側演員則是戴著「畫上的面具」。
圖片來源：李立亨，〈莫努盧金・東方劇場・陽光劇團〉。《表演藝術》55 期，1997 年
6 月，頁 16。

〔註115〕Patrice Pavis. *The Intercultural Performance Reader*, p. 97.

《理查二世》一開場，國王在群臣的簇擁下從類似歌舞伎「花道」的坡道進場。〔註116〕挪用日本歌舞伎的手法在第一幕第三場兩個臣子波林布魯克（Bolinbroke）和毛伯萊（Mowbray）相互劍拔弩張對峙時，特別有戲劇張力。此場最後，理查二世宣布放逐兩人時，以寫實表演法來處理略感尷尬或不足的片段，在陽光劇團刻意模仿東亞形式的這個版本，反而是處理最好的。〔註117〕原因是此段有兩個挪用東亞形式的優點：一是能透過簡潔有力的動作強化衝突張力；二是在一些如典禮或儀式的場合，較為緩慢的節奏與慎重的行動提供了莊嚴性。

莫努虛金曾指出，亞洲戲劇作為一種工具無疑是有用的，但是在她的戲劇裡，幾乎沒有任何正宗的亞洲元素。〔註118〕她從未照搬亞洲戲劇的形式和技巧，因為她知道東方演員從小訓練的技藝對於陽光劇團的演員來說是不可能速成的。〔註119〕她甚至攤明的表示，陽光劇團的演員們對那些從未見過的表演形式的揣摩方式「大部分都是來自於演員的想像！」〔註120〕因此對於曾被報導陽光劇團演出的是「日本版」的《理查二世》，莫努虛金是急於澄清的。〔註121〕

故而，莫努虛金實際上只想營造某種莊嚴感、形式感和儀式感。她想使莎士比亞的歷史劇以另一種面貌出現——就是並不強調它們與現實的相似。例如在第三幕中，演員用下半身模擬踩踏、奔跑，讓富有層次又多彩的裙角持續著擺動，並用刺繡背帶鞭打大腿表徵快馬加鞭，隨著步伐速度的增加而加快劇情節奏，讓冗長的莎劇臺詞在馬背上能增添急迫感。有西方學者以為這是借用自中國京劇的騎馬方式。〔註122〕但懂京劇的人都知道，這些類似真實騎馬的動作，根本不是京劇，莫努虛金只是借用了京劇虛擬表意的概念。

有學者認為，最有儀式性的一幕表現在劇末，理查被迫退位，脫去了華服，渾身赤裸，剩下丁字腰布，像在歌舞伎中看到如美妙芭蕾般的謀殺（殺

〔註116〕羅磊，〈太陽劇社中期的「東方」轉向〉。《文藝研究》2016年第11期，頁117。

〔註117〕Adrian Kiernander. *Ariane Mnouchkine and the Theatre du Soleil*. London: Cambridge University Press, 1993, p. 113.

〔註118〕Patrice Pavis. *The Intercultural Performance Reader*, p. 93.

〔註119〕田民。〈「戲劇是東方的」：法國戲劇導演姆努什金與亞洲戲劇〉。《文藝研究》，2006年第11期，頁93。

〔註120〕Ariane Mnouchkine（莫虛金）、Fabienne Pascaud（巴斯喀）著，馬照琪譯，《莫虛金：當下的藝術》，頁56。

〔註121〕Patrice Pavis. *The Intercultural Performance Reader*, p. 96.

〔註122〕Adrian Kiernander. *Ariane Mnouchkine and the Theatre du Soleil*, p. 115.

し場〔ころしば〕）。〔註123〕（參看圖2-3）

圖2-3：《理查二世》渾身赤裸，剩下丁字腰布。

圖片來源：陽光劇團 https://www.theatre-du-soleil.fr/fr/notre-theatre/les-spectacles/les-
shakespeare-richard-ii-1981-158

《理查二世》裡，其他和歌舞伎表演相類似處還有在舞臺上採用半蹲滑行的步伐、誇張的嘆息和昏厥動作等。〔註124〕

動作之外，理查二世的扮演者創造了特殊的臺詞表達方式，他用自己所能找到最高的發聲位置，迸發出如歌聲般的聲音，卻又不至於是用唱的；刻意拉長長母音，縮短短母音。有些觀眾覺得如此呈現顯得刺耳或像是沒有抑揚頓挫，一位評論人稱這樣講臺詞的方式是「叫喊般的、宏亮但不帶感情」。〔註125〕這種說話方式和歌舞伎的臺詞說法頗為相似，具有音樂感和節奏感。而此種訴說方式竟神奇的不會被中國京劇的鑼和鈸伴奏搶掉焦點。

從《理查二世》到《亨利四世》，莫努虛金認為劇團在應用東方元素上，

〔註123〕Leonard Pronko. "Approaching Shakespeare through Kabuki" in *Shakespeare East and West*. by Minoru Fujita/ Leonard Pronko ed.. Richard, Surrey: Japan Library, 1996, p.32.

〔註124〕Judith Graves Miller. *Ariane Mnouchkine*, p. 83.

〔註125〕Leonard Pronko. "Approaching Shakespeare through Kabuki" in Shakespeare East and West. by Minoru Fujita/ Leonard Pronko ed.. Richard, Surrey: Japan Library, 1996, p. 33.

技巧已漸趨成熟。她曾表示：「一開始，這樣的表演形式讓大家有些僵硬而不自然。但是，到了《亨利四世》的時候，相反的，歌舞伎變成了只是一種工具，而我們變得可以更自由的應用它。我覺得這齣戲比較好。」〔註126〕

　　《亨利四世》的東方元素例子有：當一個角色死亡時，不是直接倒在地上，而僅僅使用像歌舞伎式的垂頭坐或跪在舞臺上。〔註127〕當哈爾王子為救父親，棒擊道格拉斯，令其嘴角流血的場景，是以兩股鮮紅、象徵鮮血的棉紗線從演員嘴裡垂落下來。〔註128〕（參看圖2-4）劇中每個角色都會配備一個小木箱，代表王權或是武器。小木箱們會被演員四處搬動到定點的位置堆疊起來，並在該處說臺詞，這樣的手法套用了京劇一桌二椅的概念，用一個中性的道具配合不同場景成為不同的東西。〔註129〕

圖2-4　《亨利四世》嘴角流血的場景──是以兩股鮮紅的棉紗線象徵。

圖片來源：瑪格南圖片社（Magnum Photos）https://mediastore.magnumphotos.com/
　　　　　CoreXDoc/MAG/Media/TR2/0/0/8/a/PAR11778.jpg

〔註126〕Ariane Mnouchkine（莫虛金）、Fabienne Pascaud（巴斯喀）著，馬照琪譯，《莫虛金：當下的藝術》，頁56。
〔註127〕Adrian Kiernander. *Ariane Mnouchkine and the Theatre du Soleil*, p. 119.
〔註128〕劉明厚，〈集體創作，共同設計──法國當代女導演姆努什金和她的太陽劇社〉。《中國戲劇》1999年8期，頁60。
〔註129〕王仁芳，〈莫努虛金導演作品中的東亞印記〉，頁64。

對莫努虛金而言，跨文化手法更進步的《亨利四世》，卻沒有得到相對的肯定；相較於《理查二世》，《亨利四世》的紀錄和評論十分少；有些評論家認為這代表借用亞洲形式已顯出疲態，〔註130〕觀眾已失去新鮮感。另外，東方美學符碼對於西方觀眾來說不帶特殊意義，反而成為理解劇情的阻礙，也是一項問題。例如：哈爾王子和好朋友波因士（Poins）手中常持扇子，這在日本和中國是文人風雅的代表；但對西方觀眾而言，女性使用的扇子在他倆手中，不是不倫不類，便是以為在暗示他們女性化的特質？但諸如此類的討論亦極容易延伸成「東方主義」的批評。

回顧莫努虛金的本意，就是由於西方戲劇傳統中形式的匱乏與自我更新的需要（參見頁27），想像的亞洲戲劇形式才成為一種可行的選擇；讓演員、觀眾通過想像同時產生了感受的共鳴性，才是她所追尋的戲劇意義。

從本章的溯源可以知道，中西跨文化戲劇交流是從西方開始的。18世紀起的西方戲劇向中國的跨文化，從移植故事為己所用（如《趙氏孤兒》）；到移植故事時，對中國戲曲表演形式產生興趣，進而嘗試融入改編作品中（如《高加索灰闌記》）；到後來，就算演的是西方故事，卻大量採用東方形式於其中（如陽光劇團），甚至因東方各地形式的陸續傳入，打開了西方人的眼界，進而讓西方戲劇出現許多的突破性發展。由此觀之，文化交流或戲劇發展本是一個累積的過程，在不停的探索中、或者一時誤解中，總能慢慢發現對方真正的樣貌及美好之處；最後終於可以懂得欣賞對方，同時反思己身。

〔註130〕Adrian Kiernander. *Ariane Mnouchkine and the Theatre du Soleil*, p. 119.

第三章　中國戲曲向西方的跨文化

　　延續第二章跨文化戲劇交流的西方歷史溯源，接下來要探討的是中國戲曲的跨文化脈絡。本章先以清末民初為戲曲主流的京劇為例，不論是摻有京劇的話劇（時稱文明戲），或是受話劇影響的「時裝京戲」，劇本來源為西方經典的所在多有。以文明戲而言，由於話劇對中國而言，完全就是個「舶來品」，「可以說，中國早期話劇正是從改編外國戲劇和小說開始的」〔註1〕。以時裝京戲而言，為達到改革社會的功能，取材除採時事新編外，亦常將原著故事改寫加入新的時代背景。

　　1980年代起，臺灣的戲曲出現了許多現代化的變革，跨文化改編亦為戲曲思考創新方向的手段之一。「當代傳奇劇場」的跨文化改編可謂是主要代表。

　　在京劇的改良風潮下，歌仔戲也頗受影響，於1996年開發了跨文化改編的路子。筆者將1996～2006年劃分為「移植故事期」，2007～2017年為「移植故事與反思形式期」，將在下文解釋分析之。

第一節　吸收西方元素的京劇

一、清末民初傳入的西方戲劇與京劇間的交互影響

（一）加入京劇曲調的話劇〔註2〕

　　除去外國教會學校的學生演劇不論，中國現代戲劇一般追溯至1907年2

〔註1〕田本相主編，《中國現代比較戲劇史》。北京：文化藝術，1993年，頁641。
〔註2〕事實上，直至1928年4月，洪深才首先提出使用「話劇」一詞作為新式戲劇的名稱，突出了對話在戲劇文學中的重要地位；而早期話劇另有「文明戲」之稱。引自陳白塵、董健主編，《中國現代戲劇史稿》。北京：中國戲劇，1996年，頁328。

月，由留日學生組成的「春柳社」，在東京為江蘇水災籌款的遊藝會上演出的
《茶花女》起算。但由於當時只演出了第三幕，故亦有人以同年 6 月，仍由
「春柳社」演出的全本《黑奴籲天錄》（原著小說是《湯姆叔叔的小屋》，曾孝
谷據林紓、魏易的合譯本改編）為中國話劇第一個創作的劇本；〔註3〕在此劇
第二幕的工廠紀念會中，「春柳社」加了一段遊藝節目——唱歌、跳舞都有，
還有一段賓客表演的京戲。將京劇以如此巧妙的形式滲入劇情，當然不算破
壞了它的話劇形式。

　　但話劇真的「在中國」開場，是同年 9 月由王鐘聲在上海領導的「春陽
社」，演出許嘯天改編版的《黑奴籲天錄》：「也用鑼鼓，也唱皮黃，各人登場，
甚至用引子或上場白或數板等等花樣，最滑稽的，是也有人揚鞭登場。一切
全學京戲格式」。〔註4〕此劇並非特例，早期的文明戲和京劇是相互滲透、相
互影響的；從演員來說，也往往一身而二任。例如歐陽予倩，早年既在日本
學新劇，回國後又向陳祥雲、江夢花、薛瑤卿等京、崑藝人〔註5〕學藝，以後
乾脆當了幾年京劇演員，並獲得「北梅南歐」的聲譽。〔註6〕

　　約莫十幾年的文明戲發展期，與差不多同時興起的「時裝京戲」，樣貌區
別不大。故而文明戲時期的跨文化改編劇，亦充滿濃濃的京劇味。以莎士比
亞戲劇為例，1913 年鄭飛秋導演即根據《英國詩人吟邊燕語》〔註7〕改編了
幕表的文明戲《肉券》（即《威尼斯商人》），這也許是中國舞臺上演出的第一
個莎劇。〔註8〕

（二）時裝京戲的出現

　　京劇改良運動的掀起，是為了適應社會改革的政治需要；而活動的高潮，

〔註 3〕歐陽予倩，〈回憶春柳〉，《中國話劇運動五十年史料集（第一輯）》。北京：中
　　　　國戲劇，1958 年，頁 19。歐陽予倩認為：「在這以前，我國還沒有過自己寫
　　　　的這樣整整齊齊幾幕的話劇本。」
〔註 4〕徐半梅，《話劇創始期回憶錄》。北京：中國戲劇，1957 年，頁 19。
〔註 5〕陳祥雲藝名筱嘉祿，名優夏月珊的弟子，工青衣。江夢花又名江紫塵，工青
　　　　衣。薛瑤卿原為崑腔旦角，後改唱二黃青衣。參見歐陽予倩，《歐陽予倩回憶
　　　　錄：自我演戲以來》。臺北：新銳文創，2017 年，頁 48、51、79。
〔註 6〕馬少波等主編，《中國京劇發展史（二）》。臺北：商鼎，1992 年，頁 352。
〔註 7〕為林紓和魏易於 1904 年以文言文，根據蘭姆姊弟（Charles & Mary Lamb）的
　　　　《莎士比亞故事集》《Tales from Shakespeare》（1807）合譯之書（魏易口譯、
　　　　林紓潤色），共收錄莎劇故事二十個。後來，新劇界多根據這些戲劇故事改編
　　　　成文明戲，而不是根據原著。
〔註 8〕田本相主編，《中國現代比較戲劇史》，頁 436。

主要指 1908 年上海「新舞臺」創立前後，到辛亥革命後的 1912 年前後。這段時期，時裝京戲大量湧現。辛亥後，由於革命銳氣與日遞減，京劇改良運動也逐漸走向衰微。〔註9〕

「時裝」這一意念的獲得，直接得自西劇的啟迪。中國人早就看出「衣裝隨時變換」與西方戲劇模式的關係。〔註10〕西方戲劇對戲曲改良者來說，最感興趣的，作為摹仿對象和接受其影響最多、最大的，是代表了當時西方戲劇的「寫實」主義「話劇」。〔註11〕換句話說，即非寫意與無唱腔。

分析改良京劇作品的特點如下：一為較注重劇作的情節性；二為劇中人物的唱詞道白，經常運用政治宣傳式的演講；三為經常設置大段唱（無疑是為宣傳）；四為劇作語言一般力求通俗，甚至運用地方土話；五為受西方影響，改分場形式為分幕形式。〔註12〕

從《中國京劇發展史（一）》中所列上海「新舞臺」編演的五十幾齣時裝京戲劇目來看，屬於跨文化改編的有：《新茶花》（小仲馬原作）、《犧牲》（雨果原作）、《華佗夫人》（蕭伯納原作）。〔註13〕

其中《新茶花》堪稱是清末民初最受歡迎的改良京劇，光在 1910～1918 年間，於「新舞臺」便演過四百多場，還不包括其他劇院。〔註14〕前半段劇情與原著雷同，只是男主角的身份成了軍官，新茶花被迫離開軍官後，假意伴俄國元帥出遊，軍官大怒。後半段風格突變，描述中俄戰爭爆發，新茶花智盜俄帥地圖給男主角，使男主角大敗俄軍，至新茶花處請罪，二人重歸於

〔註9〕馬少波等主編，《中國京劇發展史（一）》。臺北：商鼎，1992 年，頁 263。

〔註10〕田本相主編，《中國現代比較戲劇史》，頁 29。

〔註11〕田本相主編，《中國現代比較戲劇史》，頁 36。

〔註12〕馬少波等主編，《中國京劇發展史（一）》，頁 286～287。

〔註13〕馬少波等主編，《中國京劇發展史（一）》，頁 302。三劇介紹如下：《新茶花》原為光緒 34 年（1908）王鐘聲根據《茶花女》所編寫的文明戲劇本，1909 年馮子和等人將之改編為京劇本子。《犧牲》原著為《安日樂》（Angelo，1835），又譯《項日樂》、《安琪羅》，最有名的話劇版本為張道藩改編的《狄四娘》。關於《華佗夫人》的原著，據筆者推測，應為《華倫夫人的職業》（Mrs Warren's Profession，1893），一來蕭伯納作品中，此劇名稱最為相近；二來 1920 年 10 月，文明戲演員汪仲賢（汪優遊）曾在上海「新舞臺」主持演出《華倫夫人之職業》。筆者亦推測，《華佗夫人》為《華倫夫人》的訛誤；但經查閱《中國京劇發展史》的來源——北京市藝術研究所與上海藝術研究所聯合編著的《中國京劇史》，書中確為《華佗夫人》，故而不加以擅改。

〔註14〕李孝悌，《戀戀紅塵：中國的城市、欲望與生活》。臺北：一方，2002 年，頁 169。

好。改編版的愛國主義和民族主義思想，可說是符合當時改良京劇的時代任
務。再加上舞臺技術求「寫實」成為噱頭：風聲、雪景之外，「新舞臺」竟於
舞臺上裝置了 20 萬磅的真水來顯示中俄海戰的場景，〔註15〕確實是竭盡所
能。在「時裝」與「京戲」融合的表現上，汪笑儂飾演的結婚典禮司儀，身著
西式禮服，巧妙地借用舊戲中的儐相——小花臉的程式動作，再以鑼鼓點配
合，演來十分協調，很受觀眾歡迎。〔註16〕

梅蘭芳亦嘗試過五齣時裝京戲：《孽海波瀾》、《宦海潮》、《鄧霞姑》、《一
縷麻》和《童女斬蛇》。〔註17〕1918 年的《童女斬蛇》後，梅蘭芳不再排時裝
京戲，並曾自陳原因：「我感到京劇表現現代生活，由於內容與形式的矛盾，
在藝術處理上受到局限。」例如：緩慢的唱腔不好安排進時裝京戲，很自然
地變成話多唱少；一些成套的鑼鼓點、曲牌，使用起來也顯得生硬。〔註18〕
可以說，他在當時所面臨到的問題，到現今戲曲做跨界舞臺劇嘗試，或改編
舞臺劇為戲曲作品時，某些問題層面仍然是存在的。

二、臺灣京劇跨文化改編的進展

臺灣的戲曲現代化〔註19〕於 1980 年代繼承了整體臺灣劇場的發展方
向〔註20〕，戲曲改良由民間自發開始，1979 年「雅音小集」的郭小莊可說是
首開改革風氣。但「雅音小集」所引起的轟動，主要是劇場外部的創新（如：

〔註15〕李孝悌，《戀戀紅塵：中國的城市、欲望與生活》，頁 167。

〔註16〕馬少波等主編，《中國京劇發展史（一）》，頁 296。

〔註17〕梅蘭芳述，許姬傳，《舞臺生活四十年》第二集。香港：香港戲劇，1954 年，
頁 4、66。梅蘭芳述，許姬傳，《舞臺生活四十年》第三集。香港：香港戲劇，
1981 年，頁 153。五齣約半數採自時事新編，前兩齣別的班社有演過，梅蘭
芳認為僅算修編。

〔註18〕梅蘭芳述，許姬傳，《舞臺生活四十年》第三集，頁 172。

〔註19〕蔡欣欣提出的戲曲「現代劇場化」，指的是以類似現代劇場的編制與組織分
工，在現代劇團較為熟悉的現代展演空間，演出傳統或新編劇目，強調文本
的文學性與新編詞曲，以有別於甚且超越一般廟埕外臺舊有的演出型式。引
自石光生，〈超越或扭曲？文化產業期臺灣戲劇跨文化改編的困境〉《2007
海峽兩岸華文學術研討會論文集》。中壢；中原大學，2007 年，頁 4。

〔註20〕1970 年代，在臺灣經濟起飛卻又遭受外交挫敗導致文化轉折的關鍵時刻，文
化風潮明顯地由對西方藝術的崇拜模擬轉而為對中國情懷的溯源尋根，有心
人士紛紛為民族藝術在現代社會中重新尋找定位。「逆勢反撲後再經現代化
包裝的中國傳統」是文化風潮之大運勢。引自王安祈，《臺灣京劇五十年》。
宜蘭縣五結鄉：國立傳統藝術中心，2002 年，頁 102。

舞臺、燈光、音樂等），而較少劇本思想〔註21〕的革新。

臺灣戲曲跨文化改編的首次嘗試為 1981 年的京劇《席》。《席》改編自尤涅斯科（Eugène Ionesco，1909～1994）的荒謬劇《椅子》（Chairs，1952）。創作動機為同年尤涅斯科受邀來臺而欲展現交流熱忱，但為何是由京劇跨文化改編《椅子》，則「完全來自胡耀恆的『心血來潮』」〔註22〕。此京劇版本由國防部主辦，委託空軍「大鵬劇隊」支援演出。

在《法國椅子中國席》這本收錄此次演出紀錄與評論的書中，兩位主導的戲劇學者胡耀恆、黃美序與戲曲編劇魏子雲皆一再提到籌備時間的倉促與資源（人力、經費）的不足——從開始改編劇本到演出僅三個月左右，且幾乎所有的責任與事務，全落在魏子雲與胡耀恆頭上。〔註23〕在上述主導者們的演後檢討及尤涅斯科本人的觀賞感想中，都提到了燈光和裝置（即椅子數量）對演出的影響——前者只用了當時京劇演出的一般照明，而沒有如原著要求：燈光要逐漸強烈，到最後令人感到耀眼欲花；後者則是椅子未如原著最後擺滿舞臺，只擺了十二張，使戲劇效果打了折扣。據胡耀恆說法，只要經費與設計時間夠充裕，這兩項缺失並非難以解決。馬森指出，此類小缺點必須強調，是因荒謬劇的內容，「寄託在它以之表現的形式上的，由於形式的改變，內涵便無所寄託了」；〔註24〕但他也不吝讚賞觀看過程的愉悅：「在這短短的將近一小時的演出過程中，我深深地為《席》劇所吸引，興味盈然地看完了這次的演出，我認為這是一次成功的嘗試。」〔註25〕

胡耀恆以為此劇演出大體上獲致不錯的評價〔註26〕，對京劇發展的意義

〔註21〕據王安祈，《臺灣京劇五十年》（頁 107～108）分析，「雅音小集」前期多為樂觀報國的忠愛主題，從 1986 年的《再生緣》起，雖加入了「女性情愛」主題，但忠奸對立仍鮮明；直到收團之作《歸越情》，讓范蠡面對懷有敵人夫差子嗣的昔日戀人西施，直探人性，才顛覆了「教忠教孝」的傳統。

〔註22〕魏子雲編，《法國椅子中國席》。臺北：時報文化，1985 年，頁 15。

〔註23〕魏子雲編，《法國椅子中國席》，頁 29。

〔註24〕馬森，《馬森戲劇論集》。臺北：爾雅，1985 年，頁 266。

〔註25〕馬森，《馬森戲劇論集》，頁 263。

〔註26〕「對於這項演出，尤涅斯科感到十分滿意，他說自己作品重虛幻描寫，和京劇非寫實的方式正好契合。」引自《法國椅子中國席》，頁 107。金士傑也曾回憶：「以前年輕時我看過老生老旦哈元章和馬元亮演出改編自 Ionesco 劇本的《椅子》，好好看喔！老生老旦在家裡一直忙上忙下，但事實上整個家裡從來沒有一個客人進來。」引自當代傳奇劇場，《等待果陀》。臺北：當代傳奇劇場，2006 年，頁 37。

非凡，因為「假如平劇的表演程式連荒謬劇都可以優美地演出，那麼它可以演出的劇本或者故事一定很多。這樣的認識很重要，因為它可以把平劇從目前古董式的死胡同，帶領到一個嶄新的境界。」〔註27〕

《席》的演出為臺灣戲曲改革開啟了別開生面的一頁，但其創作的偶然性與製作過程困窘所造成的瑕疵，卻使得它在戲曲史上的知名度和重要性有所減損。再來，便要等到1986年吳興國的「當代傳奇劇場」橫空出世了。

（一）當代傳奇劇場的跨文化改編

當代傳奇劇場成立的目的，並不只在改良京劇本身，他們欲探索的是當代中國戲劇的新型態。〔註28〕不僅戲曲的表演由「轉型」導入「蛻變」，「藝術越界」的觀念更從此開啟，傳統戲曲與現代戲劇的楚河漢界由消弭而至重新交融，這是臺灣劇壇的一大步。〔註29〕如此創新的做法，當然一定會有「離經叛道」的批判聲出來，但對吳興國來說，他還是以京劇為核心思考，只是現代化的幅度更為擴大，聽著像京劇，看著又像舞臺劇。〔註30〕而達到此目的的重要方法之一，便是多次取經西方經典，再以中國傳統戲曲元素加以改編。〔註31〕

在創團作《慾望城國》（改編《馬克白》）裡，西方經典帶來的複雜人物形象，首先便打破了戲曲角色行當的分類方式。吳興國的敖叔征（馬克白）融合了武生、老生、花臉三行的特色。〔註32〕魏海敏的馬克白夫人要有青衣的高貴，又要有潑辣旦的精明，以及策動權慾的心機。〔註33〕再來，服裝上由於捨棄自明代以來的京劇服飾，改參照漢朝服飾，必須面臨的問題便是漢式上窄下寬的大袖取代了水袖。魏海敏因此「花了一、二個月的時間去研究如何用袖子表現身段」。〔註34〕

1998年底，吳興國一度宣佈劇團暫停運作。當代傳奇劇場最大的問題在沒有自己的班底。〔註35〕2001年復出後，吳興國不再做風險高的大戲，開始

〔註27〕魏子雲編，《法國椅子中國席》，頁12。
〔註28〕王安祈，《臺灣京劇五十年》，頁110。
〔註29〕當代傳奇劇場，《暴風雨》。臺北：當代傳奇劇場，2004年，頁68。
〔註30〕盧健英，《絕境萌芽：吳興國的當代傳奇》。臺北：天下遠見，2006年，頁168。
〔註31〕當代傳奇劇場，《暴風雨》，頁145。
〔註32〕盧健英，《絕境萌芽：吳興國的當代傳奇》，頁171。
〔註33〕盧健英，《絕境萌芽：吳興國的當代傳奇》，頁169。
〔註34〕盧健英，《絕境萌芽：吳興國的當代傳奇》，頁171。
〔註35〕《慾望城國》時吳興國的身份仍是「陸光國劇隊」隊員，之後大部分戲的成員，也都來自「陸光」。

想做小規模的戲。《李爾在此》一人演十角，透過夢境和回憶的方式拼貼拆解，讓各行當的表演解開自己的生命密碼：李爾王用麒派老生的悲愴，三個女兒分別套用青衣、潑辣旦和程派苦旦，忠臣肯特以武二花，葛羅斯特用馬派老生，葛的兩個兒子分別使了葉派小生及林冲形象為底的武生，還有以丑應工的弄臣。〔註36〕之後的《等待果陀》挑戰了高難度的荒謬劇，表演以丑為基礎，再融合老生的京白與韻白對比。兩劇皆得到了高度的肯定。

　　至於國際演出評價方面，褒的部分有英國衛報劇評「這是我見過最好的東西文化交融之一。」〔註37〕貶的部分則稱，類似於舞劇的誇張使得嚴肅的場合變為輕浮而幾近於笑劇。〔註38〕如同本論文第二章第三節所論（參見頁50）：東方美學符碼對於西方觀眾來說不帶特殊意義，反而會成為理解劇情的阻礙。敖叔征及其夫人謀害薊侯（原著名鄧肯）時，兩人背對背撞個正著。按京劇的表演技巧，這可能表示他們在黑暗中摸索行事，但卻被認為是一種不恰當的呈現，「簡直像勞萊與哈臺（Laurel and Hardy）」〔註39〕。

　　1998年7月，莫努虛金在亞維儂藝術節（Festival d'Avignon）觀賞了《慾望城國》，深受感動：「多年來，陽光劇團一直在嘗試多元文化並置的跨領域劇場，我們所追求的目標，當代傳奇劇場都做到了。從當代傳奇劇場的舞臺上，我看見了世界劇場的夢想。」〔註40〕根據第二章對莫努虛金的介紹，當代傳奇劇場的表演的確就是陽光劇團前期所追尋的終極目標。莫努虛金要求她的團員模仿、想像，希望能重現她初見東方戲劇時的震撼；但東施效顰的拼貼，當然比不上正統京劇訓練出身的演員，親自演出西方觀眾熟悉的莎劇，莫努虛金的激動可想而知。2000年（休團時期），莫努虛金把吳興國請去陽光劇團的工作坊授課，示範京劇表演並發展出《李爾在此》的25分鐘雛形。愛才的莫努虛金觀賞後，堅定地「恐嚇」他：「如果你不重回舞臺，我就殺了你。」〔註41〕此段話對吳興國的衝擊頗深，年底便宣布復團。

〔註36〕盧健英，《絕境萌芽：吳興國的當代傳奇》，頁208。
〔註37〕當代傳奇劇場，《暴風雨》，頁151。
〔註38〕Catherine Diamond（戴雅雯）著，呂健忠譯，《做戲瘋，看戲傻：十年所見臺灣劇場的觀眾與表演（1988～1998）》。臺北：書林，2000年，頁58。
〔註39〕Catherine Diamond（戴雅雯）著，呂健忠譯，《做戲瘋，看戲傻：十年所見臺灣劇場的觀眾與表演（1988～1998）》，頁58。
〔註40〕當代傳奇劇場，《暴風雨》，頁151。
〔註41〕王仁芳，〈莫努虛金導演作品中的東亞印記〉。臺北：臺灣大學戲劇研究所碩士論文，2013年，頁2。此語前文為：「你知不知道，歐洲要找一流的導演有

　　近幾年的戲，有大戲有小戲，依舊實驗感十足，褒貶不一；但不變的是吳興國每一次的勇敢冒險精神，與超越戲曲界——對臺灣整個表演藝術界的創發性。

表 3-1　當代傳奇劇場（含西方元素的）重要作品年表

首演時間	劇　名	改編原典		
		劇　名	劇作家	類　型
1986	慾望城國	馬克白（Macbeth, 1611）	英-莎士比亞（Shakespeare）	
1990	王子復仇記	哈姆雷特（Hamlet, 1602）	英-莎士比亞（Shakespeare）	
1993	樓蘭女	米蒂亞（Medea，前五世紀）	希臘-優里皮底斯（Euripides）	希臘悲劇
1995	奧瑞斯提亞	奧瑞斯提亞（The Oresteia，前五世紀）	希臘-愛斯奇勒斯（Aeschylus）	希臘悲劇
2001	李爾在此	李爾王（King Lear, 1606）	英-莎士比亞（Shakespeare）	
2004	暴風雨	暴風雨（The Tempest, 1611）	英-莎士比亞（Shakespeare）	
2005	等待果陀	等待果陀（Waiting For Godot, 1952）	法（&愛爾蘭）-貝克特（Beckett）	荒謬劇
2010	歡樂時光—契訶夫傳奇	串連契訶夫 14 篇小說	俄-契訶夫（Chekhov）	短篇小說
2013	蛻變	變形記（The Metamorphosis,1915）	奧匈帝國-卡夫卡（Kafka）	中篇小說
2016	仲夏夜之夢	仲夏夜之夢（A Midsummer Night's Dream,1595）	英-莎士比亞（Shakespeare）	
2017	浮士德	浮士德（Faust, 1808、1833）	（德）-歌德（Goethe）	詩歌型戲劇

（二）其他京劇團的跨文化改編舉例

　　除當代傳奇劇場外，本段將另外挑選一些值得借鏡的京劇作品來分析，但重點皆非討論改編與原著間的故事內容差異，或舞美設計對表演的影響，而是在形式方面的開發。例如：有些明顯將京劇形式綜合或拆解以適用於西方經典中的人物、情節，甚至形式（如：歌劇）的作品；有的使用現代舞臺劇

一大堆，但要找你這樣一流的演員，找不到幾個。」

的編劇技巧；有的用實驗劇場的方式開發京劇多元表演的可能。

1.《弄臣》（2008，臺北新劇團）

1990 年，雅好京劇的辜振甫（公亮）、辜懷群父女把旅居美國的李寶春請回臺灣，加入「辜公亮文教基金會」京劇推展小組；1997 年，李寶春成立「臺北新劇團」。

2008 年，臺北新劇團改編威爾第（Giuseppe Verdi，1813～1901）的名歌劇《弄臣》（Rigoletto，1851）為同名京劇，開拓新路，大獲好評。

在角色設計上，如前文所述，西方文本帶來的複雜人物個性，已無法再用單一行當支撐。李寶春飾演的弄臣，亦結合了生與丑之特色，提昇行當深厚度。〔註42〕開場戲弄臣嘲弄其他朝臣的段落，本是京劇小花臉的看家本事，精彩自不待言。〔註43〕當他面對女兒時，變成一個慈父，這時角色轉向「老生」。〔註44〕而弄臣的女管家在京劇版中設計成「丑婆」行當，雖可說是襯托弄臣、舒緩悲劇氛圍，但亦有學者認為，「如此密集地丑戲加丑戲，……卻將全劇導向『鬧劇』的方向，稀釋了全劇的戲劇張力與訴求。」〔註45〕另外，丑婆結合現代語彙與社會時事（如：「三隻小豬」、「殺很大」），雖可引起觀眾笑聲，卻不免有媚俗之感。

在音樂設計上，〈善變女人〉（La donna è mobile）為原版歌劇名曲，在京劇版裡，它被巧妙融入使用。

> 曲調先以〈善變女人〉的西式旋律譜入兩句，再接戲曲板腔，這種手法為一種中西混合的旋律唱段，弄臣緊接下句唱腔「女人的心我也懂……」，再接西皮搖板。其轉換之間既自然又悅耳。〈善變女人〉一曲，作為貫穿全劇的主題旋律，劇中反覆出現。〔註46〕

原版劇尾的高潮〈衝突四重唱〉（〈暴風雨四重唱〉）把弄臣、弄臣之女、公爵、殺手之妹四聲部交織在一起，真實又細緻的描繪出他們各自的心情。在京劇版裡轉成二加二，四人分兩組，推著一個示意窗子的屏障轉動，觀眾

〔註42〕朱芳慧，《跨文化戲曲改編研究》。臺北：國家，2012 年，頁 214。
〔註43〕羅基敏，〈文化傳遞、接受與再生——談新編京劇《弄臣》〉，《劇場事 8：戲曲易容術專題》。臺南：臺南人劇團，2010 年，頁 30。
〔註44〕朱芳慧，《跨文化戲曲改編研究》，頁 214。
〔註45〕羅基敏，〈文化傳遞、接受與再生——談新編京劇《弄臣》〉，《劇場事 8：戲曲易容術專題》，頁 31。
〔註46〕朱芳慧，《跨文化戲曲改編研究》，頁 217。

時而看到王爺調戲殺手妹妹，時而看到弄臣苦勸心碎女兒。〔註47〕從他們四人兩組的接唱、輪唱、合唱、對唱的方式，不但繼承歌劇經典「四重唱」的精神，更發揮京劇「板腔」之特色。〔註48〕

　　由於西方舞臺劇的情節與臺詞量都較大，要改編成戲曲，必要刪減支線，歌劇的情節相對簡單許多；而且歌劇原著已為戲曲設計好適合編腔（或歌仔戲「安歌」）的橋段，劇情發展到哪裡該抒情、或該用對唱推展情節，都已有完整架構，因此筆者認為西洋歌劇是具有改編成戲曲的可能性與適合性的，而京劇版《弄臣》即為一改編佳例。

　　2.《森林七矮人》（1999，復興劇團，現名臺灣京崑劇團）〔註49〕

　　《森林七矮人》改編自格林童話中的《白雪公主》〔註50〕，重點不再是王子公主幸福快樂的結局，而是表達出愛人如己、犧牲奉獻的精神。此劇雖為兒童京劇，但編導鍾傳幸反而更加用心構思如何淺顯易懂的傳承京劇藝術與重立題旨，以彰顯教育意義及豐富故事內容。

　　在行當調整上，由於七個小矮人有著不同的性格，為了表現人物的個別性，矮子不再是戲曲丑角的專利，〔註51〕本劇啟用多種行當與之搭配。（詳見表3-2）

表3-2　《森林七矮人》七矮人角色行當表

人　物	行　當	人物分析
兇巴巴	武二花	外表兇、內心善良，說真話
髒兮兮	武丑	不愛整潔
慢吞吞	老生	慢郎中

〔註47〕羅基敏，〈文化傳遞、接受與再生——談新編京劇《弄臣》〉，《劇場事8：戲曲易容術專題》，頁30。
〔註48〕朱芳慧，《跨文化戲曲改編研究》，頁211。
〔註49〕2005年11月，辜公亮文教基金會邀請鍾傳幸將原劇重新編排，完成了嶄新的《白雪公主與七矮人》，女主角從夏褘改為黃宇琳擔任，由「臺北新劇團」再度演出。
〔註50〕京劇版後半賦予小矮人「長高」的願望，公主為了報答小矮人，臨死前許下讓「小矮人長高」的心願。劇末小矮人面對「再度變矮」與「拯救公主」的兩難，最終一致同意放棄長高。
〔註51〕鍾傳幸，《戲曲導演：兒童戲曲《森林七矮人》創作演出》。臺北：辜公亮基金會，2001年，頁44。

羞答答	乾旦	詩人、愛看星星
胖嘟嘟	銅錘	愛吃、愛玩，特別愛盪鞦韆
懶洋洋	架子花臉	老愛打瞌睡
嬌滴滴	文丑	嬌聲嬌氣

資料來源：鍾傳幸，《戲曲導演：兒童戲曲〈森林七矮人〉創作演出》。臺北：辜公亮
　　　　基金會，2001年，頁46。

　　在音樂上，為了讓兒童容易接受，盡量選用節奏輕快，並設計成重複但變奏的形式：敘事時安排字多腔少的「原板」、「流水」、「快板」或以音樂襯底的「數板」；抒情時才使用較慢的唱腔，但全劇只有兩段。〔註52〕

　　在傳承京劇藝術上，本劇運用了傳統的「矮子步」來表現小矮人。劇中有「從矮變高再變回矮子」的情節，讓兒童觀眾從分解動作中瞭解「矮子功」的奧妙，而蘋果樹的「踩蹻」、王子的「趟馬」、公主打掃時耍「八角巾」、〔註53〕以及武士暗殺公主時安排一段「毯子功」開打等等設計，讓京劇程式與劇情巧妙結合，使本劇同時具備娛樂性與戲曲教育的功能。

　　戲曲改編西方經典時，偶爾會將「程式」視為是束縛或制約，本劇卻能將阻力化為助力。例如在西方，矮人角色的出演，通常由侏儒演員擔任，〔註54〕但供不應求，故「矮子功」實為處理此種西方故事角色的好方法。

　　兒童京劇給予跨文化改編的啟示是，回到戲曲程式存在的本意去設想，讓人們重新發現京劇唱念做打之美，比炫麗的場面和賣弄過多的技巧還重要。

3.《艷后和她的小丑》（2012，國光劇團）

　　《豔后和她的小丑們》改編自莎士比亞的《安東尼與克麗奧佩特拉》（Antony and Cleopatra，1606）。國光劇團大膽地邀請了現代戲劇劇作家紀蔚然為傳統京劇跨刀編劇，紀蔚然也發揮了他的專長，將一齣歷史悲劇轉變成後設的戲中戲悲喜劇——他讓「當代京劇團排演莎劇」，藉著戲外的人物與原著對話，質疑詰問莎士比亞，同時也自我顛覆。〔註55〕

　　由於原著太長，紀蔚然大刀刪減，他拿掉了政治軍事，只提取了愛情的

〔註52〕鍾傳幸，《戲曲導演：兒童戲曲《森林七矮人》創作演出》，頁48。
〔註53〕王安祈，《臺灣京劇五十年》，頁140。
〔註54〕鍾傳幸，《戲曲導演：兒童戲曲《森林七矮人》創作演出》，頁192。
〔註55〕謝筱玫，〈展演後設：國光劇團的《艷后》與《水袖》〉。《清華學報》45卷2
　　　　期，2015年6月，頁315。

部分；但其強調，「我最不想做的是，省去枝節，留下主情節，再將主情節縮減至只剩下通俗故事的骨幹。」〔註56〕故而為了補充說明省略掉的劇情，一方面加入說書人這樣的角色，透過說書人抒發個人議論；一方面編劇想強調個人觀點的分裂與多重辯證，於是乎說書人一分為三，居中者為主要解釋人，而左右兩名「歌隊」（丑角）則一搭一唱，不時反問說書人，甚至自行加詞、質疑編劇。〔註57〕

其實質疑編劇的另一面即是在突顯編劇。劇中的導助甚至會向提詞人表示，如果沒有編劇，也就不會有我和你站在臺上了。而導助與提詞人的此段對話，同時暗示了他們已不只是戲裡劇團的幕後人員，而是和觀眾一樣處於「戲中戲之外的第三層」〔註58〕，超然看待臺上一切的全知者。此種三層嵌套式結構明顯地在創造類似布萊希特的疏離效果。

從編劇技巧來看，這當然是一種創新，但似乎有過度使用之嫌。布萊希特當年撰文〈中國戲劇表演藝術中的疏離效果〉，表示他在梅蘭芳的京劇中發現了他追尋的「疏離效果」；換而言之，京劇中本來就有「疏離效果」。（布萊希特雖然「誤讀」了京劇，但本論文在第五章（參見頁145～148）有討論中國戲曲觀眾看戲時，是同時兼具理性、感性與美感能力的。）紀蔚然低估了戲曲觀眾的領悟力，努力讓他的角色們，不論是說書人、算命師，或是導助、提詞人，「人人都有話要說，他們時而夾敘夾議，又時而調侃，時而與劇中人對話，時而又與觀眾對話。」〔註59〕彷彿深怕觀眾太沈溺愛情戲，看不見其中的政治交易；深怕觀眾只看到羅馬歷史，看不見其反諷的臺海局勢；更深怕觀眾看不出編劇是如此具有譏諷特色的紀蔚然。正如鴻鴻劇評所言：「此劇又加上一重揭露劇場現實的後設，其實不無累贅。當劇情與現實的關聯已無所遁形，暴露『劇場機制／幕後操控』的設計反而錯亂焦點，還要不時拿編劇說嘴，難免有自溺之嫌。」〔註60〕

〔註56〕紀蔚然，〈小丑報到〉。《聯合報》，2012 年 3 月 13 日，D3 版。
〔註57〕謝筱玫，〈展演後設：國光劇團的《艷后》與《水袖》〉，頁 324。
〔註58〕謝筱玫，〈展演後設：國光劇團的《艷后》與《水袖》〉，頁 326。
〔註59〕鄭榮華，〈當代臺灣京劇現代化的幾個趨勢——從國光劇團《艷后和她的小丑們》談起〉。《藝苑》2013 年 01 期，頁 103。
〔註60〕鴻鴻，〈臺灣觀點的京腔莎劇《艷后和她的小丑們》〉。《表演藝術評論臺》：http://pareviews.ncafroc.org.tw/?p=1952。發佈日期：2012 年 4 月 2 日。引用日期：2019 年 5 月 12 日。

4.《椅子》（2016，栢優座）

栢優座於 2007 年 7 月成立，以京劇元素融合舞臺劇作為創作手段，廣泛吸收戲曲、曲藝、東西方戲劇等，試圖找到臺灣特有的戲劇表述形式。

栢優座的《椅子》與 1981 年的《席》一樣，改編自尤涅斯科荒謬劇《椅子》。2016 年 8 月曾代表臺灣參加日本利賀亞洲導演競賽獲獎。演員的造型由黃宇琳發想，概念來自京劇的小花臉，詼諧地從原本鼻子的一塊白擴大到將近整個臉，再強調臉部的線條，看起來彷彿戴了一個面具。〔註 61〕

導演許栢昂認為，「搬演荒謬劇最大的挑戰，則是如何讓觀眾在不斷重覆的臺詞、幾乎沒有故事情節可言的劇情中，仍然保持專注，沉浸劇中世界。」為此，他煞費苦心，在主軸不變的前提下，找出符合當代臺灣人熟悉的情境，透過歷史事件、流行語彙、笑料包袱的排列組合，保持高度觀賞樂趣。〔註 62〕但因此也使得原劇並不強烈的政治指涉變得異常鮮明。筆者認為改編版將總督改成「委員長」、巴黎改成「北平」、皇帝殿下改成「民主先生」，其實有不錯的聯想效果。但紀慧玲認為，貼合歷史會造成「人」作為情節主體消失，兩位老人的一生不再是重點。〔註 63〕

除此之外，編導明顯是怕觀眾承載不了原著語言的份量，把內容大幅精簡，取而代之的是兩位主角竭盡心力的唱雙簧、耍身段，花招百出，反而讓人有點彈性疲乏且敘事模糊。即使原著是荒謬劇，仍有敘事感存在被打亂或打散的片段中，例如原著老夫妻與（假想的）客人們有許多互動，給人一種雖不知所以但飽滿的故事感；但本劇以兩位主角過度用力的各種雜耍取而代之後，卻在不知不覺中，放棄了「提煉劇本關於生命、真實的探討」。〔註 64〕

1981 年的《席》改編者魏子雲曾自謂：盡量保留了原劇之意識形態以及故事情節，再搭配京劇規格範疇之慣用語言寫之。依前文所述，當年主要問題出在硬體，順著原著走的劇情效果倒是不錯。因此，與之相比，本劇將荒

〔註 61〕郭士榛，〈椅子融合戲曲，演出荒謬人生〉。《人間福報》，2016 年 10 月 19 日，8 版。

〔註 62〕張震洲，〈栢優座《椅子》演繹荒誕人生〉。《PAR 表演藝術》：https://par.npac-ntch.org/tw/news/doc-%E6%A0%A2%E5%84%AA%E5%BA%A7%E3%80%8A%E6%A4%85%E5%AD%90%E3%80%8B%E6%BC%94%E7%B9%B9%E8%8D%92%E8%AA%95%E4%BA%BA%E7%94%9F-ejhvb4iuj3。發佈日期：2016 年 10 月 19 日。引用日期：2019 年 5 月 12 日。

〔註 63〕紀慧玲，〈哀悼戲曲　虛空一場〉。《表演藝術》290 期，2017 年 2 月，頁 80。

〔註 64〕紀慧玲，〈哀悼戲曲　虛空一場〉，頁 80。

謬劇的大量語言換成了戲曲動作，將個人人生的感嘆換成了家國歷史，是否就喪失了荒謬感？就像紀慧玲評論本劇：更多是譏諷與奚嘲，華麗演繹。虛空的反面其實是過度認真〔註65〕。

第二節　歌仔戲改編的發展

一、來自京劇的影響

　　歌仔戲能從小戲成為大戲，主要是融合了其他劇種的特長，其中京劇的影響可謂極大。1920 年代左右，歌仔戲逐漸由外臺進入內臺，此時的發展，很受上海京班、福州戲班的影響。當時這些中國戲班來臺演出後，由於賣座不佳而被迫解散，戲班的演員、武行便轉到歌仔戲班尋求演出機會。〔註66〕因此，京劇的身段和鑼鼓點子、福州戲的連本戲和布景等，〔註67〕皆開始融入歌仔戲中。

　　京劇藝人的投入對歌仔戲產生深遠影響，自此歌仔戲的腳步手路、後場音樂、服飾妝扮等表演元素，逐漸脫離車鼓小戲型態，也出現了武打的場面。〔註68〕以造型來說，早期旦角及青衣貼頭片，即是受到京劇影響；不過後來的古裝扮相逐漸改成不貼頭片、不梳大頭，而將頭髮梳成髮髻，小生則綁水紗，後來演變成戴頭套。〔註69〕

　　1980 年代，京劇因「雅音小集」帶起現代劇場觀念，歌仔戲亦受其影響〔註70〕，分外臺劇團與電視歌仔戲團兩批人馬，繼 1960 年代內臺歌仔戲沒落後，重返室內劇場。

　　當時被「雅音」引進到傳統劇曲界的「現代劇場觀念」如：原本「一桌二椅」的舞臺，開始可以加入布景燈光；原本限於「戲曲衣箱」的程式化扮相可以重新設計全新服裝；原本只以「琴師、鼓佬」領軍的文武場，不僅可以加入

〔註65〕紀慧玲，〈哀悼戲曲　虛空一場〉，頁 80。
〔註66〕林茂賢，《歌仔戲表演型態研究》。臺北：前衛，2006 年，頁 54。
〔註67〕楊馥菱，《臺灣歌仔戲史》。臺中：晨星，2002 年，頁 70。
〔註68〕林茂賢，《歌仔戲表演型態研究》，頁 130。
〔註69〕林茂賢，《歌仔戲表演型態研究》，頁 44。
〔註70〕王安祈，《臺灣京劇五十年》，頁 11。歌仔劇進入現代劇場的動力，亦與 1979 年以來，政府依據「加強文化及育樂活動方案」所策劃的全國文藝季、藝術季、戲劇季等官方所主辦的活動有關。參見蔡欣欣，《臺灣歌仔戲史論與演出評述》。臺北：里仁，2005 年，頁 5。

整個國樂團伴奏，還可聘請作曲家編寫背景音樂，〔註71〕導演的觀念也被引進……。

　　1981年，楊麗花率「臺視歌仔戲團」，應「新象國際藝術節」之邀，於國父紀念館演出《漁孃》，開啟「現代劇場歌仔戲」的新頁。之後許多外臺劇團相繼跟進，在1980年代後期，重要的劇場演出團體以「明華園歌劇團」及「新和興歌劇團」為最多。但由於他們的主要活動場域都在外臺，一時之間進入現代劇場演出，劇團本身各項條件尚屬不足；〔註72〕演出劇目亦延續外臺風格。

　　電視歌仔戲團主要於1990年後進入現代劇場，除了楊麗花外，「華視葉青歌仔戲團」和「中視黃香蓮歌仔戲團」皆推出數部作品。1990年代還陸續有從電視歌仔戲轉往劇場發展的「河洛歌子戲團」（1991年起）、廖瓊枝帶領年輕票友組成的「薪傳歌仔戲劇團」〔註73〕（1989年）等重要劇團登上現代劇場，此時各方面的技術較前階段有更純熟的劇場理念，劇目題材也逐漸擴展。

　　在戲曲現代化的風潮下，「現代劇場歌仔戲」也繼當代傳奇劇場後，於1990年代中期開啟了跨文化改編的嘗試。1996年，勤走「精緻化」的河洛歌子戲團推出首部跨文化改編的《欽差大臣》，取材自十九世紀俄國劇作家果戈里（Nikolai Gogol，1809～1852）的「荒誕／諷刺喜劇」《欽差大臣》（The Inspector General）。此舉引發歌仔戲界一連串改編國外文學作品風潮。〔註74〕

　　下表整理出1996年迄今的臺灣「現代劇場歌仔戲」跨文化改編劇目，但改編定義實難拿捏，故此處以原著作品為西方的戲劇（包含音樂劇與歌劇）、文學為主，不包含影視漫畫情節簡易挪用、原著僅存主題元素而無法辨識原貌、〔註75〕明顯的宗教故事等。

〔註71〕王安祈，《臺灣京劇五十年》，頁103～104。
〔註72〕林茂賢，《歌仔戲表演型態研究》，頁293、294。
〔註73〕蔡欣欣，《臺灣歌仔戲史論與演出評述》。臺北：里仁，2005年，頁52。
〔註74〕石光生，〈超越或扭曲？：文化產業期臺灣戲劇跨文化改編的困境〉，頁4。
〔註75〕如尚和歌仔戲劇團《醜女的婚禮》（2007年），使用不列顛傳說《圓桌武士》為素材創作，但以孔廟為情境劇場，不算現代劇場。《慾望當鋪》（2010.1.16.）只以馬克‧吐溫的《乞丐王子》為綱，加入電視劇《第八號當鋪》的點子，且演出地點為臺中、高雄、板橋的宮廟（國藝會第五屆歌仔戲專案匯演「好戲開鑼‧廟口瘋歌仔」）。春美歌劇團有提取「靈感」的劇碼包括取自電影《變臉》的《將軍寇》（2008年），和所謂以漫畫《尼羅河女兒》為本、描述穿越

表 3-3　1996～2017 年臺灣「現代劇場歌仔戲」跨文化改編劇目表

首演年份	劇　名	劇團	改編原典			編劇	備　註
			劇　名	劇作家	類型		
1996.11	欽差大臣	河洛歌子戲團	欽差大臣（Inspect or General, 1835）	俄-果戈里（Gogol）		陳道貴	1.行政院文建會「國際性演藝團隊扶植計畫」2.2008年2月重演 3.陳道貴為中國大陸閩劇作家
1997.5	聖劍平冤	洪秀玉歌劇團	哈姆雷特（Hamlet, 1602）	英-莎士比亞（Shakespeare）		黃英雄	
1997.9	黑姑娘	薪傳歌仔戲團	灰姑娘（Cinderella,德國傳統童話）	以法國-夏爾‧佩羅（Charles Perrault,1697）和德-格林兄弟（1812）兩版本為主	西洋童話故事	廖瓊枝	兒童歌仔戲
1999.3	梨園天神	唐美雲歌仔戲團	歌劇魅影（The Phantom of the Opera, 1910）	法-卡斯頓‧勒胡（Gaston Leroux）原著	小說	柯宗明	此版主要以小說作為文本來改編，2006年改編時，才有2004年電影版的音樂劇為依據。〔註76〕
2001.3	罪	秀琴歌劇團	伊底帕斯王（Oedipus the King, 前五世紀末）	希臘-索福克里斯（Sophocles）	希臘悲劇	莊金梅	原名《贖罪塔》，原已在外臺演出。2001年是該團首次北上在現代劇場中獻演
2001.3	彼岸花	河洛歌子戲團	羅密歐與茱麗葉（Romeo and Juliet, 1599）	英-莎士比亞（Shakespeare）		游源鏗 江佩玲 洪清雪	三位編劇並非共同創作，而是歷經原著、主編、改編三階段，劇名也從《漳泉風雲》、《殉情記》到《彼岸花》

時空的《古鏡奇緣》（2004 年）。秀琴劇團改編自南韓電影《妖湖魅》（1969、2003）的《魅湖咒》（2008 年）和改編自印度電影《利劍紅塵》（Asoka，2001）的《阿育王》（2009 年），兩者原著皆不屬於本論文之西方範疇，且皆為電影作品。

〔註76〕楊馥菱，〈歌仔戲的跨文化編創——談梨園天神的兩次創作〉。《2011 跨越與實踐：戲曲表演藝術學術研討會論文集》。臺北：文津，2011 年，頁 38。

2002.6	太子復仇	河洛歌子戲團	哈姆雷特（Hamlet, 1602）	英-莎士比亞（Shakespeare）		陳寶惠	電視歌仔劇舞臺劇（290分鐘），以攝影棚的舞臺實況錄製
2003.5	熱天兮戀夢	臺灣戲曲專科學校	仲夏夜之夢（A Midsummer Night's Dream, 1595）	英-莎士比亞（Shakespeare）		林顯源	2007年4月重演
2004.3	獨當一面之「羅密歐與茱麗葉」	當代傳奇劇場	羅密歐與茱麗葉（Romeo and Juliet, 1599）	英-莎士比亞（Shakespeare）		不詳	此表演由七個劇種名角輪演獨角戲，有：京劇、歌仔戲、崑曲、越劇、黃梅戲、川劇和廣東大戲，歌仔戲部分由黃香蓮演出20分鐘左右
2004.5	無事生非	臺灣戲曲專科學校	無事生非（Much Ado About Nothing, 1598）	英-莎士比亞（Shakespeare）		林顯源	
2006.4	梨園天神桂郎君	唐美雲歌仔戲團	歌劇魅影（The Phantom of the Opera, 1986）	英-韋伯（Andrew Lloyd Webber）作曲，Richard Stilgoe作歌詞、對白	音樂劇	施如芳	除了原劇（1999年版）中那座歌樓的名號「小風樓」沒動外，從人物、情節到口白、唱詞，全都拆了換新。〔註77〕
2006.11	惡女嬌妻	海山戲館	馴悍記（The Taming of the Shrew, 1593）	英-莎士比亞（Shakespeare）		林紋守	
2007.12	威尼斯雙胞案	臺灣春風歌劇團	威尼斯雙胞案（The Venetian Twins,1746）	義-哥多尼（Goldoni）	義大利即興喜劇	蘇芷雲	新胡撇仔

〔註77〕唐美雲歌仔戲團，《梨園天神桂郎君》節目冊。2006年。轉引自楊馥菱，〈歌仔戲的跨文化編創——談梨園天神的兩次創作〉。《2011跨越與實踐：戲曲表演藝術學術研討會論文集》，頁43。

2008.11	冤家路窄	芝山雅韻戲劇團	無事生非（Much Ado About Nothing, 1598）	英-莎士比亞（Shakespeare）		曾郁珺	2013年9月改名《愛情·戲》重演
2009.1	雪夜客棧殺人事件	臺灣春風歌劇團	東方快車謀殺案（Murder on the Orient Express, 1934）	英-阿嘉莎·克莉斯汀（Agatha Christie）	推理小說	蘇芷雲	2010年9月重演
2010.2	租妻搶妻大作戰之「秦好也搶妻」	明華園天字戲劇團	吝嗇鬼（The Miser, 1668）	法-莫里哀（Molière）		陳進興	1.《租妻搶妻大作戰》分上半場《張古董租妻》與下半場《秦好也搶妻》 2.後改名《守財奴》於外臺多次重演
2011.3	牟尼之瞳	尚和歌仔戲劇團	奧塞羅（Othello, 1603）	英-莎士比亞（Shakespeare）		梁越玲	1.舞臺劇加歌仔戲的「戲中戲」，標榜前衛歌仔戲 2.2011年6月，將《奧賽羅》情節抽取出，組合成一個完整故事，取名《黑狄羅》在臺北市立圖書館西湖分館演出
2011.6	我的情人是新娘	春美歌劇團	崔斯坦與伊索德（Tristan und Isolde, 1865）	德-華格納（Wagner）	歌劇	張靖媛	首演於南投敦和宮，2011年11月重演才進入臺北大稻埕戲苑劇場
2011.12	狂魂——東方浮士德	一心歌仔戲劇團	浮士德（Faust, 1808、1833）	（德）〔註78〕-歌德（Goethe）	詩歌型戲劇	孫富叡	亦以馬婁（Marlowe）《浮士德博士悲劇史》內涵精義為藍本
2012.9	Mackie踹共沒？	一心歌仔戲劇團	三便士歌劇（The Three-Penny Opera, 1928）	德-布萊希特（Brecht）	史詩劇場	劉建幗	1.臺北藝術節合作作品 2.2013年8月重演

〔註78〕歌德（1749～1832）生存年代，德國尚未建立（1871年建國），故以括號表示非正式狀態。（其生長地當時為封建諸侯國）

2012.9	夜王子	春美歌劇團	美女與野獸（Beauty and the Beast，法國傳統童話）	第一個出版發行版本為法國作家維倫紐夫夫人（Gabrielle-Suzanne Barbot de Villeneuve）於1740年的作品	西洋童話故事	許芳慈	流傳最廣的寫作版本是法國小說家博蒙夫人（Jeanne-Marie Le Prince de Beaumont）於1786所出版，對維倫紐夫夫人版本的刪節版
2015.4	我是縣老爺	海山戲館	威尼斯商人（The Merchant of Venice, 1597）	英-莎士比亞（Shakespeare）		不詳	1.宜蘭傳藝中心四月份駐園戲：每天二場，每場30分鐘 2.2016年8月份重演
2017.9	啾咪！愛咋	一心歌仔戲劇團	愛情與偶然狂想曲（The Game of Love and Chance, 1730）	法-馬里伏（Marivaux）		孫富叡 許柏昂	臺北藝術節合作作品

二、移植故事期——從因襲舊套到合理新詮

　　依據上表，筆者劃分出的移植故事期約為1996～2006年，歌仔戲跨文化改編的前十年。此時跨文化改編像是為進入現代劇場一段時間、而苦無新戲來吸引新觀眾的一帖補藥，不管適不適合自己的體質，先吃吃看再說。當然其中不乏像河洛歌子戲團、唐美雲歌仔戲團等精心製作的團隊；但也有如洪秀玉歌劇團改編《哈姆雷特》的《聖劍平冤》般荒腔走板，被石光生重話評為「最離譜的跨文化改編」、「踐踏名劇，扭曲經典」。〔註79〕不過隨著製作經驗的累積，此時期的後半也漸摸索出這條新路的方向與可拿捏的分寸，尤其比較同一齣原著在不同時期的改編作品，更可察覺出跨文化改編者在自覺與自省上的進步。

（一）因襲舊套階段

　　為跨文化改編打頭陣的《欽差大臣》由標榜「精緻化」的河洛歌了戲團

〔註79〕石光生，〈超越或扭曲？：文化產業期臺灣戲劇跨文化改編的困境〉，《2007海峽兩岸華文學術研討會論文集》。中壢；中原大學，2007年，頁17。

製作，在舞臺藝術與唱念做打上自有一定水準，也首創了歌仔戲以臺灣為背景的清裝戲劇紀錄，但劇本構思上仍不免落入了歌仔戲的俗套。

河洛歌子戲團最初在題材的選擇上，即因延續早期的批判官場主題，而注意到了果戈里的原著，進而「命題作文」委請中國大陸閩劇作家陳道貴改編成戲曲形式。但不像開啟京劇跨文化的吳興國受到西方戲劇的影響，一開始便不拘泥於行當的刻板要求；為符合歌仔戲劇種對生旦愛情戲的需求慣例，「河洛」的《欽差大臣》把原著那個口若懸河、浮誇、懶惰、好賭又好色的大痞子赫萊斯達夫（Khlestakov），改由生角扮演，被塑造成「虛負凌雲萬丈才，一生襟抱未曾開」的正派書生邵子都，劇中將他扮假巡按的行為安排成為半推半就、逼不得已之舉；而原著中貪婪勢利、一天到晚賣弄風騷的市長夫人和女兒，亦被多才多藝、楚楚可憐的旦角知府千金秋鳳所取代，〔註80〕而且與邵子都兩人必定一見鍾情。劇末雖因邵子都身份揭穿，兩人被迫私奔，仍屬雙宿雙飛的「團圓」結局，破壞了原著的諷刺味。

另一改編特點則是突顯了歌仔戲的丑角藝術，除了增添鋪司〔註81〕夫妻為主要亮點外，清風（書僮）、三姨太、荷花（三姨太之女）等，都塑造得滑稽突梯、耀眼奪目，有幾場戲甚至主導劇情發展，掩蓋過男女主角的光彩。〔註82〕但進一步看，改編版丑角們的搞笑，實與原著對官場人物嘴臉的嘲諷，有著截然不同的意義。甚至丑角鋪司同時肩負了悲情的元素：「由於送不起厚禮，被前任欽差大臣打瘸了一條腿」，再加上劇末秋鳳發現真相，從震驚到無奈接受的泣訴，兩例雖然是歌仔戲常見的悲喜相交手法，石光生卻認為是「破壞阻撓諷刺喜劇應有的明快節奏」。〔註83〕

《聖劍平冤》如同本部分前言所批評，悖離原作情節與人物塑造甚多。黃千凌認為如此全面改寫的改編乍看不知所以，其實有承襲外臺風格的原因，包括劇中人物保守的道德觀，也與外臺觀眾的習慣有關。〔註84〕在劇情上，將弒君的王叔改為皇帝的「結拜」兄弟，皇后則堅決不肯屈從下嫁，完全改動了原著中兄弟相殘、叔嫂通姦等不倫情節的安排。劇末更讓被害時僅「跌入山谷」

〔註80〕林鶴宜，〈此《欽差》非彼《欽差》〉。《表演藝術》50 期，1997 年 1 月，頁64。

〔註81〕古時郵驛組織之一稱「急遞鋪」，於元代起普設；「急遞鋪」的主管人員稱鋪司。

〔註82〕林鶴宜，〈此《欽差》非彼《欽差》〉，頁 64。

〔註83〕石光生，《跨文化劇場：傳播與詮釋》。臺北：書林，2008 年，頁 116。

〔註84〕黃千凌，〈當代臺灣戲曲跨文化改編（1981～2001）〉，頁 52。

的皇帝再度現身,主持正義並寬恕罪人,全劇在「天理昭昭有報應,君臣五倫道理明」〔註85〕的合唱中喜劇收場。在行當上,遵守歌仔戲應有丑角原則,硬將奧菲利婭之兄設計成「三花」,不時戳破了情節的氛圍與劇情的完整性。

《黑姑娘》是由資深歌仔戲名伶廖瓊枝自編自導自演的兒童歌仔戲,將原有故事框架改成父母離異的中國家庭,並添加了「灰姑娘之弟」的角色,以教育兄友弟恭的孝悌之道,最後也演變為後母改過向善,闔家喜樂團圓、鴛鴦成雙對的結局。〔註86〕

《梨園天神》維持生旦愛情戲傳統,但讓唐美雲在戲中以「一趕二」方式,同時演出英俊書生以及面容醜陋的黑影鬼,顛破傳統小生不能醜扮的既定形象,為這齣新戲製造不少話題。〔註87〕但如此一來,遇到愛情三角關係時,小生卻只能在舞臺上選擇扮飾一位人物,讓戲劇衝突大幅減弱。另一問題,便是丑角戲份比例過重,「三花」(小風樓的王老闆)和「三八」(假扮無影鬼的茶孃)篇幅頗多。相對的,主人翁的戲份便受到影響,有時還要牽就丑角的表演效果,讓劇中的主人翁淪為配角。〔註88〕劉南芳認為,編導每隔一段時間便設計一段鬧劇,「一味的追求劇場『笑果』,無意之間已經將戲劇結構支解得破碎不堪。」〔註89〕但黃佳文在其碩論有提及,如此安排應是考量到唐美雲一人分飾兩角,需要時間換裝、準備。〔註90〕平心而論,《梨園大神》已是一齣好看的「傳統」歌仔戲,從演員到舞臺,幾乎每個元素面面俱到。但對於「現代劇場歌仔戲」的藝術層次而言,對於「跨文化改編」的期待而言,總覺得不應僅止於此。

《罪》原為秀琴歌劇團的外臺戲碼《贖罪塔》。由於 2001 年夏,傳藝中心主辦的外臺歌仔戲匯演在高雄展開,秀琴歌劇團便稍加修編以《罪》登

〔註85〕黃千凌,〈當代臺灣戲曲跨文化改編(1981~2001)〉,頁 93。

〔註86〕蔡欣欣,〈童叟無欺,老少咸宜——試探臺灣現代兒童戲曲〉。《表演藝術》101 期,2001 年 5 月,頁 84。

〔註87〕楊馥菱,〈歌仔戲的跨文化編創——談梨園天神的兩次創作〉,《2011 跨越與實踐:戲曲表演藝術學術研討會論文集》,頁 41。

〔註88〕劉南芳,〈電視劇乎?歌仔戲乎?評梨園天神〉。《表演藝術》78 期,1999 年 6 月,頁 50。

〔註89〕劉南芳,〈電視劇乎?歌仔戲乎?評梨園天神〉,頁 51。

〔註90〕黃佳文,〈臺灣歌仔戲跨文化編演與詮釋——以《梨園天神》、《梨園天神桂郎君》為研究對象。桃園:中央大學中國文學研究所碩士論文,2012 年,頁 117。

臺。〔註 91〕如前所述，考量到外臺觀眾的接受程度，對於《伊底帕斯王》的弒父娶母行為，《罪》只保留小生殺父，而將娶母處理成「強暴未遂」，王妃掙扎中見其項間絲巾（出生時所繫），小生身世大白，前往「贖罪塔」悔過。在舞臺藝術上，據謝筱玫在 2006 年觀看重演的劇評，與當年版本相較應無大改進：「我們在這齣戲身上看出了許多外臺劇團踏入室內劇場演出的摸索：切幕／暗燈分場過於瑣碎；舞監與燈控溝通有待加強」。〔註 92〕劉美芳亦認為此劇「外臺戲結構鬆散情節不合理的常態，並未因演出走入室內而有所改變；而外臺原本即興自在的表演風格，反而被劇場的嚴肅限制了」。〔註 93〕看來本劇在面對跨文化文本時，還是停留在外臺膚淺、片面、速食的轉譯層次而已。

《彼岸花》既取材自《羅密歐與茱麗葉》，以生旦愛情戲為主軸自是讓人無話可說，但為了設計成戲劇衝突更高的「三角戀愛」，就只能提昇第二男主角李金龍（Paris）超越原著的重要性；不過如此一來，游移在二男之間的女主角林秀蘭（Juliet）與原著中純情熱切的茱麗葉便產生了明顯的差距。本劇另一個棘手的跨文化改編問題便是宗教精神的差異。將勞倫斯神父改成慧空法師，修道院換成禪寺，卻無法讓強調「四大皆空」的法師符合邏輯的做出與強調「愛與寬恕」的神父一樣的事——讓男女主角在禪堂成親並幫助他們私奔；故而只好再增加慧空法師與秀蘭之姨月女於年少時有段被阻撓的戀情，因而懷著同情與彌補的心態撮合年輕人。

又要解釋慧空法師的過去、又要鋪陳李金龍的身世，相較之下，刻意置換了符合本土歷史的漳泉械鬥背景似乎並沒有再多加篇幅刻劃。原著中兩家世仇因一對戀人的犧牲而懊悔和解，而漳泉兩大「族群」本來就太難因同樣的理由從此合好共生。對位轉換上的扞格，造成觀眾對跨文化改編作品理解上的困擾；也許正如劉南芳所述：「拋開莎翁悲劇的束縛，單純地敘述一段漳泉械鬥中的愛情」〔註 94〕是否更好？也不會造成如此文學性、音樂性俱佳的本土背景作品〔註 95〕，有個原著的壓力在背後。

〔註91〕謝筱玫，〈《罪》在何處？〉。《民生報》，2006 年 1 月 18 日，A10 版。
〔註92〕謝筱玫，〈《罪》在何處？〉。《民生報》，2006 年 1 月 18 日，A10 版。
〔註93〕劉美芳，〈本色與跨越的拉扯——臺灣現代劇場歌仔戲在 21 世紀的創新嘗試〉，《劇場事 8：戲曲易容術專題》。臺南：臺南人劇團，2010 年，頁 139。
〔註94〕劉南芳，〈色呈繽紛！花落何方？——評河洛歌子戲團《彼岸花》〉。《PAR 表演藝術》101 期，2001 年 5 月，頁 65。
〔註95〕河洛歌子戲團所謂「臺灣三部曲」之一：《臺灣，我的母親》（2000）、《彼岸花》（2001）、《東寧王國》（2004）。

綜觀上述諸戲，包括《欽差大臣》、《聖劍平冤》、《梨園天神》都有丑戲
過多的通病。由於歌仔戲從「落地掃」起源便是「三小戲」（小旦、小丑、小
生），地方戲體制最早還是從「二小」（小旦、小丑）發展成「三小」；丑角在
地方戲的重要性可說是不言而喻。但正如楊馥菱評《梨園天神》時所述：「當
然將一切歸本於歌仔戲通俗自由的表演形式之下，問題似乎縮小了，而這樣
一齣經典文學作品最動人的核心情感與藝術價值就被遮蓋了。」〔註96〕即使
如重視科諢的曲論家王驥德亦云：

> 插科打諢，須作得極巧，又下得恰好。如善說笑話者，不動聲色，
> 而令人絕倒，方妙。大略曲冷不鬧場處，得淨、丑間插一科，可博
> 人哄堂，亦是戲劇眼目。若略涉安排勉強，使人肌上生粟，不如安
> 靜過去。〔註97〕

可見「安排適當」才是準則。但倒也不必因為是跨文化改編作品，便須
遵守西方大多習以悲喜劇分離、對立的態度；那樣一來，也就矯枉過正了。

而此階段雖被筆者劃分為「移植故事」的前期，但有些作品亦在保有劇
種特色下，慢慢對當時的劇場歌仔戲於形式上做了些新嘗試。例如在音樂上，
《欽差大臣》音樂設計劉文亮藉由板式變化開創出【七字流水板】〔註98〕；
《彼岸花》顛覆以往歌仔戲自顧自的一人唱法，但柯銘峰編創之新調仍是在
傳統曲調的基礎上所創發，像〈只想靜靜凝望你〉二部重唱是根據【七字調】
板腔變化而來，又〈情歸何處〉三部重唱則是吸收【都馬調】而改編。〔註99〕
《梨園天神》雙導演之一的孫榮發也靠燈光技術，採用了一些源自電影的技
法：「在這齣戲裡，我嘗試了『特寫』和『停格』，還有蒙太奇。」〔註100〕此
技術適切地搭配了劇情，例如編劇柯宗明在故事前加了段引子：一位老人帶
著由黑影鬼轉世的孫子出現，孫子執意要摸黑影鬼留下而眾人覺得不祥的面
具，一摸之下，舞臺上立刻時空移轉、進入真正的故事。這種屬於現代戲劇

〔註96〕楊馥菱，〈歌仔戲的跨文化編創——談梨園天神的兩次創作〉，《2011 跨越與
　　　　實踐：戲曲表演藝術學術研討會論文集》，頁41。
〔註97〕王驥德（明），《曲律》，收入《中國古典戲曲論著集成》第四集。北京：中國
　　　　戲劇，1959年，頁141。
〔註98〕鍾怡君，〈「傳統與創新」——河洛歌子戲團的發展（1991～2011）〉。臺北：
　　　　臺灣師範大學歷史學系在職進修碩士班，2011年，頁40。
〔註99〕楊馥菱，《臺閩歌仔戲之比較研究》。臺北縣：學海，2001年，頁236。
〔註100〕莊珮瑤，〈七字調的歌劇魅影——唐美雲歌仔戲劇團創團作梨園天神〉。《表
　　　　演藝術》75期，1999年3月，頁27。

的跳接倒敘手法，也是《梨園天神》嘗試創新的方法之一。〔註101〕

（二）合理新詮階段

在前一個跨文化改編初創時期，雖已慢慢出現幾齣製作精良的「傳統」歌仔戲，但仍讓人尋思，難道歌仔戲的某些俗套是不可打破的金鐘罩嗎？難道為了牽就俗套，就無法再更尊重原著嗎？即使西方某些思維實在是無法移植進歌仔戲的文本中，但是否能找尋到更適切的轉換標的，而非想當然爾的照樣造句，例如：把神父換成和尚。

對比《聖劍平冤》以全新喜劇形態表現「快樂與希望的臺灣媽祖精神」〔註102〕，河洛歌子戲團的《太子復仇》基本上忠於原著〔註103〕，但巧妙的替換了東方思想——相較於《哈姆雷特》表現人之困惑，追求生命真理的主題，《太子復仇》以中國儒教倫理道德為軸心，遵守「因緣果報」原則，生命層次提升至「放下」的境界。〔註104〕雖然《太子復仇》看似遵循中式原則，在結局時讓太子登基為帝，但他卻悲嘆：

> 死了，都死了，我的仇人死了，連我最愛的水蓮也離開人間了，
> 仇恨呀仇恨，仇已經報了，我卻得到無邊無涯的恨呀！為什麼報
> 仇不是快樂歡喜，為什麼報仇是那麼樣的悲慘，這是為什麼？這
> 是為什麼？

不同於哈姆雷特壯烈的死去，登基為帝對於太子或許是更漫長、痛苦與艱難的考驗。〔註105〕中國傳統習慣在悲劇故事放個貌似圓滿的喜劇結尾，對

〔註101〕莊珮瑤，〈七字調的歌劇魅影——唐美雲歌仔戲劇團創團作梨園天神〉，頁26。

〔註102〕因為當時洪秀玉歌劇團作品打的是「媽祖系列」招牌，堅持不能放棄媽祖主題，改編後的《聖劍平冤》只得安插媽祖，方法是讓媽祖成為後宮祭拜的神明，也就是哈姆雷特小時候常拜的神。對此編劇黃英雄表示無可奈何。參見紀慧玲，〈改編自《哈姆雷特》，《聖劍平冤》很歌仔戲〉。《民生報》，1997年5月10日，19版。

〔註103〕在情節置換上，將父皇原本的莫名顯靈解釋為「頭七」返家，符合中式傳統。刻意將新皇描繪為暴君，則略顯俗套；原著中哈姆雷特出使邦國也順勢改為被放逐邊關後，糾合激憤的百姓成造反義軍。較不妥的改編處則是新皇與母后變成聯手篡位，導致原著中多處因母后不知情才形成的劇情邏輯被破壞。

〔註104〕高詩婷，〈河洛歌子戲《太子復仇》與莎士比亞《哈姆雷特》之比較研究〉。《輔大中研所學刊》18期，2007年10月，頁148。

〔註105〕高詩婷，〈河洛歌子戲《太子復仇》與莎士比亞《哈姆雷特》之比較研究〉，頁144。

戲曲觀眾而言，並不代表悲劇就不悲了，只是可以不用帶著遺憾離開劇場。（相關討論參見頁 153～155）筆者認為如此改寫結局並無破壞原著，反而用一種傳統戲曲觀眾更能接受與理解的方法，引導他們深思。

　　《梨園天神桂郎君》是唐美雲歌仔戲團將創團大戲《梨園天神》重製的作品。以同一作品為對象進行兩次的編創，發展出完全不同的兩樣風情，並兩度成為劇團年度大戲，這樣特殊的情形與創舉，恐怕也是國內劇團少有的現象。〔註 106〕如表 3-3 所述，新版劇情幾乎是全都重新編排創造，丑角戲份也大幅減少。編劇施如芳從屈原〈九歌〉中纏綿的人神之戀入手，再將中國人緊密的親情關係置入，刻畫歌樓魅影桂郎君之所以靈魂扭曲，一生難以對人產生真情聯結，皆因自襁褓即遭到親生父母遺棄之憾恨，〔註 107〕重新打造出一齣蘊含東方人文色彩的悲歌。自然，為了達到創作目的，除了原有的三角戀主線，編劇另外發展了兩條副線與之交纏——小風樓的店小二和杏兒、桂父與山神；至於如此設計，是否偏離原著、以外加的杏兒開頭與收尾是否失之牽強？或是其實完整了主角塑造、賦予作品新生命？那就見仁見智了。

　　一般來說，此劇的文學性與抒情性多受肯定，但此劇以音樂劇歌仔戲的方式呈現，卻引發不小爭議。例如蔡振家評論：

> 此劇的音樂有三項特點：放棄主弦（殼仔弦）、放棄鑼鼓、大量創作新曲，這些作法造成了歌仔味的大量流失。……《桂郎君》套用音樂劇的思維來作曲，根本漠視中西語言的巨大差異：西方語言可以在旋律上盡情揮灑，漢語唱腔卻受字音的侷限……但在節奏上可以盡情揮灑……犧牲歌仔味，此舉乃是自廢武功。〔註 108〕

　　林鶴宜亦言：對於歌仔戲演員而言，沒有鑼鼓點、通常只有和聲而非主旋律的歌劇伴奏令他們忐忑不安，甚至拖垮了他們的行腔轉韻。〔註 109〕黃佳文碩論中也提及：冒然採用西洋管弦器樂，不但未收中西合璧之效，反造成

〔註 106〕楊馥菱，〈歌仔戲的跨文化編創——談梨園天神的兩次創作〉，《2011 跨越與實踐：戲曲表演藝術學術研討會論文集》，頁 35。

〔註 107〕〈梨園天神桂郎君〉。《文化部》：https://toolkit.culture.tw/performanceinfo_171_29.html。發佈日期：2014 年 6 月 13 日。引用日期：2019 年 5 月 12 日。

〔註 108〕蔡振家，〈以弦樂為主的歌仔戲？〉。《民生報》，2006 年 4 月 19 日，A10 版。

〔註 109〕林鶴宜，〈消失的主軸——我看《桂郎君》〉。《臺灣戲專學刊》13 期，2006 年 7 月，頁 126。

歌詞敘事、音樂抒情各唱／奏各調。〔註110〕

　　整體來說，《梨園天神桂郎君》從劇本、音樂到舞臺效果，都為劇場歌仔戲做了突破性的試探，但急於創新卻思慮不周，得到了褒貶不一的評價。

　　《惡女嬌妻》為了不悖離當代思潮，有別於莎士比亞表現了當時的「尊夫」思想，編劇林紋守在劇中傳達的是「男女平等、互敬互重」想法。〔註111〕雖然歌仔版將莎士比亞原著《馴悍記》的三個支線同時發展，改成戲曲慣用的雙生雙旦模式，但如此讓故事更集中的寫法，卻更能突顯主題。值得一提的是，此劇加入了中國傳統婚姻攪局者的角色：媒婆與「三花」（求婚於淑女妹妹的紈褲子弟）；劇末男主角洪千里施計要小姨子以惡女之姿態嚇退兩人，這樣一種藉由歌仔戲表演方式所傳達出的精神，是原著中沒有的。〔註112〕另一個適切的文化轉換例子，是洪千里在帶女主角李紅嬌回家途中，發現其未纏足：「小姐未曾纏小腳，果然出眾女兒家。別人蓮步三寸踏，你一步就能三尺跨。」以暗示其沒有傳統女子該有的端莊形象；對於戲曲觀眾而言，此時幾乎可以立刻在文化記憶中提取並深化此女的人物形象。

　　《熱天兮戀夢》和《無事生非》〔註113〕是臺灣戲曲專科學校（2006年改制為國立臺灣戲曲學院）連續兩年由當時的歌仔戲科主任林顯源，為了二專部的畢業製作所編導的莎劇跨文化改編，目的是希望藉由西方故事基調輕鬆的作品，讓學生放膽演出。劇本內容不乏巧思，但表演水準卻與劇本有極大落差；劉美芳分析說，當時二專部每年招生、高職部卻是三年一招，因此二專部每三年中至少有兩年必得錄取非本科系的高中職畢業生，〔註114〕導致學生基本功參差不齊。編導已經沒有設計太困難的身段，但學生的身段唱腔仍大多不到位。

　　《熱天兮戀夢》劇本設計可圈可點之處舉例：在《仲夏夜之夢》原著戲

〔註110〕黃佳文，〈臺灣歌仔戲跨文化編演與詮釋——以《梨園天神》、《梨園天神桂郎君》為研究對象，頁140。

〔註111〕李羿伶，〈論海山戲館《惡女嬌妻》的跨文化呈現〉。《臺藝戲劇學刊》4期，2008年9月，頁82。

〔註112〕李羿伶，〈論海山戲館《惡女嬌妻》的跨文化呈現〉，頁87。

〔註113〕王尚淳在〈跨文化改編與詮釋：莎劇在臺灣的戲曲化研究（1986～2010）〉（中壢：中央大學中國文學系碩士論文，2012年，頁211）中提及，他發現歌仔戲《無事生非》（2004）與安徽省1986年的黃梅劇《無事生非》劇情有極大的雷同，其中不但唱唸佈局相當，就連部分的唱詞都同出一轍。

〔註114〕劉美芳，〈本色與跨越的拉扯——臺灣現代劇場歌仔戲在21世紀的創新嘗試〉，頁138。

中戲那段情節，設計了戲班主在分配角色時，刻意要生旦互相「反串」演出；在傳統戲曲中，反串演出本身就有一定的喜劇元素在其中，也因此在這齣「戲中戲」的排練過程中，除了歡笑不斷之外，同時還附加上一層濃濃的戲曲行當內涵在其中。此外，戲中戲前設計的「舞獅」，除了呼應原著戲中戲「獅子嚇人」的劇情外，多少也表現出傳統戲曲在開演前所具有的「鬧臺」儀式。〔註115〕

《無事生非》刻意引用了歌仔戲的「胡撇仔」風格呈現，使開場時眾人穿著西服，手持面具的假面舞會不讓人感到突兀。並且，為了避免改編時，人物言行產生東西文化的隔閡，本劇也將時空模糊化，僅知處於中國古代的邊關地區。但不知是否仗著上述設定，舞美部分簡直恣意妄為：舞臺背景是巨大古歐風城門、城門上掛有紗幕散發中東風格；服裝上，王爺穿中式白袍、唐侯穿中東式黃金長袍、二將軍及其侍從穿著現代軍裝、王爺女兒與侄女一著中式一著西式、兩個侍女衣著較像鄉下村姑而非王府侍僕；配樂上，成親時紅袍馬掛卻配上西式「結婚進行曲」……。〔註116〕相較於其他戲曲劇種，在跨文化改編上，歌仔戲擁有「胡撇仔」此一選項可對西方作品有更大的詮釋空間，但「胡撇仔」不該是胡搞瞎搞的推託之辭，本論文第四章在分析「新胡撇仔」《威尼斯雙胞案》時亦有相關論述。

三、移植故事與反思形式期

筆者將接續下來的 2007～2017 年劃分為「移植故事與反思形式期」，約為到目前為止歌仔戲跨文化改編的後十年。從 2013 年起，歌仔戲跨文化改編風潮明顯衰微，只剩與傳藝中心合作的 30 分鐘小品駐園戲《我是縣老爺》改編自莎士比亞的《威尼斯商人》，和臺北藝術節的「命題作文」《啾咪！愛咋》改編自馬里伏（Marivaux，1688～1763）的《愛情與偶然狂想曲》；筆者認為，此一狀況與莎劇題材逐漸用罄不無關係。但也因此，與上期相比，此時期在跨文化劇目的選擇上，逐漸擺脫前十年莎劇約佔六成的情況，有了更多元的視野觀察西方戲劇史上不同戲劇形式與傳統戲曲磨合的可能性。

當然，演進不可能是齊頭劃一的，此時期亦有仍處於「移植故事」狀態

〔註115〕 王尚淳，〈跨文化改編與詮釋：莎劇在臺灣的戲曲化研究（1986～2010）〉，頁 206。

〔註116〕 王尚淳，〈跨文化改編與詮釋：莎劇在臺灣的戲曲化研究（1986～2010）〉，頁 214。

的作品，如前所分析，若能達到「合理新詮」，也已是一齣用心的製作。只是
筆者認為，如此一來，跨文化改編便僅有解決「劇本荒」的功能，甚至有人是
抱持新創不如改編西方古老劇作來得容易，又不需支付版權費的偷懶想法。
因此，此時期若有劇團因為改編西方經典而產生了形式上的微調，便是一次
次為歌仔戲帶來新意的機會。

有一齣形式特別的劇碼，雖然為 2006 年之前的作品，但筆者將其置於此
處討論。2004 年時，當代傳奇劇場製作《獨當一面》。此表演由七個劇種名角
輪演獨角戲，包括京劇、歌仔戲、崑曲、越劇、黃梅戲、川劇和廣東大戲，分
上半場傳統戲和下半場創新劇〔註117〕。歌仔戲創新劇部分由黃香蓮一人分飾
二角演出《羅密歐與茱麗葉》的「樓臺會」，扮相為西式禮服與西裝，頗有日
治時期「新劇」之風，不似「胡撇仔」的拼貼；茱麗葉樓臺會的經典獨白幾乎
直翻臺語，毫無違和感。整齣戲分三部分，第一部分為茱麗葉樓臺會獨白；
第二部分開始前，黃香蓮在舞臺上的屏幕後快速換裝，緊接為羅密歐樓臺會
獨白；第三部分開始前，由幕後預錄配音示意茱麗葉被逼婚情節，接著讓羅
密歐哀嘆相愛的兩人無緣相守作結。獨角戲極考驗唱腔、動作和劇情結構，
此劇動作有歌仔戲身段、也有林秀偉為黃香蓮編排的類舞蹈肢體語彙；曲調
皆為傳統曲調（包括新調），非新編新曲，故而耳熟能詳；演出 20 分鐘下來，
全無冷場，精采流暢。歌仔戲明明有如此得天獨厚的寬廣空間做跨文化改編，
但好好的穿西服演一齣西方經典的歌仔戲劇目微乎其微，不是像外臺弄成服
裝、時空混搭的「胡撇仔」，就是往往變成臺語歌舞劇。為何歌仔戲圈無法掙
脫窠臼，反而需由京劇背景的當代傳奇劇場點醒自身的優勢？然而，就算早
在 2004 年便有此試驗，卻依然後繼無人。

2007～2017 年的跨文化作品與 1996～2006 年相較，走向 M 型發展：「開
展型」是更用心的開發新模式——不論是故事新詮類或反思形式類，整體概
念都較前一時期成熟。「守舊型」則是走小品路線，大致遵循原著情節與歌仔
戲表演傳統；但跨文化作品在此種狀況中，便與其他改編管道無異了，只是
一種故事來源而已。

〔註117〕 創新折子戲如下：京劇吳興國《李爾在此》、崑劇柯軍《餘韻》、秦腔李小鋒
　　　　　《浮士德與魔鬼》、川劇田蔓莎《癡夢》、京劇吳興國《李爾在此之二》、越
　　　　　劇趙志剛《哈姆雷特在墓地》、歌仔戲黃香蓮《羅密歐與茱麗葉》、粵劇紅虹
　　　　　（馬淑明）《天人對話》。

（一）開展型

1. 故事新詮類

（1）《牟尼之瞳》

尚和歌仔戲劇團《牟尼之瞳》自我標榜是「前衛歌仔戲」〔註118〕，其實就是跨界到舞臺劇。這齣戲分三條線進行，一條是戲班中的恩怨情仇用寫實的舞臺劇表現，一條是改編自莎士比亞《奧賽羅》的戲中戲以歌仔戲呈現，一條是孤兒（男主角）小時與老畫師的因緣。編劇兼主角梁越玲讓木劇中人物都有著雙重人格，例如臺上的黑狄羅剛強、臺下飾演黑狄羅的緣生（孤兒）卻自閉，但相同的是自卑；臺上的遙星公主溫柔而無辜，臺下飾演遙星的玉蓮卻尖銳無比，相同的是勇於追求所愛；臺上的凱思副將忠誠無私，臺下飾演凱思的清俊卻自大自戀，瞧不起緣生；臺上的亞古善嫉陰險，臺下飾演亞古的撿角卻是個詼諧逗趣的和事佬……。

「尚和」近年來以跨界逐漸打出名號，屢屢與音樂劇結合，有時也製作臺語音樂劇；而劇團另一特色是作品常蘊含禪風佛理，因此《牟尼之瞳》可說是一齣典型的尚和作品。戲中戲的技法在此劇算是應用得不錯，全劇張力最強的一段，是戲中的黑狄羅誤會公主紅杏出牆而欲手刃公主，戲外的緣生也因為玉蓮的無情而心生恨意，因此帶著真刀上場，戲中的黑狄羅與戲外的緣生有著同樣的心碎悲憤怨恨，有著同樣玉石俱焚的決心，而不知情的玉蓮依舊在臺上認真地扮演著她的公主……。

不過，「尚和」使用戲中戲技巧似乎太頻繁，《田都班的最後一齣戲》（2014）和《半人》（2015）也皆使用，這是否會落入一種不自覺的寫作慣性？況且有些觀眾反應，其實《牟尼之瞳》戲中戲本身的故事就很精采，為何要切出戲臺下的現實部分，而硬將《奧賽羅》故事支離破碎的打散，導致許多重要的轉折不明所以？筆者曾經觀賞過「尚和」於公演後三個月，純粹將《奧賽羅》情節抽取出，組合成一個完整故事，取名《黑狄羅》在臺北市立圖書館分館的演出。由於缺少的劇情頗多，無法連貫起來，便不時由角色在臺上「補述」故事，實在是戲不成戲。《牟尼之瞳》設計成戲裡戲外雙線故事（孤兒幼時不算），明顯是為了達到「雙重人格」的對比效果，以突顯其改編的創意。但也許，戲精不精采才是觀眾最在乎的。此劇強調的「雙重人格」是當代常

〔註118〕梁越玲，〈牟尼之瞳製作緣起〉。《尚和歌仔戲劇團》官網：http://sunhopeecho.com.tw/work_view.php?pid=20&pid2=55。引用日期：2019 年 5 月 15 日。

見議題，本論文第四章討論的歌仔版《威尼斯雙胞案》亦以此為主軸，也有意念先行、卻犧牲了故事邏輯的問題。

以跨文化改編作品來看戲中戲手法，前述 2012 年國光劇團的《艷后和她的小丑》或 1992 年屏風表演班的《莎姆雷特》亦有使用，這是否會造成習以外在情境包裝原著的便宜行事，而非思考原著本身的普世價值或與當代的連結性？

（2）《狂魂——東方浮士德》

一心歌仔戲劇團《狂魂——東方浮士德》的劇名既加上破折號，已暗示此主角是「東方人」，觀眾不必用原著的放大鏡檢視它。編劇孫富叡創作時是以馬婁（Christopher Marlowe，1564～1593）《浮士德博士悲劇史》內涵精義為藍本，再給合歌德（Johann Wolfgang von Goethe，1749～1832）《浮士德》的部分情節。這兩個作品雖取材自同樣的德國傳說，但 16 世紀與 19 世紀的人文思想已大不相同。前者追求的是廣義的知識（包括巫術），開始懷疑上帝，而結局是慘烈的；後者是以「體驗」人世萬物（包括人性欲望）來達到追求真理的途徑，而此動機最後是得到了上帝的理解與寬恕。如前文討論《彼岸花》時提到，宗教精神的差異對跨文化改編來說，是一個棘手的問題，但《浮士德》完完全全就是籠罩在基督教信仰中的作品。《狂魂——東方浮士德》最後選擇將西方追求人類知識的個人終極目標，改為東方對修道成仙的想望。施如芳認為，將原本具有知識分子象徵的浮士德，改編成修道求仙不得的慕容塵，致使全劇從辭藻、思維到故事背景，穩穩地走向了明華園系統的熱門熱路。〔註 119〕

本劇一大特色是由孫詩詠一人分飾原著裡的上帝和魔鬼，稱慈光／荼闇；而且並非以快換方式上下場，是以黑白郎君方式，讓左右邊以不同的妝容和造型區隔，在左右側不停的交替轉換中，瞬間改變音色與個性，極考驗演技。戲劇指導王海玲分析，此角色「必須把傳統戲曲丑角、花臉的表現方式融入，是一種跨行當的演法」。〔註 120〕不過，大部分時間，孫詩詠是以荼闇的角色上場的。荼闇與原著魔鬼最大的不同是，梅菲斯特只是讓浮士德順著本性予

〔註 119〕施如芳，〈當浮士德與中土宗教相遇《狂魂》〉。《表演藝術評論臺》：https://pareviews.ncafroc.org.tw/?p=1483。發佈日期：2011 年 12 月 17 日。引用日期：2019 年 5 月 20 日。

〔註 120〕一心歌仔戲劇團，《狂魂——東方浮士德》節目冊。2011 年，頁 10。

取予求，但荼闍卻是刻意讓慕容塵步入他設的陷阱，導致本劇在遮遮掩掩中，仍落入了傳統善惡對立的框架。然而，由於本劇主題原是求道，楊馥菱認為，如果慕容塵還未能看破人世的慾望，那麼顯然他仍凡心未了，無法成仙也就成為必然的命運。〔註121〕以此論點來看，編劇置換的東方修道精神，倒是合理、成立了。

《狂魂──東方浮士德》探討的「人性」主要限縮於愛情與權力，頭尾呼應的主軸即是愛情──起初因愛才決定要與荼闍簽賣身契，最後也因愛領悟「道」存乎一心、不假外求。在權慾薰心方面，弒君情節可謂是一重大轉折，確定慕容塵開始走向一條不歸路。荼闍代替慕容塵破壞了征西羌護駕的「渾元護龍陣」，間接害死了梅蝶君之皇兄後的發展，既有《馬克白》影子，又有《哈姆雷特》奧菲利婭面對情人殺害親人的痛苦。

《狂魂──東方浮士德》將多媒體與傳統戲曲演員的表演進行創意融合應用頗為成功，值得肯定。不像一般簡單投影了事的設計，本劇用多媒體展現的「血手印」、旋轉的太極，以及慕容塵入魔時靈魂抽出時的效果，都需要演員特別排練與協調，才能呈現完美的效果。在服裝設計上，豪華多變自不在話下，慕容塵魔化前後，男女主角的服裝色系由亮麗轉墨黑，很有視覺上的觸動。

總而言之，整體製作用心，也感覺得到編劇在文化背景轉換上的細膩；但在一些基本設定上，仍有傳統劇本的淡淡痕跡，如：愛情主軸、善惡對抗等，使人感覺像在品嘗一份充滿現代精美包裝的古早美食。

（3）《夜王子》

春美歌劇團《夜王子》於宣傳時有提及改編《美女與野獸》童話，但沒有強調，故事幾乎可以說是新編，只取了原著男主角因自負而被下咒毀容（沒有變妖怪）的橋段。雖然如此，筆者仍置於此處討論，主因之一就是戲好；之二是本劇竟大膽跳脫慣性，反其道的將原本大團圓喜劇改成了大悲劇；之三是以往改編往往「形存而神不存」，此劇卻是求「神存」，立意甚至超越了童話。

故事敘述出雲國大王子巴萊生性高傲，自負，不顧他人感受，因為長期對外征戰，導致百姓民不聊生。後來巴萊在即位當天失蹤，原來是二王子巴

〔註121〕楊馥菱，〈一心歌仔戲《狂魂》改編浮士德之書寫策略探討〉。《戲曲學報》
　　　　19期，2018年12月，頁242。

丹長期壓抑對巴萊的不滿和妒意，在女巫伊拉的煽動下爆發，讓伊拉對巴萊下咒，使他面目可憎而被迫隱入民間。在雲日村，巴萊與奴紗邂逅，並在神醫的醫治下，他夜晚能暫時恢復面貌，但白天又變回醜陋無比，故稱夜王子。

本劇不似傳統習慣將主角大王子塑造成完美正義的化身，對比的二王子雖仁慈愛民，卻無治國的能力。如此的正反辯證也運用在村民的形象上，在巴萊眼中，一開場他們無理抗議有如暴民，在避難長住後，漸漸發現他們的善良樸實。正如張啟豐所說，中咒之事反而「讓他由『天之驕子』回到『人』的位置，重新面對一切。」〔註122〕相對而言，村民也選擇寬恕曾經犯錯的大王子，讓大王子有機會再一次用自己的才能保護百姓免受邪教迫害。編劇許芳慈〔註123〕使用微言大義卻結構完整、流暢緊湊的筆觸，寫出了一個平實簡明，卻發人深省的故事——討論著善惡對錯的標準、人性與命運的關聯，而不只是原著童話談的「超脫表象的真愛」。不像許多製作空有野心探討宏大議題，卻流於空泛與唱高調，得到「看不懂、不好看」的回應。

劇末伊拉死前回馬槍，把定咒珠打入奴紗體內，為求破咒，奴紗犧牲自己換回巴萊的生命與容貌，讓以為巴萊大破邪教後便可事業愛情兩得意的觀眾猝不及防，動情不已。但謝幕時又安排巴萊將倒地的奴紗吻醒，在虛實難辨之間讓觀眾一圓殘夢，別有巧思。

表演設計上，亦不似眾星拱月的由主角扛戲，劇中角色的比重大致平均、相輔相成。反派角色伊拉臉部幾為面具所掩，仍能利用肢體韻動及臺詞聲韻營造出儡人的陰毒感，搶盡鋒頭。村民的功能類似原著中擬人的傢俱杯碗，恰如其份的調節了糾心的氣氛與節奏；尤其「三花」阿呆逗趣可愛卻不油滑粗鄙，頗受好評。

一齣戲的好壞是有目共睹的，而戲曲之美在好戲中更能被突顯出。有戲迷在部落格如此說道：

> 這齣戲實在太好看了，一切都是編劇，有了好的故事，春美根本就是如虎添翼，演什麼都好看！而且這個故事真是盪氣迴腸，不僅寓意深遠，還情深義重，太讚了啦！

〔註122〕張啟豐，〈落幕前的天鵝之歌《夜王子》〉。《表演藝術評論臺》：https://pareviews.ncafroc.org.tw/?p=3703。發佈日期：2012 年 9 月 26 日。引用日期：2019 年 5 月 20 日。

〔註123〕可惜的是，如此有才華的新銳編劇，卻於夜王子首演的前一週（2012.9.13.）病逝，此劇成為其最後遺作。

......

> 我的胃口被金光戲養壞了，不容易靜下心來體會戲曲的美，這次我
> 就有感受到那種刻骨銘心的悔恨，和不能廝守終身的遺憾。（按：指
> 劇尾郭春美的大段唱腔。）〔註124〕

《夜王子》帶給筆者對跨文化改編的新思考。隨著時代演進，理論上生活周遭應該有取之不盡的戲曲／戲劇創作靈感來源。那麼，取材西方經典若非取巧，我們希望從中獲取到的除了故事還有什麼？一種是筆者在本論文中，念茲在茲的「形式」刺激；但另一種，便是希望西方擅長的人性刻劃能補足中國戲曲較欠缺的角色成長（character arc）。故而若能達到此目的，從較高的層次來看《夜王子》，也算達到了跨文化改編的功能了，不是嗎？

2. 反思形式類

此類型的代表作有二，一為臺灣春風歌劇團的《威尼斯雙胞案》，二為一心歌仔戲劇團的《Mackie 踹共沒？》。由於前者的同名原著為義大利即興喜劇，後者的原著為史詩劇場《三便士歌劇》，都是形式風格顯著的劇種或戲劇流派；而兩個歌仔戲版本在改編時，也都尊重並嘗試將它們的特色融入歌仔戲中，進而達到了跨文化改編的積極性作用。故而，本論文將在第四章、第五章深度論析這兩齣改編版，在此先不多做贅述。

此外，臺灣春風歌劇團的《雪夜客棧殺人事件》亦是一齣在形式上多所突破的跨文化改編；但由於其改編來源非戲劇，而是小說，涉及不同藝術形式的轉換，因此不納入本論文深度論析，僅在下文重點分析。

一心歌仔戲劇團的《啾咪！愛咋》在筆者的分類上則位於模糊交界地帶。百般思量後，決定將改變「形式內在」而非「形式外在」的本劇置於此類，原因將在下文剖析之。

（1）《雪夜客棧殺人事件》

《雪夜客棧殺人事件》（以下簡稱《雪夜》）改編自推理小說《東方快車謀殺案》，曾入圍第八屆臺新藝術獎，是當屆唯一的歌仔戲作品，也是臺灣春風歌劇團繼《威尼斯雙胞案》後二度入圍。傳統戲曲並無懸疑類型，頂多只有「公堂戲」，正如編導蘇芷雲說，傳統戲曲向來有「瞞演員不瞞觀眾」的編

〔註124〕〈春美《夜王子》〉https://blog.xuite.net/anthena/my/159916474-%E6%98%A5%E7%BE%8E%E3%80%8A%E5%A4%9C%E7%8E%8B%E5%AD%90%E3%80%8B。發佈日期：2013 年 11 月 10 日。引用日期：2019 年 5 月 20 日。

劇特質，故觀眾多以「全知者」角度觀賞演出。〔註125〕因此，這是筆者將《雪夜》置於「反思形式類」的最大理由——因跨文化原著而啟發了歌仔戲（甚至是整個傳統戲曲）產生了新的推理形式。

本劇以小生縣令「東方徹」擔綱原著《東方快車謀殺案》神探白羅的角色，以客棧的密室場景取代行進中的東方快車，將十二人兇手濃縮為七人。在角色設定上，該劇打破傳統非正即邪的類型化，劇中的小生東方徹，既非官場正生、也非搞笑三花官，而是挾帶著些俠客氣息與頹廢風格，以介於大官與偵探中間的全新形象登臺。〔註126〕與原著的白羅〔註127〕相比，東方徹的人物塑造更立體、甚至以其從「玉面判官」到自我放逐的遭遇映襯案件結局，使此故事自成一完整個體，而非僅是偵探系列中的一集而已。除了小生，其實「全劇所有主線人物，幾乎都帶著『雙重人物』的身分，在正與邪之間拉鋸、擺盪。」〔註128〕許多角色在謎底揭曉前後的個性截然不同，例如：陸家老夫人端莊嫻淑，在偽裝成朱麗花時聒噪慳吝；陸家婢女堅毅忠貞，臥底成王天洪小妾時嫵媚風騷……等，完全不受行當的拘束，但角色卻鮮明有生命力。

一開場的「性騷擾亂判案件」以為只是搞笑兼鋪陳東方徹的玩世不恭性格，沒想到與主案其中一個角色的性向相關且為重要線索，性向這個當代議題也易引起共鳴，真是設計縝密。為了在演出過程中幫助觀眾理解案情發展，《雪夜》設計了幾個令人拍案叫絕的方法，如：店小二林大山直接拿出房間模型解釋兩房之間的「邊門」作用；在東方徹逐一審案時，牆上的客房與房客配置表，依劇情是畫給自己看的，但同時也可供觀眾參考；而最受觀眾讚賞的，莫過於東方徹替嚴老闆重溫他整埋出的案發經過時，導演的舞臺調度：先於地板上投影出「壹」至「陸」數字代表房號，再讓角色們以電玩般（或人偶般）的機械式快步移動，重建案情，甚至當依證詞重建的現場有矛盾狀況

〔註125〕廖俊逞，〈《雪夜客棧殺人事件》挑戰懸疑推理歌仔戲〉。《表演藝術》192期，
2008年12月，頁12。

〔註126〕陳幼馨，〈2010臺灣春風《雪夜客棧殺人事件》邁步走入中型劇場〉。《傳藝
雙月刊》88期，2010年6月，頁61。

〔註127〕作者克莉斯汀（Agatha Christie，1890～1976）亦有塑造白羅的背景為比利
時難民，特色有：極度潔癖、有時行為做作滑稽，是一「徹頭徹尾的自我主
義者」……等，但較屬外在條件。東方徹則有人生故事支撐其性格放蕩、掩
飾真心的原因。

〔註128〕陳幼馨，〈2010臺灣春風《雪夜客棧殺人事件》邁步走入中型劇場〉，頁61。

時，牆上還出現了「倒轉」、「快轉」等播放符號控制，既妙趣橫生又有溫故知新效果。如此創新的表演「形式」，由於是為了「推理」類型量身打造的，既有實用性又在不知不覺中打破了千篇一律的傳統手法。當然，實驗不會只有成功而無失敗的部分，例如：店小二大山的「女鬼殺人」Rap，不論在劇情連貫或音樂調性上皆突兀尷尬至極（雖然看來是為了東方徹換裝時間而設）；東方徹每場訊問間的頻繁換場，似乎想模仿電影每場淡出的效果，卻造成流暢緊湊節奏中的不必要休止符；「春風」這個票友團體雖年輕創意十足，但在唱腔和身段上仍有些許不夠到位，不時讓人扼腕，但總體來說還是瑕不掩瑜。

回過頭來思考，這麼多的「創意」會不會讓歌仔戲面目全非？相較於《威尼斯雙胞案》不論在形式和劇情都「衝過頭」，《雪夜》可說是大幅回歸傳統。以編腔來說，幾乎全是傳統唱腔，音樂設計周以謙表示：

> 《雪夜》這齣戲絕大部分的唱段都是在「陳述」事件與證據，這是
> 最適合使用傳統唱腔的場合。傳統唱腔的好處是聽不膩，重量夠，
> 不會流俗，字可正，腔可圓。〔註129〕

以劇情來說，臺新藝術獎觀察委員紀慧玲在入圍理由中指出，「劇情改編回歸母子親性、恩義相報與文人磊落風骨，將之置於戲曲文化脈絡裡渾然天成，感人至深，是齣極具現代感的傳統傑作。」〔註130〕雖《雪夜》基本上並無更動原著《東方快車謀殺案》的劇情，但一群小人物展現血性義氣的故事，卻與中國傳統戲曲的調性不謀而合，令筆者聯想到元雜劇《趙氏孤兒》（或明傳奇《八義記》）。陳幼馨亦表示，看似與歌仔戲善惡分明、二元對立的結構相去甚遠，卻在對「正義」的渴求中找到交集。〔註131〕

《雪夜客棧殺人事件》既大膽創新又維繫傳統，並成功開啟了「推理歌仔戲」類型，可說是達到筆者心目中跨文化改編戲曲的里程碑。2014年春美歌劇團成功延續「推理歌仔戲」類型，推出推理輕喜劇《金探子》一樣頗受好評；甚至區隔出屬本格推理〔註132〕路線的《雪夜》，與屬社會寫實派的《金探子》，後者的特色是戲未完，「嫌犯」已呼之欲出，劇情更著重在「犯案動機」。可惜「推理歌仔戲」類型迄今未有新作，相當令人期待能持續開發。

〔註129〕臺灣春風歌劇團，《雪夜客棧殺人事件》節目冊。2010年，頁12。
〔註130〕〈雪夜客棧殺人事件〉。《臺新藝術獎文獻》：http://artsawardarchive.taishinart.org.tw/work/id/231。引用日期：2019年5月20日。
〔註131〕陳幼馨，〈2010臺灣春風《雪夜客棧殺人事件》邁步走入中型劇場〉，頁60。
〔註132〕「本格」是日本詞彙，指正統；以邏輯至上的推理解謎為主。

（2）《啾咪！愛咋》

《啾咪！愛咋》在分類上令筆者苦惱許久，依內容來看，本劇幾乎是照著原著走，所以並非改回歌仔套路的「守舊型」；不過，本劇也沒有賦予東方精神的「新詮」主題。又由於故事調性與歌仔劇頗為貼合，乍看之下，並無感受在「形式」上有何改變。但深入瞭解導演理念後，筆者將觀戲時感到的隱隱不習慣部分與之對照，即意識到導演改變的形式是「內在」的，而非「外顯」的。而這種直接將異地食材搓揉融合，不只是在食物外點綴裝飾的作法，在地人能品嘗出箇中差異，或是不知不覺呢？

《啾咪！愛咋》從劇名便充滿創意，「啾咪」是網路用語，模仿親吻的聲音，「愛咋」脫胎自法文 hasard，原意是偶然，〔註 133〕但由於讀音類似臺語「阿紮」，（ak-zāk，意為煩躁），兩詞相加，便突顯了本劇的主題——裝可愛的啾咪與鬱悶難解的愛咋。本劇最大的特色，便是經由 2017 臺北藝術節藝術總監耿一偉的媒合，請到了德裔法籍的導演盧卡斯・漢柏（Lucas Hemleb，1960～）與「一心」合作，導致此次不只是文本的跨文化，還有導演的跨文化。而導演的執導理念大大影響了整體藝術的呈現，其中所牽涉的層面較諸單純的文本跨文化更為複雜。〔註 134〕盧卡斯・漢柏不僅作品層面多元——從古典到現代、從舞臺劇到歌劇都有涉獵；更大的特色是研究中國與臺灣文化多年，不斷與華人藝術家合作傳統藝術與音樂節目，中文一般會話和書寫皆無問題。因此他雖然是歌仔戲劇場史上第一位外國導演，卻無之前西方導演（如：羅伯・威爾森 Robert Wilson，1941～）與京劇合作曾產生的西方劇場跨文化霸權主導並將京劇「當成效果來使用」的現象。音樂設計陳孟亮即表示，導演希望採用最傳統文武場編制，絕不加電子琴，不用現代科技音效，所以風雨、打雷、馬叫……等聲響，都由文武場擔任。〔註 135〕也為了突顯演員身段，不只省去實體佈景，連一桌二椅都捨去，僅以水墨影像投影作為換景方式。〔註 136〕

〔註 133〕出自《愛情與偶然狂想曲》（Le Jeu de l'amour et du hasavd）法文原名的最後一字。陳茂康，〈誤會大了！愛情也悄悄來了？！一心戲劇團《啾咪！愛咋》〉。《表演藝術》297 期，2017 年 9 月，頁 28。

〔註 134〕楊馥菱，〈試探跨文化戲曲《啾咪愛咋》之跨文化導演的創作及其藝術特色〉。《藝術論衡》復刊 10 期，2018 年 12 月，頁 59。

〔註 135〕楊馥菱，〈試探跨文化戲曲《啾咪愛咋》之跨文化導演的創作及其藝術特色〉，頁 72。

〔註 136〕不過筆者認為，純粹的水墨影像投影較適合小劇場；在臺北中山堂的表演空間則顯得空蕩陽春。

　　導演對此次表演最大的影響，便是強調「寫實」概念。製作人暨編劇孫富叡說：「導演用他寫實的觀點加入了很多細節，對戲來說，算是很加分的，一來有其細膩度，二來情感的層面也深。」〔註137〕用寫實來補足戲曲人物較缺乏的心理轉折是有意義的，但若太過強調外顯行為，卻會破壞戲曲的簡約寫意。導演屢屢要求演員不但要把情緒做足，甚至還要放大。〔註138〕小處例如男女間過多的摟抱、做勢要吻，以及並非必要的真實親吻，每次小衝突都造成情緒滿點的對罵。大處則是導演認為由於劇中充滿假扮，所以只要角色遇到原本角色預期以外的事，就會讓他情緒失控。〔註139〕故而不時見到演員在舞臺上看似荒謬的尖叫繞圓場狂奔。一整場戲下來，視覺、聽覺極易陷入一種疲乏感。其實導演如此做法是經過作品分析的，原著創作時間為1730年，故劇中的「危險遊戲」很可能暗指著五十多年後1789年法國大革命來臨前，人民既被壓抑又渴望突破的政治氛圍。〔註140〕但已移植到唐朝的《啾咪！愛咋》，還需符合原著社會背景下的人物狀態嗎？

　　有趣的是，「寫實」在本劇表現最為成功處也許不是「人」而是「馬」。共同編劇許柏昂在置換東方情境時，即別具巧思加入「馬」的元素，透過公子懂馬術，僕人懂養馬的差別，來凸顯傳統社會的身分尊卑。〔註141〕但在排演男女僕人假扮主人騎馬部分時，導演點出僕人養馬不見得會騎馬，而且「經過裝扮之後，對方可能認不出彼此的真實身分，可是馬會認主人嘛！」於是，「僕人騎馬」的場景變成「馬整僕人」的一連串動作。〔註142〕導演進一步要求劇中虛擬的兩匹馬也要成為演員，因為馬是代表著男女主角的內心世界，故而把虛擬的馬透過身段動作具象化，並用鎖吶加強馬的存在感。〔註143〕最讓筆者驚豔的，是最後演員拿著馬鞭、模擬拉著馬出來謝幕，「馬兒謝幕」應該是戲曲史上頭一遭吧？

〔註137〕陳茂康，〈誤會大了！愛情也悄悄來了？！一心戲劇團《啾咪！愛咋》〉，頁28。
〔註138〕一心歌仔戲劇團，《啾咪！愛咋》節目冊。2017年，頁29。
〔註139〕一心歌仔戲劇團，《啾咪！愛咋》節目冊。2017年，頁9。
〔註140〕一心歌仔戲劇團，《啾咪！愛咋》節目冊。2017年，頁9。
〔註141〕黃朝琴，〈阿斗仔導歌仔戲　《啾咪！愛咋》今開演〉。《青年日報》，2017年9月15日，藝文園地版：https://www.ydn.com.tw/News/254287。
〔註142〕陳茂康，〈誤會大了！愛情也悄悄來了？！一心戲劇團《啾咪！愛咋》〉，頁29。
〔註143〕《啾咪！愛咋》DVD，公視幕後製作花絮，訪問孫詩詠。

　　除了導演部分，編劇絕對是移植作品的第一階段塑形者。孫富叡表示，原劇中許多內心自我與現實的反反覆覆糾結，〔註144〕是改編時主要的難題。對照原著，在劇本轉換過程中，的確失去許多法文的精采雙關語與主僕用語明顯差異的笑果、還有男主人不顧一切娶以為是女僕的女主人，將付出的慘烈代價（會被父親逐出家門，以至於失去身分、地位和財富；〔註145〕而不像歌仔版退婚只是讓長輩差辱）的勇氣。雖然此部分筆者也無解，但失去了文化厚度，此劇很容易就被歸類為通俗喜劇，這是頗為可惜之處。當然，劇本裡豐富的閩南語俗語與俚語漂亮地新建了屬於本土的時空，看得出編劇的用心；不過，不知是編劇或導演的意思，劇中大量完全白話的用語與唱詞（主僕皆是）、以及不時出現的中文，常讓筆者有看臺語劇的錯覺。喜劇與戲曲的詩意，不該是互相抵觸的。

　　總體而言，盧卡斯‧漢柏帶給歌仔戲演員許多表演上的新啟發，非常值得肯定。但「外行看熱鬧，內行看門道」，在熱鬧歡笑、節奏流暢的表面下，相信孫富叡也與筆者有著同樣的隱隱不安，否則他不會先說出「什麼？你覺得它不像歌仔戲？！」又安慰自己說「我好像在臺下聽到你們跟著哼唱七字與都馬！」〔註146〕「一心」並不是個守舊的劇團，近年來在作品上的突破創新有目共睹；因此，若感覺到《啾咪！愛咋》「色、香」俱全，「味」卻有種說不出的不協調，也許那正是歌仔戲這道菜最關鍵的精髓。

（二）守舊型

　　《秦好也搶妻》因明華園天字戲劇團首度發表於鳳山國父紀念館，故而納入本論文討論；但如表中所述，此劇後改名《守財奴》於外臺多次重演。筆者觀賞的是2018年2月臺北市藝文推廣處主辦的社區藝術巡禮「文化就在巷子裡」的演出，外臺味極濃。與莫里哀（Molière，1622～1673）的原著相比，言語機鋒的喜劇被改成雙生雙旦的通俗劇，守財奴秦路財（阿巴貢Harpagon）則是名符其實的丑角。原著因船難失散的男配角（法賴爾La Flèche）一家，歌仔版改為巡按大人一家遇賊寇而失散，以加入武打戲。劇情注重人與人的

〔註144〕《啾咪！愛咋》DVD，公視幕後製作花絮，訪問孫富叡。

〔註145〕Pierre Carlet de Marivaux（馬里伏）著，林志芸譯，《馬里伏劇作精選：《雙重背叛》及《愛情與偶然狂想曲》》。臺北：聯經，2002年，頁159，註45。由林志芸譯註，解釋原著當時的法國社會價值觀。

〔註146〕一心歌仔戲劇團，《啾咪！愛咋》節目冊。2017年，頁6。

關係、衝突，但每次衝突都哭天搶地，既削弱了喜劇感，也不真的打動人；而衝突幾乎都是秦好也與父親的互罵，效果遞減，使人不耐。常用大段唱詞鋪陳關係，因而情節進展遲緩；當父子開始搶同一女後，劇情才有明顯進展。依內容看來，本劇屬於在筆者論析的「因襲舊套」階段，但至少故事線基本上都依著原著走。飾演秦好也的陳昭香在開場不久即藉著劇情走下臺跟觀眾握手，引起全場大樂（依網路回應看來，這是每一場的固定套路）；音樂設計有時融合流行歌、兒歌，如：秦好也抱著假骨灰罈唱著〈世上只有媽媽好〉時，頗達到取悅觀眾效果。整體來說，以外臺水平觀之，悲喜熱鬧兼而有之，只是若放入現代劇場嚴格審視，精緻度、創新度皆有所不足。

　　《我的情人是新娘》主要宣傳是改編自華格納（Wilhelm Richard Wagner，1813～1883）的歌劇《崔斯坦與伊索德》，但由於華格納的歌劇原是改編自愛爾蘭的中世紀神話，再將伊索德被迫出嫁前的複雜故事化成幕前史，故而歌劇三幕完全集中在男女主角曲折掙扎的愛意進展歷程。相反的，可能為了增加劇情的豐富度，歌仔版回復了華格納濃縮省略的幕前史，例如高環（崔斯坦 Tristan）進入契丹國冒險、攻打柔然國皆有篇幅頗重之武戲；另外再加入北齊宮中的權謀鬥爭……，導致全劇十場到了第七場，生旦才好不容易重逢。再者，原劇中關鍵的愛情靈藥，在本劇中被置換成了不痛不癢的、只會昏迷幾分鐘的迷魂藥，醒來後不是更愛，反而是清醒的體認到自己對國家的責任。針對這兩點，紀慧玲評論：

> 勉強置入毒藥一節，以及全劇十場戲卻要唱到第九場才拉出小生小旦非愛不可的強烈內心戲，前者多此一舉，為移植而移植，無關宏旨，後者結構失衡，分不清主述重點與比重，人物與劇情因果因而具皆模糊。因而，既失去了老套劇情雖一望而知但可編排的動人戲味，又無法仿製華格納濃烈的愛情歌詠與悲愴的悲劇力量……。〔註147〕

　　歌仔版還徹底扭轉了歌劇版貫穿全劇的誓死如歸主軸。在最後十分鐘內先讓惡人自相殘殺，再讓慕蓉公主（伊索德 Isolde）毒死剩下的惡人，最後由高環登基為王，慕蓉遂得以嫁給高環。如此轉悲為喜的傳統「大團圓」結局，彷彿回到 1990 年代的跨文化改編水準，將西方經典去骨存皮。由於故

〔註147〕紀慧玲，〈我愛春美之龍飛鳳舞《我的情人是新娘》〉。《表演藝術評論臺》：https://pareviews.ncafroc.org.tw/?p=1340。發佈日期：2011 年 11 月 25 日。引用日期：2019 年 5 月 20 日。

事題旨已然瓦解，整個敘事線變成沒有重點，不只是專業評論人，連死忠戲迷都對本劇感到無聊與不耐，頗中肯的總結：「今天每個演員都演得很好、唱得很好、身段也很好、就是戲爛！」〔註148〕劇本為一劇之本，若找不出一劇之「主腦」〔註149〕，再強大的演出團隊也是枉然。

　　由於此時期「守舊型」的作品往往低調創作、演出時的宣傳也不大，囿於個人所知，表3-3 必有所闕漏。表上有些劇目若非筆者恰巧觀賞到，幾無任何相關演出評論可供分析。如：芝山雅韻戲劇團的《冤家路窄》（後改名《愛情·戲》），依劇情簡介與劇照看來，應較戲專「胡撇仔」版的《無事生非》來得中規中矩。海山戲館的《我是縣老爺》只有在文化部「全國藝文活動資訊系統網」看到簡介：「改編自莎士比亞《威尼斯商人》的故事，戲中除了能欣賞歌仔戲優美的傳統曲調及身段，還可以化身衙門中人，跟著縣老爺一起辦案，兼具精緻身段、知識介紹與趣味互動的精采演出。」〔註150〕由於《我是縣老爺》是宜蘭傳藝中心的駐園戲，每場只有 30 分鐘，依前文簡介，除了演戲，還要介紹和互動，看來劇情應只是簡略帶過，非完整故事，表演純粹做為體驗歌仔戲的示範演出而已。

　　從本章的溯源中可以發現，中國戲曲向西方的跨文化是自清末展開的。20世紀初用文明戲或京劇演西方故事常賦予改革社會功能，與第二章介紹西方戲劇向中國跨文化的「移植故事期」如出一轍。1980 年代中起，當代傳奇劇場則藉著搬演西方經典，打破了京劇界、甚至是整個戲曲界與現代戲劇的界線。

　　一路以來受到京劇影響極大的歌仔戲，在京劇現代化的風潮下，跨文化改編作品比京劇晚十年成為新劇目的選項之一。初期囿於歌仔戲劇種慣例，常見大幅更動原著架構情況，後期漸入佳境，越來越能兼顧劇種特色與原著主題。更讓筆者欣喜的是 2000 年代中期起，歌仔戲開始出現反思形式的作

〔註148〕〈春美《我的情人是新娘》〉https://blog.xuite.net/anthena/my/47531515-%E6%98%A5%E7%BE%8E%E3%80%8A%E6%88%91%E7%9A%84%E6%83%85%E4%BA%BA%E6%98%AF%E6%96%B0%E5%A8%98%E3%80%8B。發佈日期：2011 年 7 月 2 日。引用日期：2019 年 5 月 15 日。

〔註149〕李漁曰：「古人作文一篇，定有一篇之主腦。主腦非他，即作者立言之本意也。傳奇亦然。」引自李漁（清），《閒情偶寄》，收入《中國古典戲曲論著集成》第七集。北京：中國戲劇，1959 年，頁 14。

〔註150〕〈海山戲館：我是縣老爺〉。《文化部》：http://event.moc.gov.tw/sp.asp?xdurl=ccEvent2013/ccEvent_cp.asp&cuItem=2168175&ctNode=676&mp=1。引用日期：2019 年 5 月 20 日。

品，雖然為數不多，也有著一些尚待斟酌之處；但由於歌仔戲一直是個適應力極強的劇種，我們欣見歌仔戲以傳承戲曲之美為目的而與時俱進，反思形式作品的出現代表著企圖心與創新的展現。下章起，筆者便挑選反思形式的首齣作品《威尼斯雙胞案》與反思形式較成熟的作品《Mackie 踹共沒？》來做深度析論。

第四章　反思形式初創期──同源非雙胞之《威尼斯雙胞案》

　　2007 年臺灣春風歌劇團推出改編白哥多尼（Carlo Goldoni，1707～1793）義大利即興喜劇的「新胡撇仔」《威尼斯雙胞案》。在演出前後，將「義大利即興喜劇」與「胡撇仔」相比擬的說法紛紛出籠。

　　先是「臺灣春風歌劇團」自己於《傳藝》上刊載的文章：

> 以義大利即興喜劇《威尼斯雙胞案》作為改編基底，一開始是著眼
> 源自於義大利即興喜劇的本身，有許多與歌仔戲規則相近的「程式」
> （包括「定型角色」與「即興表演」）。而義大利即興喜劇整個「不
> 按牌理出牌」卻又「自成邏輯」的劇情發展，更與歌仔戲天馬行空、
> 包羅萬象的「胡撇仔戲」有著異曲同工之妙。〔註1〕

　　接著，不論仍舊是「臺灣春風」自家小生李佩穎於官方部落格撰文提到「義大利即興喜劇……與臺灣歌仔戲一樣，源於民間、具有深厚的庶民特性，……內容和表演形式與時代和人民生活緊密相連──街頭賣藝雜耍加上簡單易懂的戲劇結構」〔註2〕；還是廖俊逞於《PAR 表演藝術》中依上文改寫出類似的宣傳稿後，又加上的楔子：「身世體質都相似的義大利即興喜劇與臺灣歌仔戲，這回真

〔註 1〕臺灣春風歌劇團，〈新時代歌仔戲──《威尼斯雙胞案》〉。《傳藝》73 期，2007
　　　年，頁 104。

〔註 2〕李佩穎，〈從義大利即興喜劇到「新胡撇仔」〉http://www.wretch.cc/blog/Zephyr
　　　Opera/4447508，發佈日期：2007 年 10 月 25 日。引用日期：2011 年 1 月 10
　　　日。

的要在舞臺上來個『雙胞胎大團圓』了！」〔註3〕甚至林鶴宜所撰寫之此劇入圍「第六屆臺新藝術獎」的理由：「歌仔戲與義大利喜劇在特質及調性上的相類，讓兩者的結合順理成章，如魚得水。」〔註4〕都不斷提到兩者的「天作之合」。

　　上述背景讓我對此一改編戲碼有了比其他改編戲曲更多的期待與好奇，進而興起研究之心。

　　本章將先把義大利即興喜劇與「胡撇仔」歌仔戲做對比映照。再將哥多尼改革後的「新義大利即興喜劇」作品《威尼斯雙胞案》與新胡撇仔版的劇情、場次做比較。最後再針對新胡撇仔版《威尼斯雙胞案》本身做深度分析。

第一節　義大利即興喜劇與「胡撇仔」歌仔戲的對比映照

一、義大利即興喜劇與其對人物原型的形塑

　　義大利即興喜劇（Commedia dell'arte），又稱作藝術戲劇〔註5〕，中國大陸則常以「假面喜劇」〔註6〕稱之。為流行於歐洲 16 世紀中葉到 18 世紀中葉的一門專業劇種。表演產出方式為：

> 演出沒有劇本，只有大綱，或者說，一張「幕表」。通常由劇團的經理或專職人員負責書寫，上面註明大概的情節，讓演員知道今天自己與同伴彼此間的關係，大概要在什麼時候上場，達到什麼目的。若是謹慎一些，大家會在正式演出前大致順過一次，然後就臺上見。演出時，大綱會貼在後臺上下場門口，有不清楚的人可以隨時去看。〔註7〕

〔註 3〕廖俊逞，〈《威尼斯雙胞案》搖滾歌仔戲很反叛〉，《PAR 表演藝術》180 期，2007 年，頁 20。

〔註 4〕林鶴宜，「臺灣春風歌劇團《新胡撇仔——威尼斯雙胞案》第六屆臺新藝術獎入圍理由」：http://www.taishinart.org.tw/chinese/2_taishinarts_award/2_2_top_detail.php?MID=3&ID=4&AID=9&AKID=16&PeID=99。引用日期：2011 年 1 月 12 日。

〔註 5〕「藝術」係指演員為藝術家或職業性的演員，而非演出學術戲劇的業餘演員。故完整的翻譯應為「職業演員的喜劇」。

〔註 6〕廖可兌在《西歐戲劇史（上）》（北京：中國戲劇，2002 年，頁 88）中的解釋為「演這種戲，除了扮演青年男女愛人的演員以外，其他的演員都戴面具，因此它又被稱為假面喜劇。」

〔註 7〕鍾欣志，〈義大利藝術喜劇簡介〉，《威尼斯雙胞案》DVD 附冊。臺北縣：木棉花國際，2005 年，頁 12。

義大利即興喜劇的三大特色為定型角色（stock character）、即興（improvisation）和無關乎劇情、演員「脫軌」演出的招式或把戲（Lazzi）。〔註8〕

（一）定型角色

「定型角色」為義大利即興喜劇最大的特色之一，就如同中國傳統戲曲中生、旦、淨、末、丑的行當之別一般，每個定型的角色都有固定的性格、說類似的臺詞、穿戴屬於這類角色的服裝和面具，〔註9〕有些特殊角色還會賦予其出身地，可「表示他所操用的口音，以及這個口音所帶有的文化符號」〔註10〕；而即興喜劇的演員通常終其一生就專門演出一種角色。角色可分為最基本的三類：

1. 情侶

每一齣戲中都有男女一對情侶，有的還加上另一對。情節雖然循著阻礙他們婚姻的因素發展，但這對男女並不是全劇趣味的中心。他們的存在是為了使情節得以成立進行，並襯托出其他角色的荒謬與滑稽。〔註11〕

情侶以托斯卡（Tuscan，義大利中部）口音為主。不論男女都是年輕貌美，唯一關心的便是愛情，個性上卻非常脆弱而沒有安全感，永遠不知道該怎樣處理感情問題；不會表達的困擾常需要第三者（通常是僕人）的幫助，卻只會讓事情複雜化。〔註12〕

2. 專業類〔註13〕

（1）潘大龍（Pantalone）：威尼斯中年富商，慳吝好色。

（2）博士（Il Dottore，或直譯杜托爾）：來自波隆納大學〔註14〕的教授，

〔註 8〕林乃文，〈義大利藝術喜劇在臺北〉。《文化視窗》51 期，2003 年，頁 75。

〔註 9〕廖俊逞，〈三分鐘看義大利即興喜劇〉。《表演藝術網路雜誌》123 期 http://www.paol.ntch.edu.tw/e-mag-content.asp?show=1&id=1230781。發佈日期：2003 年 3 月。引用日期：2011 年 1 月 10 日。

〔註10〕鍾欣志，〈威尼斯雙胞案〉。臺北：臺北藝術大學劇場藝術研究所碩士論文，2003 年，頁 5。

〔註11〕Oscar G. Brockett（布羅凱特）著，胡耀恆譯，《世界戲劇藝術欣賞》。臺北：志文，1974 年，頁 216。

〔註12〕鍾欣志，〈威尼斯雙胞案〉，頁 6。

〔註13〕亦有一說將 Pantalone 和 Il Dottore 兩人特色合而為一，成為「精通法律的商人」，稱 Pantomime。

〔註14〕波隆納大學為歐洲中世紀「大學」興起的代表，有「大學之母」之稱，以法學研究聞名；故依此背景設計角色為精通法律的教授，很能得到義大利人的共鳴。亦呼應前文中所提，角色的「口音所帶有文化符號」。

外貌臃腫，喜歡滔滔不絕地講蹩腳的拉丁文賣弄學問。

（3）軍官（Il Capitano）：喜歡誇耀自己在戰場與情場上的英勇，最後卻暴露了怯懦的本性。永遠是劇中城市的外來客。

3. 僕役（有智愚之別）

（1）不急啦（Brighella）：僕人中最有小聰明者（也可說狡猾），但性好享樂；因此縱使幾乎什麼工作都難不倒他，但能不做就不做。另一明顯特色為欺善怕惡，見風轉舵。

（2）阿勒基諾（Arlecchino）〔註15〕：出身貝嘎摩（Bergamo），腦筋不好卻愛自作聰明，常搞砸事情；單純是他可愛之處，別人說什麼都相信。身手矯捷，常為 Lazzi 的主要執行者。

（3）柯隆比娜（Colombina）：身材姣好的女僕，對男性有致命的吸引力；頭腦精明，可稱是即興喜劇裡唯一理智多於感情、慾望者。常為小姐（女戀人）的智囊。

（4）佩卓林諾（Pedrolino）：僕人和情人的合體，外貌年輕英俊；盡責但個性敏感脆弱。是即興喜劇中除戀人外，唯一不戴面具的男性角色；但臉上塗有白粉。

值得一提的是，即興喜劇中的所有女子角色都由女子扮演，代表著女演員地位的提高。〔註16〕此時的女演員享有和男演員同等的地位，有時還高出一等。

（二）即興

如同本節起始處的引文所述，即興喜劇只有演出大綱，稱「幕表」（Scenario）〔註17〕，上面僅是簡單的戲劇流程，沒有完整對白，細節部分則留給演員自行發揮。不過劇團經理「會在演出前召集全團演員，分派角色，解釋當天演出的故事概要，然後讓演員自己做進一步的細節討論。」〔註18〕

〔註15〕Brockett（布羅凱特）認為 Arlecchino 就是 Harlequin（哈樂奎德）。引自 Oscar G. Brockett. *History of the Theatre*. Boston: Allyn and Bacon, 2007, p. 171。Harlequin 已經成為一個英文單字，通常指一種滑稽表演的類型。

〔註16〕法國在莫里哀時代還有男演員扮演女角的現象，而英國到王政復辟時期才有女演員。

〔註17〕戲分三幕進行，而非當時一般「文采喜劇」的五幕。

〔註18〕鍾欣志，〈威尼斯雙胞案〉，頁8。

（三）招式或把戲（Lazzi）

由於即興喜劇的即興幕表性質，為了增加劇情的可看性，演進過程中，加入了一些和劇情無關的「喜劇事件」、「喜劇橋段」，此即為「拉奇」（Lazzi）的起源。〔註19〕有時這些喜劇表演會脫出戲劇而自成一體，例如當觀眾現出無聊的神色、演員希望加一些笑料、用 Lazzi 掩蓋一些錯誤等等；而有時則是包含在戲劇的脈絡中，用以烘托情節發展或是讓某位演員有一展身手的機會。〔註20〕

> Lazzi 的內容稀奇古怪，從笑話、廢話、雜耍、邏輯思考、反邏輯思考到模仿秀、肢體秀不一而足，經驗老道的演員可以就地取材，臨場現編一段 Lazzi，然後視觀眾反應予以變奏或延展，到適當的時候再拉回劇情主線繼續下去。〔註21〕

原先居串場地位的 Lazzi，在演員的精進琢磨下，反而常常成為整齣戲中最受觀眾期待的部分。

二、簡介「胡撇仔」歌仔戲

「胡撇仔」，即「變體」歌仔戲。目前學界多認為「胡撇仔」是 opera 的音譯，為日文オペラ的外來語。但在某些歌仔戲前輩藝人心裡，胡撇仔可能被解釋為「烏白撇撇咧」〔註22〕。

第二次世界大戰末期，日本政府在臺灣厲行「皇民化運動」，禁止傳統戲曲的演出，民間俗稱「禁鼓樂」。原來的歌仔戲團為了生計，以「改良戲」〔註23〕做號召。「演出時，穿的是現代服或和服，劇情是現代題材。但是唸臺詞的方式和動作都和歌仔戲一樣，演唱用當時的流行歌。」〔註24〕並配以小喇叭或薩克斯風等西洋樂器。此種表演形式日本人稱為「酥胡」，臺灣人則慣稱「壞把」〔註25〕；「壞把」可謂是日後「胡撇仔」表演類型發展的基礎。

〔註19〕朱靜美，〈老戲法、新活用：義大利藝術喜劇之「拉奇」與好萊塢早期的動畫表演〉。《戲劇學刊》21 期，2015 年 1 月，頁 197。

〔註20〕Lea, K. M. *Italian Popular Comedy*. New York: Russell & Russell, 1962, p. 67～68.

〔註21〕鍾欣志，〈義大利藝術喜劇簡介〉，頁 12。

〔註22〕謝筱玫，〈從精緻到胡撇：國族認同下的臺灣歌仔戲論述〉。《民俗曲藝》155 期，2007 年 3 月，頁 81。

〔註23〕林鶴宜在《臺灣戲劇史》（臺北縣：空大，2003 年，頁 186）中指出：「南部稱『改良戲』，北部則譏為『蝌蚪戲』，意思是譏諷不成形，不成個樣子。」

〔註24〕林鶴宜，《臺灣戲劇史》。臺北縣：空大，2003 年，頁 159。

〔註25〕依石婉舜，〈一九四三年臺灣「厚生演劇研究會」研究〉。（臺北：國立臺灣大學戲劇研究所碩士論文，2002 年，頁 12）。中的解釋：「酥胡」（スフ）是日文「ス

相較於一般多把「胡撇仔」的來源與皇民化運動劃上等號，陳幼馨在碩士論文中卻另有見解：

> 皇民化運動時期政策作用力或許直接導致「胡撇仔」形式的生成，但「胡撇仔」的內在表演邏輯建立卻幾乎都在皇民化運動時期之後形成，其所仰賴的力量當來自於歌仔戲體質本身。
>
> 戰後，……歌仔戲更深入地雜揉各類戲曲劇種元素……成為「胡撇仔」演出的一部分。〔註26〕

此見解讓筆者想到一個譬喻：皇民化運動好比燒陶的火，但捏陶的手卻是歌仔戲自己。正如謝筱玫提出，所謂「變體」真正形成，其實是在 1950 年代前期左右。而「變體」是意謂在傳統體制上有所創新改變的歌仔戲，金光戲、胡撇仔等皆包含在「變體」所指當中。〔註27〕

1960 年代後期，由於臺灣社會結構與生活的大幅改變，歌仔戲幾乎全面從內臺撤退。1970 年代以後，「胡撇仔」的展演場域主要轉為外臺的夜戲。而由於政治與社會環境的變動，1980 年代起，歌仔戲逐漸引起學者興趣。2001 年傳藝中心主辦的外臺匯演，春美歌劇團演出胡撇仔《飛賊黑鷹》，是胡撇仔首次登上官方舞臺；約於此時，謝筱玫等學者對「胡撇仔」的研究讓學術界正視，成為「胡撇仔」慢慢浮出檯面的重要因素。〔註28〕而小劇場的「新胡撇仔」實驗作品（如本章所討論的《威尼斯雙胞案》），則「顯然已超脫『胡撇仔』鮮明的商業性格，改往實踐藝術理念的方向推進，……劇本本身已經帶有著高度的思想性」〔註29〕。可以看出，「胡撇仔」的創作重點，已從外在形式轉向了創作主題。

一般說來，「胡撇仔」的定義相當分歧，較廣為接受的是謝筱玫就其內外的特質分為「綜藝的效果」、「寫實的表演」、「意象的劇場」、「通俗的劇情」共

テーブル・ファイバー」（staple fiber）的略稱。陳幼馨則在《臺灣歌仔戲的異想世界──「胡撇仔」表演藝術進程》（臺北縣：稻鄉，2010 年，頁 52）進一步說明：「壞把」即出自上述日文「ファイバー」（fiber），意指混紡、非單一原料的纖維織品，引申有不純正的貶抑意味；主要對比於號稱「純綿」的職業新劇團。

〔註26〕陳幼馨，《臺灣歌仔戲的異想世界──「胡撇仔」表演藝術進程》。臺北縣：稻鄉，2010 年，頁 300。

〔註27〕謝筱玫，〈胡撇仔及其歷史源由〉。《中外文學》第 31 卷第 1 期，2002 年 6 月，頁 167。

〔註28〕陳幼馨（《臺灣歌仔戲的異想世界──「胡撇仔」表演藝術進程》，頁 257）認為胡撇仔受認可主因有二：一為「胡撇仔」具有「代表臺灣」意味，二為「胡撇仔」符合「新創」走向。

〔註29〕陳幼馨，《臺灣歌仔戲的異想世界──「胡撇仔」表演藝術進程》，頁 307。

四個方面。〔註30〕陳幼馨則將上述前三項外在表現合而為一，簡潔的定義出：「新變」與「奇情」是「胡撇仔」的核心精神。〔註31〕「新變」可指外在的表演形式如：服裝、舞臺、流行音樂、生活化口白等；「奇情」則指內在的劇情內容以不拘時空的倫理愛情復仇通俗劇為主。

「胡撇仔」的形塑過程中，特別要提一提日本「時代劇」電影的影響，因為其形成了「胡撇仔」裡最顯著的異國風味；而此與本文的「跨文化」主題頗有關係。「時代劇」的影響主要即是拿著武士刀對打展露的日本劍術；再來便是因電影內容多半描述主角行俠仗義事跡，所以有「覆面」造型出現。〔註32〕

三、「胡撇仔」與義大利即興喜劇的四大相似點

在分析以外臺表演為主的「胡撇仔」與「義大利即興喜劇」的特色後，約莫可歸納出四大相似點：

（一）義大利即興喜劇與「胡撇仔」外臺戲皆多為「幕表制」（歌仔戲藝人慣稱「做活戲」）

（二）義大利即興喜劇演員的「戲劇資料庫」（repertorio）與歌仔戲的「套語主題」有相似功能

以義大利即興喜劇來說：

> 即興喜劇的每位演員從小就開始儲備各自的「戲劇資料庫」（repertorio），記憶大量的語言文字，描述式的、驚嘆式的、表示愛情的、詛咒的、機智的笑話等等各種戲劇場面會須用到的不同獨白。
> 比方說跟感情有關的便有「情投意合」、「輕視」、「友誼」、「分手」……等主題，可分別套用在適當場合中使用。〔註33〕

關於「套語主題」，在簡秀珍〈從北管婚變戲《三官（關）堂》抄本的口語傳統套式運用與敘事結構〉中，即有深入剖析；雖然研究對象是北管戲，但正如作者所言「將提供歌仔戲、布袋戲等以活戲方式演出為主的口傳劇種豐富的素材。」〔註34〕文中解釋「套語」：

〔註30〕謝筱玫，〈胡撇仔及其歷史源由〉，頁170。
〔註31〕陳幼馨，《臺灣歌仔戲的異想世界——「胡撇仔」表演藝術進程》，頁12。
〔註32〕陳幼馨，《臺灣歌仔戲的異想世界——「胡撇仔」表演藝術進程》，頁119。
〔註33〕鍾欣志，〈威尼斯雙胞案〉，頁7。
〔註34〕簡秀珍，〈北管婚變戲《三官（關）堂》抄本的口語傳統套式運用與敘事結構〉。《戲劇研究》7期，2011年，頁66。

> 「套語」（formula）運用在各類人物登臺、角色的應對、描述用語與
> 滑稽語言，非常廣泛。此外，若以劇中不同的場合劃分，還可分析
> 出不同的主題（theme）。〔註35〕
>
> 單人使用的語組構成套語，套語形成的概念群組，可以組合成為主
> 題。〔註36〕

另外，在林鶴宜〈東方即興劇場：歌仔戲「做活戲」的演員即興表演機制和養成訓練〉中，則用「橋段」一詞取代「主題」：

> 「橋段」，指的是相類情境的固定演法，……這種橋段的學習和運
> 用，很有助於演員的即興表演。只要情境類似，就可以稍做變通，
> 直接套進去。〔註37〕

從上述三段引文可以明顯看出屬於「即興表演」戲劇的共同特色。

（三）外臺歌仔戲與義大利即興喜劇皆以簡易戲臺進行演出

以廟會活動為主的外臺歌仔戲，一般演員在 10 人以下，文武場則縮減到 4 人左右。其表演場地除了歷史較悠久、廟地較寬闊的廟宇建有固定戲臺外，一般是在廟埕搭建戲臺就地演出。演出時通常僅以一道背景幕區隔前後臺，沒有更換布幕和活動式布景，背景布幕大多彩繪宮殿、原野、樹林或三仙圖繪，全場以單一布幕為背景。比較講究的劇團也僅在戲臺前方掛素色大幕、戲臺中間加掛中隔幕。〔註38〕戲臺上的擺設通常為「一桌二椅」，有時站在桌或椅上即可代表站在天庭、山頂、城堡、橋樑之上等。

義大利即興喜劇劇團通常有 10～12 個團員：7～8 個男人和 3～4 個女人。〔註39〕由於演出需要，必須四處旅行；而在市集和街道空間有限的情形下，旅行中的演員必須最大限度地利用那些易於攜帶的道具，並創造出一種可以帶走的舞臺。「大車舞臺就在這樣的背景和需要中應運而生。只要將旅途

〔註35〕簡秀珍，〈北管婚變戲《三官（關）堂》抄本的口語傳統套式運用與敘事結構〉，頁 66。

〔註36〕簡秀珍，〈北管婚變戲《三官（關）堂》抄本的口語傳統套式運用與敘事結構〉，頁 86。

〔註37〕林鶴宜，〈東方即興劇場：歌仔戲「做活戲」的演員即興表演機制和養成訓練〉，《東西對照與交軌 2010NTU 劇場國際學術研究會會議論文集（二）》。臺北：臺大戲劇學系研討會籌備小組，2010 年 10 月，頁 166。

〔註38〕林茂賢，《歌仔戲表演型態研究》。臺北：前衛，2006 年，頁 102。

〔註39〕Oscar G. Brockett. *History of the Theatre*. Boston: Allyn and Bacon, 2007, p. 172.

中使用的大車稍加改變,即興喜劇演員表演的舞臺就算是搭建好了。舞臺一般至少有三個部分:高出的戲臺、背景幕和小梯凳。」〔註40〕小梯凳的功能即是讓演員站在上面表演陽臺戲。

　　因著共同的庶民特性,使得兩個劇種不約而同的以實用、精簡的需求為考量,靈活變化舞臺空間。

（四）義大利即興喜劇的「定型角色」與中國戲曲「行當」的類同

　　中國戲曲的「行當」,是將劇中人物的性別、性格、年齡、地位……等,在化妝、服裝、表演等方面加以強調後,所劃分的人物類型。而義大利即興喜劇所設定的,卻不是「類型」,而是「角色本身」。由前文的義大利即興喜劇「定型角色」介紹中可看出,除了中國「行當」的基本分類標準,即興喜劇對角色做了更細部的描述,如:出身地、身材、經歷、智愚……等。故而即興喜劇的故事發展因角色被定型化,受限較大;中國戲曲的行當卻可發展出多種角色,進而演繹各種故事。

　　「定型角色」與「行當」透過對演員的設定,使觀眾對戲中人物一出場即有基本概念與期待。故兩者雖不能完全類比,但仍有異曲同工之妙。

　　跟隨定型角色／行當而來的,亦有前文提過的「口音」問題。細究「定型角色」情侶類的托斯卡(Tuscan)口音,就會發現其首府佛羅倫斯正是文藝復興的發源地。從那時起,此地的方言自義大利各邦中脫穎而出,成為日後義大利語的前身,故而托斯卡口音代表著正統、高尚的文化意涵。

　　此溯源極易讓人聯想到京劇中的「韻白」。與「京白」把北京話美化、誇張化不同,韻白是用「湖廣音」、「中州韻」說文縐縐的話,小生、青衣、老生、老旦、花臉都說韻白,表現莊重的神情。〔註41〕京劇的念白除了以上兩者,為了突出角色性格特徵或強調其地方色彩,也有「方言白」〔註42〕點綴,較常見的為「蘇白」、「揚白」等。「方言白」與義大利即興喜劇的出身地口音意義則更為相似。

　　歌仔戲中亦有所謂「鬢門白」,是指措辭比較文雅的道白。在劉南芳的博士論文〈臺灣內臺歌仔戲定型劇本的語言研究——以拱樂社劇本為例〉中,

〔註40〕 楊俊霞,〈在復興中重生——即興喜劇中的人文主義精髓〉。《雲南藝術學院學報》3期,2004年,頁23。
〔註41〕 駱正,《中國京劇二十講》。臺北:聯經,2006年,頁31。
〔註42〕 高新,《中國京劇述要》。濟南:山東大學出版社,2001年,頁52。

便將之與京劇中的韻白互相比擬。〔註 43〕

「鬢門白」使用時可以表現言說者的身分地位、或是家世背景，用以區隔於一般通俗的話白；以行當分，大多是小生、小旦或是老生、花面使用。以角色的身份來說，大部分是讀書人、千金小姐或是公侯將相，特別是皇帝角色最為需要。

第二節 「新義大利即興喜劇」與「新胡撇仔」滋養出的《威尼斯雙胞案》

一、哥多尼對義大利即興喜劇的改革與對劇作的影響

哥多尼為 18 世紀義大利最偉大的喜劇作家，有「義大利的莫里哀」之稱。他通常關注的對象為女人和中下層階級：女人遠比男人來得明智，中下層階級則幾乎全無例外地較上層階級卓越。〔註 44〕

由於義大利即興喜劇到了 1730 年代已不再能推陳出新，甚至落為粗俗、頹靡，強調胡鬧效果。〔註 45〕哥多尼於 1734 年在家鄉威尼斯為一義大利即興喜劇劇團寫劇時，終覺義大利即興喜劇需大肆改革。哥多尼著手改革即興喜劇的要點有：

（一）以手寫腳本代替即興演出

最初仍保留一部分即興，但「即興表演只做為一部份穿插，增加趣味和捕捉現場事蹟」〔註 46〕。最後說服演員接受對白全部寫就的腳本。

（二）角色塑造不再是單純傳統程式化的扁平性格，而是有血有肉的生活化人物

哥多尼雖繼續採用傳統人物，卻多所損益，加入感傷成份，〔註 47〕除去

〔註 43〕劉南芳，〈臺灣內臺歌仔戲定型劇本的語言研究——以拱樂社劇本為例〉。新竹：清華大學中國文學研究所博士論文，2010 年，頁 198。文中也說明鬢門白常由四字句、六字句組成，或是包含上下的對句。

〔註 44〕Oscar G. Brockett（布羅凱特）著，胡耀恆譯，《世界戲劇藝術欣賞》，頁 274。

〔註 45〕Oscar G. Brockett（布羅凱特）著，胡耀恆譯，《世界戲劇藝術欣賞》，頁 273。

〔註 46〕吳青萍，《西洋戲劇與劇場史》。臺北：黃山，1988 年，頁 62。

〔註 47〕受英國戲劇舞臺影響，「『感傷』一詞或用來形容十八世紀所有的戲劇，基本上指一種過份強調見他人不幸時，自己油然而生同情心的反應。」引文出自 Oscar G. Brockett（布羅凱特）著，胡耀恆譯，《世界戲劇藝術欣賞》。臺北：志文，1974 年，頁 256。

粗野不文之處。他認為，喜劇抵禦荒誕不經、喧囂、瞎胡鬧的最有效辦法，是取法自然，要「向自然的大海洋裡提取喜劇的素材」。在喜劇中塑造好性格，是哥多尼的重要主張。〔註48〕他強調的「自然」，主要是「自然的人物」，他認為取法自然的直接效果，是使人們對表演出來的性格產生共鳴。故而他要求演員觀察生活，認識生活，了解劇作家的創作意圖，真實地表現劇中人物的思想感情。〔註49〕

（三）大力提倡廢除程式化的面具，使演員的表情更多樣化

面部表情是展現性格特徵的一個重要部分，所以面具的去留也就成了戲劇改革中一個十分具體、又十分惹眼的問題。哥多尼在他的《回憶錄》（Mémoires，1784）裡即批評道：

> 無論傳達高興或悲傷，戴面具表演總是充滿預設性的偏見；當演員想表現愛情、抉擇或高級的幽默時，只能呈現相同的外在特徵。而無論如何試著改變動作或聲調，亦無法透過面部表情傳達；但表情卻是最有助於解釋表演者內心，與其內在激起的多種不同情感的憑據。……
>
> 讓靈魂藏在面具下，猶如火藏於灰爐中。〔註50〕

書中並解釋了古代希臘、羅馬使用面具的合理性和繼續承襲的不合理性。

但橫亙在他成功前的最大阻礙卻是要找得到演員；因為在原來的環境中，戴面具的角色被大量次等演員攻佔。哥多尼提過：一個義大利作家要取悅的不是大眾，而是演員；在他的《回憶錄》裡也以詼諧的筆法稱他必需忍受演員們的敵意、自誇、任性、冷漠和公開反對他的改革。〔註51〕

在改革的進展上，哥多尼於 1738 年寫《精通世故的莫莫洛》（Momolo Cortesan）時，整齣戲有一半允許即興表演（亦即「幕表」），除主角外，其他角色也允許保留面具。但是哥多尼又以機巧優美的臺詞來反襯出「幕表」的寒磣，以鮮明生動的主角形象來反襯面具角色的單薄。1740 年代，他幾乎是小心翼翼地，但又步步進逼地在做著這種緩慢的改革工作。他的名劇《一夫

〔註48〕余秋雨，《戲劇理論史稿》。上海：上海文藝，1983 年，頁 396。

〔註49〕廖可兌，《西歐戲劇史（上）》。北京：中國戲劇，2002 年，頁 231。

〔註50〕Carlo Goldoni. *Memoirs of Goldoni*. Trans. John Black. London: Printed for Hunt and Clarke, 1828, p. 41.

〔註51〕Helen Zimmern. "Introduction" in *The Comedies of Carlo Goldoni*, by Carlo Goldoni. Chicago: A.C. M'Clurg, 1892, p. 21.

二主》（Arlecchino, servitore di due padroni）就是在 1744 年寫成的即興喜劇，到 1749 年才重新「填寫」臺詞的。〔註52〕總之，哥多尼的種種改革，都在使義大利即興喜劇走向「寫實性喜劇」的道路。

二、哥多尼《威尼斯雙胞案》的故事與主題

哥多尼的《威尼斯雙胞案》（The Venetian Twins，義大利文為 I Due Gemelli Veneziani，1746）故事描述一對自幼即失散、但一智一愚的雙胞胎兄弟──東尼諾與強尼頭，不約而同到維洛那這個城市尋求他們的愛情。由於面對著對方的情人──羅莎拉與比翠絲，兄弟倆都顯出冷淡的態度，使得兩位情人不時傷心難過或怨忿不已。

過程中穿插著強尼頭的僕人阿基諾因認錯人，將求親的珠寶搞丟而鬧得人仰馬翻；及羅莎拉與比翠絲其他追求者間的爭風吃醋。最後羅莎拉的愛慕者潘卡丘用計將強尼頭毒死，東尼諾到場後，兩人的身分才真相大白；並發現羅莎拉其實為自幼失散的妹妹。

故事中人物關係頗為複雜，以圖表示意如下：

圖 4-1　哥多尼《威尼斯雙胞案》人物關係圖

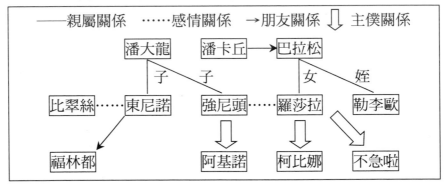

此劇的第一主題當然是雙胞胎錯認造成的種種誤解。但要讓錯認成立，仍需透過作者的巧思設計，才能讓錯認不斷延續卻又自然合理。設計一為「打巴掌事件」：東尼諾打人巴掌及強尼頭被打巴掌。東尼諾在威尼斯時，賞了同時追求比翠斯的外國人一巴掌，對方放話要報復；強尼頭則是在欲非禮羅莎拉時被她賞了一巴掌。之後只要有人向他們任一人提到「打巴掌」，他們都會直覺是自己的「那一巴掌」。設計二為東尼諾為避上述巴掌之禍，交待福林都

在維洛那時，皆要稱其為強尼頭（他沒想到住在貝嘎摩的哥哥竟會同時在維洛那）；這即造成所有人稱他強尼頭，他都不疑有他，認為是福林都「宣傳」之功。設計三為塑造一個知道雙胞胎背景的「不急啦」角色，但卻讓他多次可與東尼諾討論此事的機會皆被打斷，造成觀眾惋惜的一種戲劇效果。

　　此劇的第二主題則是人物的行事動機皆極端單純與絕對。例如阿基諾始終困在強尼頭與他「遊戲」的認知中；可以說他單純，也可以說他自作聰明，但就需要如此「樸質」，劇中才有源源不絕的笑料，而此特質也是源自義大利即興喜劇對 Arlecchino 的定型角色設定。東尼諾對所謂「威尼斯人」榮譽形象的堅持，則決定了他做所有事的態度。勒李歐對自己頭銜的堅持，其實為掩飾怯懦自身的一種依賴。而潘卡丘從頭到尾，皆致力於維持與實情不符的聲名，〔註53〕最後甚至不惜玉石俱焚。

　　至於劇中主要角色與義大利即興喜劇定型人物的類型對照則如表 4-1：

表 4-1　哥多尼《威尼斯雙胞案》與義大利即興喜劇定型人物的
　　　　類型對照表

劇中角色	類型角色
巴拉松	博士
羅莎拉	女戀人
潘卡丘	*無明顯類型*
勒李歐	軍官
比翠絲	女戀人
福林都	戀人
不急啦	不急啦+佩卓林諾
柯比娜	柯隆比娜
阿基諾	阿勒基諾
東尼諾	戀人
強尼頭	*無明顯類型*

〔註53〕但也因此，潘卡丘不願嘗試便先放棄了示愛，如第三幕第三景中，他說：「如果讓別人知道了我的感情，我的名譽就會毀於一旦，就會失去我的工作。」而以毀滅對手為留住愛人在身邊的極端方法。（本文所據劇本中譯版皆出自：鍾欣志，〈威尼斯雙胞案【附錄】〉。臺北：臺北藝術大學劇場藝術研究所碩士論文，2003 年。）

三、以「新胡撇仔」姿態再現的威尼斯雙胞

（一）「新胡撇仔」特色

由於「新胡撇仔」並未出現一種公認的定義（其實連「舊胡撇仔」都定義紛雜）；或者說，迄今唯有本劇以此名詞做為標榜。故此處姑且參考陳幼馨試著討論此劇何以為「新」胡撇仔的長篇論述，[註54] 以筆者自己的理解，條列歸納出幾點特性：

1. 以創作動機而言，「新胡撇仔」已超脫「胡撇仔」鮮明的商業性格，改往實踐藝術理念的方向推進。

2. 「新胡撇仔」的劇本帶有高度思想性與內容深度，在「胡撇仔」演員中心的表演之外，開展出劇作整體的思想深度。

3. 「胡撇仔」的摸索發展有其被迫的時代背景，而「新胡撇仔」的摸索發展顯然有意為之。

4. 「新胡撇仔」擺脫以往「胡撇仔」隱約向日本看齊的風尚而走出自我的風格。以服裝設計來說，不見外臺慣用的和服、亮片裝，也少用「寶塚」歌舞劇款式整齊的西裝、洋裁；生角演員全部不用外臺「胡撇仔」常出現的「海角仔頭」。「新胡撇仔」的演員造型可說是更貼近生活。

5. 「新胡撇仔」設定了明確的地點（至少以本劇而言），不同於「胡撇仔」慣有的時空不明。

（二）「臺灣春風」對義大利即興喜劇特色的誤用

為了與義大利即興喜劇連上關係，「臺灣春風」似乎把 Lazzi（招式或把戲）做了過度解釋：

> 義大利即興喜劇著名的「把戲」，當然是另一個導、表演上不能錯過的重點。風行臺灣本土的流行元素將為這個舞臺重新打造「新把戲」——西洋劍術融合戲曲武打身段、Kuso 爵士舞配上現場 live 嘶吼搖滾樂隊，西洋傳統服飾配上酷炫「臺客」服裝……。[註55]

回顧第一節對義大利即興喜劇「Lazzi」的介紹：「從笑話、廢話、雜耍、邏輯思考、反邏輯思考到模仿秀、肢體秀不一而足」，可以看出 Lazzi 著重在

〔註54〕陳幼馨，《臺灣歌仔戲的異想世界——「胡撇仔」表演藝術進程》，頁 287～296。

〔註55〕李佩穎，〈從義大利即興喜劇到「新胡撇仔」〉http://www.wretch.cc/blog/ZephyrOpera/4447508。發佈日期：2007 年 10 月 25 日。引用日期：2011 年 1 月 10 日。

一些技藝性的表現。上述除「Kuso 爵士舞」可以算是種 Lazzi 外，「西洋劍術融合戲曲武打身段」只是想像、並無實現，「現場 live 嘶吼搖滾樂隊」是屬於配樂上的創新，「西洋傳統服飾配上酷炫『臺客』服裝」則屬服裝設計的部分了。

（三）改編後的故事大綱／與原版場次內容對照

新胡撇仔版的《威尼斯雙胞案》故事描述威尼斯科學博士巴拉松要將女兒羅莎拉，嫁給擁有科學世家背景的強尼頭；而帶著女友比翠斯私奔到此卻失散的東尼諾是江湖中人，因有著一副與強尼頭相同的容貌，而頻頻被各自的朋友、情人錯認。

巴拉松的好友─貧窮的心理醫師潘卡丘，貪圖巴拉松的財產，試圖追求羅莎拉。為了得到她，潘卡丘讓強尼頭喝下了從巴拉松手中奪來的「靈魂清靜藥」，但是死的人卻是東尼諾，解開了雙重人格之謎。

哥多尼原版與新胡撇仔版的場次內容對照表如下：

表 4-2　哥多尼原版與新胡撇仔版的場次內容對照表

（記號說明：「加網底處」與「斜線」為兩版內容增減處，「加框」為兩版內容相反處。）

幕次		哥多尼原版重點情節	場次	新胡撇仔版重點情節
			序	「魚兒水中游」
一	1	羅莎拉被來迎娶的強尼頭之粗鄙行為嚇到。	一	*強尼頭與羅莎拉見面，表現「宅男」個性。 *羅莎拉之「腐女」幻想。 *潘卡丘對羅莎拉示愛。
	2	*福林都與勒李歐為比翠絲決鬥，東尼諾出場相救。 *東尼諾告之福林都，為了避禍，此地需稱其兄之名─強尼頭。 *強尼頭被勒李歐誤認為東尼諾。 *強尼頭被潘卡丘洗腦，接受「女人可怕」觀念。 *比翠絲誤認強尼頭為東尼諾而遭拒。	二	*福林都與勒李歐為比翠絲決鬥中，插入東尼諾出場。 *東尼諾與比翠絲之戀愛故事。 *東尼諾告知福林都，想「隱姓埋名」暫離江湖，改稱自己為夢中人之名─強尼頭。 *強尼頭與勒李歐談心，討論發現羅莎拉為「腐女」之事。
二	1	*阿基諾誤認東尼諾，把珠寶及錢交給他。 *東尼諾被柯比娜誤認後，進了博士家。	三	*阿基諾誤認東尼諾。 *東尼諾被柯比娜誤認後，進了博士家。

		*阿基諾遇強尼頭，後者向前者索錢未遂。		
	2	*東尼諾誤認羅莎拉為妓。 *潘卡丘誤認東尼諾為強尼頭，東尼諾將珠寶托給潘卡丘找主人。	四	*東尼諾誤認羅莎拉為妓。 *潘卡丘誤認東尼諾為強尼頭，分析其患心理病「愛無能」。
			五	巴拉松向潘卡丘介紹自己發明的「靈魂清靜藥」，後因潘卡丘欲娶羅莎拉而翻臉；潘卡丘害死巴拉松。
	3	*阿基諾被警長巴結羅逮捕。 *強尼頭拒絕比翠絲下場後，東尼諾上場帶走她。 *勒李歐、福林都先敵後友，東尼諾成共同情敵。	六	*阿基諾被警長巴結羅逮捕。 *強尼頭答應比翠絲婚事後，東尼諾上場否認。 *勒李歐、福林都、東尼諾打成一團。
三	1	*珠寶在手的潘卡丘百口莫辯，將被逮捕時逃走。 *潘卡丘、阿基諾與東尼諾對質珠寶的事。		
	2	*強尼頭對羅莎拉示愛，被比翠絲看見。 *東尼諾遭兩女唾罵。	七	*東尼諾與兩女糾纏。 *柯比娜告訴東尼諾雙胞胎之事。 *潘卡丘拿藥給強尼頭吃，使得東尼諾死掉。
	3	*柯比娜向東尼諾透露羅莎拉的身世。 *潘卡丘毒死強尼頭。 *東尼諾向眾人解開身分謎底，並發現羅莎拉為自幼失散的妹妹。		
		*潘卡丘自食惡果。	八	*潘卡丘之死。
			九	「弔祭」

　　由上表可知，新胡撇仔版對哥多尼原版最大的刪改，便是把「追蹤珠寶去向」與「潘卡丘對強尼頭洗腦」這兩大支線刪掉〔註56〕；另加入「靈魂清靜藥」伏筆，以解開最後雙重人格之謎。

〔註56〕刪減支線在戲曲跨文化改編為常見手段，否則在原有文本上再加入唱念做打後，表演時間即會大幅拉長。但石光生在〈論《樓蘭女》的跨文化詮釋〉（收入陳芳主編，《劇場事8：戲曲易容術專題》。臺南：臺南人劇團，2010年，頁19）一文中提及，此理由不適用於希臘悲劇的改編，因其與中國傳統戲曲皆「融歌舞對白為一體」；同理，我想也不適用於下章討論之對西洋歌劇／音樂劇的改編。

第三節　精神分裂的「胡撒仔」威尼斯雙胞

一、故事地點的錯亂

　　雖然本劇的名稱叫《威尼斯雙胞案》，但原著中的故事發生地點卻是巴拉松博士居住的維洛那，強尼頭與叔叔住在貝嘎摩，東尼諾則與父親潘大龍住在威尼斯；新胡撒仔版卻誤將故事發生地置於威尼斯。若是編劇有意識的要加以改寫，當然沒問題，但依「臺灣春風」在官方部落格的文章內容：「回顧原著，分別住在貝戈摩與維諾那的雙胞胎兄弟強尼頭與東尼諾，為了婚姻來到威尼斯。」〔註57〕及於演出中提及潘大龍居住在貝戈摩來看，卻是根本沒有弄清楚原著設定。

　　與故事發生地相關之細節還有羅莎拉曾提及自己就讀「國校」時的事情。「國校」為臺灣日治時期對國民小學的稱呼，若要以此顯露「胡撒仔」的日本遺風並非不可；但在一堆外國人名、地名中硬生生插入一個「國校」，便顯得格格不入了。

圖 4-2　《威尼斯雙胞案》精華 DVD——雙男主角造型，左為強尼頭，右為東尼諾

圖片來源：臺灣春風歌劇團官方部落格 https://zephyropera.pixnet.net/blog/post/
　　　　　101195591

〔註57〕蘇怡安，〈永恆追求的靈魂缺口——《威尼斯雙胞案》故事〉http://www.wretch.cc/blog/ZephyrOpera/4500447。發佈日期：2007 年 11 月 22 日。引用日期：2011 年 1 月 10 日。

二、人物重塑的錯亂

新胡撇仔版的劇情架構除了結尾及「靈魂清靜藥」的相關設計外，大致是跟著原著走的；但人物卻幾乎全部重新設定過。重新設定人物的背景、經歷、動機以使人物更立體化或更符合「胡撇仔味」，也許是改編的必要工作。但若因此而破壞了原著的結構及故事邏輯性，便得不償失了。以下就各角色的重塑一一討論之：

（一）強尼頭

原著中為雙胞胎的笨哥哥。新胡撇仔版設定為「宅男」（或稱書呆），不再是笨蛋，例如：他會問羅莎拉頗難的電腦問題。但在改編時也許沒注意到要更改所有的相關細節，故常說自己笨，也時常出現笨拙動作，如：勒李歐叫他拿劍戳自己，他即照辦；聽不懂什麼是「雙重人格」……等等，讓人覺得自相矛盾。還有因其「憨厚」故而「體貼溫柔」的關連性也令人不甚理解。

（二）東尼諾

原著中為雙胞胎的聰明弟弟。新胡撇仔版設定為放蕩不羈的飄流浪子。將其改成黑道後，少了原著中溫暖正直的特性，原本粗魯哥哥對羅莎拉的非禮行為也變成由風流的他來執行。但因為沒有對其形成遊戲人間的性格做鋪陳解釋，讓人對他反反覆覆的行為感到不解。

（三）巴拉松

原著中為法律學者，到真相大白前仍堅信潘卡丘之正直。新胡撇仔版設定為科學家，以引出「靈魂清靜藥」之發明；在故事中途便與潘卡丘翻臉後被害。

（四）羅莎拉

原著中為巴拉松的養女。新胡撇仔版刪除其為雙胞胎失散妹妹之情節，強調其對「腐女」〔註58〕幻想之喜好。

（五）潘卡丘

原著中為巴拉松之友，亦為家庭顧問。新胡撇仔版設定為心理醫生，因巴拉松邀請他為證婚人才到家裡；但羅莎拉開場不久便對他說「你是我最信

〔註58〕源自於日語「腐女子（ふじょし）」，起源是網路上的一群同好，以日文「婦女子」的諧音來自嘲的用詞，主要是指喜歡 BL（和式英文「Boys' Love」的縮寫，為創作的一種類型）——也就是喜歡「虛構幻想的男同性戀」作品的女性。

任的人」，令人不解。且他一來就向羅莎拉示愛，不要說羅莎拉，連觀眾都覺得突兀。到第四場時，他才擺明了是因「羅小姐代表財富與名利」而追求。故而，原著中潘卡丘一直隱藏自己的感情，偽裝成父兄般輔導者的面具到最後才被揭發的戲劇張力，也因改設定而蕩然無存。

另外，新胡撇仔版的關鍵轉折為潘卡丘抓狂那場戲。坦白講此段戲劇效果十足，但造成其抓狂的原因竟是在好不容易騙到手、已有羅莎拉簽名的結婚證書上，錯將自己的名字簽成「皮卡丘」！這段劇情真是令人目瞪口呆。其欲製造的笑果與立刻接著呈現的悲憤情感，形成了一種極為衝突的矛盾。

此笑果雖然的確能令多數觀眾發笑，但在姚一葦《美的範疇論》中的「論怪誕」一章有提到，有種笑並非是愉快的。「我們會感到古怪，感到難以置信。我們會產生複雜的情感……笑的時候會有什麼梗塞在我們喉頭。」〔註 59〕在「論滑稽」一章也強調「滑稽必引起發笑，但發笑並非就是滑稽。」〔註 60〕筆者認為編劇這一筆在此處製造的是「怪誕」，而非滑稽的效果。

（六）比翠絲

原著中為束尼諾深愛之情人。新胡撇仔版設定為束尼諾不願給予承諾的黑道大姐頭。但也因此，劇中錯認強尼頭而造成的紛擾不再是比翠絲生氣的主因，而是連正牌的束尼諾也不要她。此設定使得觀眾失去了揭開真相的期待，因為不會出現隨之而來的歡喜大團圓情節。

（七）勒李歐

原著中為巴拉松姪子，新胡撇仔版改為外甥。原以為與之後要和羅莎拉聯姻有關（堂兄妹不應聯姻，但原著中羅莎拉非為巴拉松親生），結果新胡撇仔版完全無此發展。改編版無彰顯「怯懦」特色，使得其每次強調的長串頭銜「我，勒李歐伯爵、蒙地福列斯科的統治者、楓丹嘉拉伯爵、西爾瓦翁布羅撒的地方官」，失去了背後意涵，僅存空虛的笑點功能。例如：與福林都決鬥一場，原著中怯懦無劍術的勒李歐因福林都不慎倒地才險勝，充滿譏諷的笑點。但因此一性格特色不在，改編版中誰勝誰負已無意義。

（八）福林都

原著中為束尼諾朋友。新胡撇仔版設定為束尼諾小弟，暗戀比翠斯，因

〔註59〕姚一葦，《美的範疇論》。臺北：開明，1997 年，頁 283。
〔註60〕姚一葦，《美的範疇論》，頁 256。

嫉妒而欲置東尼諾於死地。為呼應勒李歐的長串頭銜，在出場時也自我介紹「威尼斯幫白虎堂堂主，精通五行八卦、奇門遁甲，還有紫微 Tarot 星座血型」。但除不時的拿出稻草人巫毒娃娃展示及擁有「死亡筆記本」，整齣戲並未針對「迷信」性格發揮，甚為可惜。

（九）柯比娜

原著中為巴拉松家女僕，有三八多嘴特色，因而導致羅莎拉身分之洩露。新胡撇仔版設定其擁有《櫻桃小丸子》中的野口同學惜話如金的特色，但似乎只為了製造「笑」果，並無任何推動劇情的功能。

（十）阿基諾

原著中為強尼頭僕人。新胡撇仔版設定其才是真正的威尼斯雙胞胎之一，但完全不瞭解編劇目的為何？原著中為主要笑料來源的阿基諾，由於改版刪去「珠寶錯給」支線，其來到威尼斯僅為了帶一張結婚證書給主人；但空白結婚證書應各地皆可索取？故其在改版中可說是幾無作用。

（十一）其他角色

1. 不急啦：原著中為巴拉松家僕人，新胡撇仔版刪除此角色（因改版後，重點不在解開雙胞胎之謎）。
2. 提博丘：原著中為提供毒粉的珠寶商，新胡撇仔版刪除此角色。
3. 巴結羅：原著中為維洛那警長，新胡撇仔版剩龍套警長。

三、主題定位的錯亂

新胡撇仔版認為原版雖妙趣橫生，卻無探討嚴肅主題，因而標榜在此版中「觸及了嶄新的時代議題——存在的孤寂、靈魂的面向，現代人自我的『正常性混亂』」、「另外加入一些當代的議題，如腐女、宅男的角色，來豐富我要討論主題的面向。」〔註61〕以下即針對劇團所提及筆者另外找出的主題逐一討論：

（一）雙胞胎變雙重人格

「人性」的討論可以說是本劇最最珍視的主題。但從第五場正式進入「主題」後，卻不時讓人有種腦袋打結的感覺。

〔註61〕臺灣春風歌劇團，〈新時代歌仔戲——《威尼斯雙胞案》〉，頁 106。

> 巴拉松：……世界越來越發展，越來越複雜，咱人也只好分出其他
> 的靈魂來應付這款情形。……
> 潘卡丘：你講的很有道理，……我這個人生平最恨的就是白賊跟假
> 仙。

所以現代每個人都有很多的「靈魂」？多出來的靈魂就是壞的——是「白賊跟假仙」？東尼諾是強尼頭幻想出來的靈魂，所以他會被「靈魂清淨藥」殺死。那潘卡丘這麼「白賊跟假仙」的人為何卻只有一個靈魂，一喝「靈魂清淨藥」就死？若本來的靈魂是壞的，幻想出一個好的靈魂，那「靈魂清淨藥」該如何決定殺掉哪一個靈魂？……種種延伸的疑問，不可勝數。又如第七場潘卡丘騙強尼頭喝藥的理由：

> 潘卡丘：你如果喝下去，可以清清楚楚看到自己是什麼樣的人，給
> 你有勇氣去改變追求真正的自己。最重要的，羅莎拉小姐一定會真
> 歡喜看到你為她改變你自己……

所以「改變」後那個未知的自己才是真的？現在自覺到的自己是假的、該除掉的？

將此場之前柯比娜告訴東尼諾雙胞胎之事，加上此場之後東尼諾因強尼頭喝下的「靈魂清淨藥」被殺死連在一起，簡直讓人的思考混亂至極。正如陳幼馨指出：

> 思想性高的新編劇作，容易造成觀眾無法一次看懂劇中意涵的缺
> 憾，《威尼斯雙胞案》一劇不斷強調的雙重人格、人性孤寂，在觀眾
> 反應中並未成為迴響的重點，甚至造成觀眾在理解劇名「雙胞胎」
> 與演出重點上的混淆與困惑。〔註62〕

引文中我欲強調的重點為「觀眾無法一次看懂」。尤其若如筆者有原著觀賞經驗者，必定會有先入為主的「雙胞胎」答案。所以在觀賞第二次後，本人努力想了一個內部解釋：「當初東尼諾和強尼頭真是一對雙胞胎，但東尼諾於襁褓時便夭折，他死不瞑目的靈魂進入了強尼頭的身體與之共存。」實在佩服自己編得出這麼複雜的科幻版隱藏劇情，但為何夭折的是東尼諾呢？因為第二場有兩句線索：

> 東尼諾：三年來，我一直想要找到自己的身分，但是我的過去卻是
> 按怎想都想不起來……

〔註62〕陳幼馨，《臺灣歌仔戲的異想世界——「胡撇仔」表演藝術進程》，頁287。

強尼頭：自小漢，我媽媽給我抓周……

強尼頭有小時候的回憶，東尼諾卻沒有，暗示了強尼頭才是真實的人；但東尼諾的記憶為何從三年前才開始，卻無法解釋。

待筆者觀賞到第三次，終於在第七場柯比娜的臺詞中，如柯南般發現了關鍵性的蛛絲馬跡：

柯比娜：我的阿那達跟我說，畢索紐希家族有一對雙胞胎。

東尼諾：畢索紐希家族……雙胞胎……？

柯比娜：根據我的判斷，你有一個雙胞胎兄弟叫做強尼頭·畢索紐希……

重點是：「我的阿那達跟我說」和「根據我的判斷」，所以一切都是柯比娜自己想錯了？再配合最後一場〈新編曲·弔祭〉大合唱後，我一直以為是謝幕一部分的兩個阿基諾臺詞：「畢索紐希家族有一對雙胞胎。」答案揭曉——原來阿基諾才是雙胞胎？！

如上引陳幼馨之文提到，劇名會造成「演出重點上的混淆與困惑」。主角竟不是雙胞胎？雙胞胎也不住在威尼斯！（關於「故事地點錯亂」討論請見前文）況且即使「可能」發現了新版雙胞胎的真相，也不足以解決編劇將「靈魂」、「人格」、「行為」混為一談產生的種種不合理。

（二）國王的「面具」〔註63〕

前文曾提過「面具」為義大利即興喜劇的一大特徵，並有提示角色、情節、個性的功用；而「胡撇仔」的「覆面」造型通常是配合主角不願洩露身份行俠仗義事跡。不知是刻意還是湊巧，「臺灣春風」在官方部落格的文章提到：

表裡不一的性格，是人際關係與定位日趨複雜與模糊的現代人，藉由各種面具以遮掩與壓抑的反映與投射。〔註64〕

本劇除了主角的雙重人格外，為映襯主題，其他角色幾乎也都賦予了內在期盼與外表的不相襯；而劇團定義這個外在的偽裝為——「面具」。與義大利即興喜劇的「面具」功能相反，本劇「國王的面具」，恰恰掩蓋了角色內在的個性；被遮擋的不只是觀眾，有時也包括了角色自身。如：強尼頭在電腦

〔註63〕暗諷如「國王的新衣」般，是肉眼看不見的。

〔註64〕蘇怡安，〈永恆追求的靈魂缺口——《威尼斯雙胞案》故事〉http://www.wretch.cc/blog/ZephyrOpera/4500447。發佈日期：2007 年 11 月 22 日。引用日期：2011 年 1 月 10 日。

超強的面具下，既宅又笨；並依故事邏輯，在這既宅又笨的面具下，還有一個幻想的東尼諾分身。東尼諾在霸氣浪子的面具下，卻常有找不到自己的空虛感。羅莎拉在溫柔婉約的面具下，竟是個狂飆禁忌想像的「腐女」；而其沈溺於小說世界中，是為了填補父親忙於事業疏於關心的寂寞感。比翠絲在強悍黑道大姐的面具下，則只是個單純想追求愛戀夢想的小女人。

若此「面具」意義的延伸是有意為之，實頗有創意。但有無達到使「原劇中單純扁平的角色個性，成了一個個複雜立體的生命」〔註65〕？筆者覺得未必。因為正如上例，編劇可謂是極其努力雕琢雙生雙旦的個性；相較之下，配角的個性甚至比原著還弱化。首先，「人物重塑的錯亂」一節已討論過潘卡丘、勒李歐個性的扁平化。再者，原著中巴拉松與潘卡丘的相處不時會讓人聯想到莫里哀《偽君子》裡的塔圖弗（Tartuffe）和奧剛（Orgon）之巧妙，也因新胡撇仔版潘卡丘提前露出真面目，使巴拉松執行完他的製藥功能後便早早被賜死。最令人失望的，是哥多尼特色之對中下階級的生動描繪不再存在，在新胡撇仔版中的僕人不是被刪除（不急啦），就是龍套化（阿基諾），阿基諾甚至被誤會偷珠寶而逮捕後，便消失無蹤，直到東尼諾死後又莫名其妙站在眾人之中，也沒解釋為何被放出來？

（三）「腐女」主題之反客為主

前文提過，腐女、宅男都只是編劇要豐富主題的配料。原以為如同「宅男」般，「腐女」也只是個用臺詞堆砌出的人物標籤；出乎意料之外，它竟然處理得比「靈魂」主題還要完整、清楚，且貫串全劇。

在第一場羅莎拉的「腐女」幻想首度出現時，筆者認為這種手法是在譁眾取寵；只願這劇情外的「歧出」快快回歸正途，進入正題。沒想到「正題」逐漸看不懂時，「腐女」主題卻一再出現驚喜。對我來說，整齣戲屈指可數的笑點中，印象最深刻的可推第二場現實中的強尼頭和勒李歐相識過程（呼應了第一場的「腐女」幻想），極其幽默：

強尼頭：你是勒李歐？你最好離我遠一點。

勒李歐：為什麼啊？

強尼頭：我怕我會對你怎樣。（用左手抓住了不受控制向勒李歐伸去

〔註65〕蘇怡安，〈永恆追求的靈魂缺口——《威尼斯雙胞案》故事〉http://www.wretch.cc/blog/ZephyrOpera/4500447。發佈日期：2007 年 11 月 22 日。引用日期：2011 年 1 月 10 日。

的右手）

勒李歐：毆毆毆，我退後，你冷靜點。

強尼頭：你退後的腳步聲，根本就是溫柔迷人的嬌喘。（轉身掙扎，
痛苦的低頭）

勒李歐：（吃驚貌）

還有第六場最後，明明停在勒李歐、福林都、東尼諾三人劍拔弩張之緊
張氣氛中；第七場一開始，三人手中的劍竟倏地變成了玫瑰花，並展開浪漫
的三人共舞，當東尼諾劈腿搭上勒李歐的肩膀時，羅莎拉悄悄出現在右舞臺：

羅莎拉：（看著肢體糾纏的三人）我沒辦法呼吸了。

勒李歐、福林都、東尼諾三人：（同時轉頭看羅莎拉）別再黑白想
了！（無奈貌）

此段設計也極精妙，畫面構圖具美感、節奏精準，三人由虛跳回實的無
奈受擺佈表情，與前一刻的陶醉模樣，形成很有意思的對比。

（四）極淡的喜劇味

編、導蘇芷雲自稱：「我做的戲主題都很嚴肅，但是我會用喜劇的方式來
表現。」〔註66〕從本劇來看，前者確為事實，後者是否確實執行，則端看觀
眾買不買單。

由於本劇刪除了「追蹤珠寶去向」支線，已大大削弱了錯認的逗趣情節。
加上原劇兩大笑點角色——阿基諾與強尼頭，如前文所提，前者龍套化，後者
從笨蛋變憨厚，都不再像丑角了，這兩項可說是喜劇味淡化的基本原因。關於
弱化丑角，筆者認為非常可惜。若原著非為喜劇也就罷了，硬加丑角反而破壞
全劇風格；〔註67〕但本劇原著即是喜劇，改編卻放棄了丑角，不免失去表現劇
種特色的機會。甚至還需外加「皮卡丘」等現代詞彙、甚至「站起來了」的黃
色雙關語來博取觀眾的笑聲，實在是本末倒置。

除角色設計影響外，另一沖淡喜劇味的因素便是劇情中「一段黑道大哥
與貴族千金的愛情故事」。劇中東尼諾與比翠絲的人物原型描述，在在令我聯
想到一部2004年由網路愛情小說《小雛菊》改編而大紅的臺灣偶像劇—《鬥
魚》。小說從一個單純瘦小的女孩「小雛菊」在放學回家的路上意外救了一個

〔註66〕臺灣春風歌劇團，〈新時代歌仔戲——《威尼斯雙胞案》〉，頁107。
〔註67〕例如劉南芳、楊馥菱等學者皆提過第一版《梨園天神》丑角戲份過重的問題。

被仇家找上門的黑道老大說起，不久兩人便開始熱戀交往。家人得知後極力反對他們來往，她決定離家出走，跟著男友在江湖上學習怎麼保護自己與傷害別人、學習習慣黑道的打打殺殺、學習了解人性的黑暗，小雛菊彷彿變成了一朵帶刺的玫瑰。最後男友因為一場角頭火拼而賠上性命……。這樣的主架構一旦加進新胡撇仔版，故事要如何「喜劇」起來？

「錯認」在本劇起的喜劇作用極低。東尼諾與比翠斯既無「失散」，也就不必「相認」，更無所謂「錯」認。如同前文所提，比翠斯即使找到了正牌的東尼諾，對方也不要她，兩人在第六場最後甚至拔劍相向！那還有「找」的意義嗎？其實新胡撇仔版也只是安排兩人在同一個城市中不斷因「閒晃」而「偶遇」而已；如此沒有「戲劇動作」的設計，除了在最後「急轉」賜死東尼諾，實在不知如何收場。

而另一對的發展呢？第五場巴拉松死後，第七場的羅莎拉還在與比翠絲爭風吃醋，完全不知父親的遭遇？巴拉松之死對強尼頭與羅莎拉的婚約有影響嗎？還算不算數？強尼頭真的願意改變自己去符合羅莎拉的期望嗎？他對有「腐女」幻想的羅莎拉不是有些許疑慮嗎？羅莎拉可以接受現實的強尼頭完全不是「勇敢堅強漂泊的男子漢」嗎？幾乎算結局的第八場不就是該藉此闡述編劇主題之現代人自我認定與追尋的議題嗎？怎麼會花了一場的篇幅去強調完全無前因後果的潘卡丘之死？（無前因——強尼頭變得像已死的東尼諾般，俐落堅定的灌潘卡丘毒藥；無後果——如前文討論，靈魂清淨藥到底殺的是靈魂還是人格？）

少了男女主角相認的團圓（一死一未知），多了隱晦難懂的雙胞胎謎底，還有只追尋到一半的自我……，只能算有鬧劇「面具」的悲劇吧！

四、情節邏輯的錯亂

臺灣春風歌劇團稱改編的動機之一為「固然卡羅高多尼的劇本每一場景都妙趣橫生，……多少具有前言不搭後語的邏輯漏洞」〔註68〕此話並非無的放矢；看完原著劇本後，筆者至少可以找出三個劇情瑕疵：

1. 2-3 場：東尼諾首遇比翠絲並帶走她後，作者無交待兩人為何又失散。
2. 3-3 場：勒李歐與羅莎拉感情轉變太快，只為了草率的皆大歡喜。
3. 3-3 場：東尼諾在逼問潘卡丘是否為殺人兇手時，突然問起珠寶下落。

〔註68〕臺灣春風歌劇團，〈新時代歌仔戲——《威尼斯雙胞案》〉，頁 105。

但平心而論，上列瑕疵無礙於故事整體的發展。不過新胡撇仔版的改編，卻因主題不明，架構於其上的情節便漏洞百出；如同積木疊疊樂般，地基若已歪斜，上層的積木便隨時會分崩離析。

筆者並不認同劇團所稱：「基本上劇情的架構是跟著原著走的」〔註69〕，即使忽略第二場就出現的「一段黑道大哥與貴族千金的愛情故事」，新胡撇仔版也是跟著原著走到一半便自闢蹊徑，而問題也主要出現在後半段；且喜劇感沖淡後，劇情的不合理處反而會更加突出。討論如下：

首先，是服裝對男主角身份的指涉：如第六場比翠絲誤認強尼頭，以為是情人東尼諾終於答應婚事，轉身在路上隨便找「證人」證婚竟拉到了真正的東尼諾。比翠絲被真正的東尼諾拒絕婚事而傷心不已，卻沒發現兩人雖然相像，但衣服全套不同。與此相關，第七場東尼諾與強尼頭互找時也有邏輯上的問題。若兩人真是雙胞胎，那麼觀眾的確可以享受小生快速換裝的刺激感與演技；但編劇設定他們只是人格分裂，展現人格分裂何需在極短的時間內換裝？或是倒過來詰問，換了衣服就可以變換性格嗎？再來，強尼頭喝下「靈魂清淨藥」後，需變裝讓觀眾知道死的是東尼諾；但警局裡走出來的強尼頭，卻可以繼續穿著剛剛東尼諾（虛）的衣服，而不是穿著強尼頭（實）喝藥時的衣服？若衣服是辨識角色的重要象徵，會不會如前文所提，沒死且俐落堅定灌潘卡丘毒藥的根本是想藉用強尼頭身份重新做人的東尼諾？關於服裝問題，筆者建議兩人服飾相仿即可，綴以簡單配飾或外套區分性格，讓觀眾能夠辨識不同就好。

其次，是「雙重人格」的靈魂竟相隔百里：依照劇本邏輯，東尼諾是強尼頭的分身，強尼頭是為了婚姻才從貝戈摩來到威尼斯；但依劇情看來，東尼諾三年來都是威尼斯的角頭老大。所以本尊和分身可以一個在貝戈摩，一個在威尼斯？根據筆者用 google 地圖的比例尺計算，Bergamo 和 Venezia 相隔幾達 200 公里！

第三，是「靈魂清淨藥」功能的未知：在第七場中，潘卡丘給強尼頭喝「靈魂清淨藥」的動機有很大的解釋空間。若潘卡丘認為強尼頭如巴拉松般單純，只有一個靈魂，喝下去就會死掉，那是最簡單了。但潘卡丘也見過東尼諾（當然以為是強尼頭），並在第五場曾對巴拉松說：「強尼頭先生不但是個呆子，還是個愛情無專一的浪蕩子。」所以，他也可能懷疑強尼頭有兩個

「靈魂」，但他怎麼知道「靈魂清淨藥」會殺掉哪一個呢？一種可能是強尼頭「靈魂」死了，剩下對羅莎拉無意的東尼諾；一種卻可能是東尼諾「靈魂」死了，留下他的情敵強尼頭。後者是劇本的結果，而這也是對潘卡丘最不利的結局。

　　第四，是「稱呼」問題：這是一個其實很簡單但編劇卻不重視的邏輯問題。中文因有尊稱，故劇中羅莎拉常出現的尊稱該為何？本劇大部分時間她都被稱為「羅小姐」，但她姓「羅」嗎？在第二場中，她的全名「羅莎拉‧巴拉松」唯一一次被勒李歐說出，但這又造成了另一個錯誤，因為巴拉松理論上不是姓氏。讓我們從另一個角度看問題，故事發生地根本不在中國，是不是就稱「羅莎拉小姐」就好了？「胡撇仔」的不限時空特性讓此劇可以完全沿用外國人名、地名，但編劇在改編時，卻因劇種或語言的慣性，在最基本的生活用語上出現錯誤，殊不知細微處反而見真章啊！

　　第五，也是最後一問：東尼諾死後的警局群戲中，莫名其妙冒出的綠衣女是誰啊？

此部分容我引李漁《閒情偶寄》論結構「密針線」呼籲之語作結：

> 一節偶疏，全篇之破綻出矣。每編一折，必須前顧數折，後顧數折。
> 顧前者，欲其照映，顧後者，便於埋伏。照映埋伏，不止照映一人、
> 埋伏一事，凡是此劇中有名之人、關涉之事，與前此後此所說之話，
> 節節俱要想到，寧使想到而不用，勿使有用而忽之。〔註70〕

五、成也音樂，敗也音樂

　　這次新胡撇仔標榜的「搖滾歌仔戲」可說是最大的特點〔註71〕與突破了！九位樂手現場 live 是 high 翻全場！依「臺灣春風」在官方部落格的文章所提，新生代音樂人 Jeff（許向豪）「特別為《威尼斯雙胞案》全劇 30 個唱段量身打造了三種表現方式，分別是新流行歌、新傳統和傳統搖滾風」〔註72〕。

〔註70〕李漁（清），《閒情偶寄》，收入《中國古典戲曲論著集成》第七集。北京：中國戲劇，1959 年，頁 16。

〔註71〕但筆者認為宣傳詞所稱「搖滾所具備的反叛精神，與胡撇仔很搭」並無說服力；搖滾只是音樂上的新元素罷了。

〔註72〕〈搖滾！！歌仔戲〉http://zephyropera.pixnet.net/blog/post/101195495-%E6%90%96%E6%BB%BE!!%E6%AD%8C%E4%BB%94%E6%88%B2。發佈日期：2007 年 12 月 9 日。引用日期：2011 年 1 月 10 日。

　　「傳統搖滾風」帶來很大的驚喜，將熟悉的曲調以動感的方式呈現。譬如在搖滾都馬調中，「讓二胡不再扮演主旋律功能，而讓它用貝斯的方式來伴奏」〔註73〕。此段樂風主要由東尼諾與比翠絲表現，展現了江湖人的氣勢；若用傳統的歌仔調很可能會軟化該有的霸氣。

　　「新傳統」以歌仔調原有的旋律為主，所用曲調也耳熟能詳，除了以【七字調】、【都馬調】為主外，筆者最欣喜的是聽到【茫茫鳥】、【豐原調】等小曲。因為一般劇場「精緻歌仔戲」除【七字調】、【都馬調】外，大都是新編曲，聽在耳裡如臺語音樂劇般，少了記憶中的親切感。另外，年輕演員的嗓音清亮甜潤，也讓曲調自然順耳。

　　「新流行歌」多設計在人物出場時，用以突顯人物的主題思想，〔註74〕但筆者認為這部分是本劇音樂設計的最大敗筆。因演員唱不出編曲預設效果，既無氣勢，嗓音弱點也畢現；高音變成又尖又薄的喉音，低音又被搖滾樂吃掉，且大部分時間裡，樂器與歌聲都是分開的。比翠絲的〈漂浪女〉和潘卡丘的〈暗火〉最使人尷尬，筆者只能以放空狀態讓時間過去；男主角李佩穎則算是眾演員中，較能駕馭、撐得起「新流行歌」的。

　　在點綴的配樂部分，以勒李歐唱〈山頂黑狗兄〉出場最令人欣賞，能想到歌詞「U Lay E Lee」與「勒李歐」之名諧音，相當有創意。楚留香主題曲的名句「千山我獨行，不必相送」出現了二、三次，也頗有耍哏的效果。但第六場主題「我和我追逐的夢」由龍套巴結羅警長哼出這首原唱為劉德華的流行歌旋律實在太乾了，風格也與本劇不搭。

第四節　中國傳統觀念與臺灣味加入的調味與走味

一、創意烹調的驚喜

　　在不破壞原著精神的情形下，適時的加入本土劇種特色與在地風俗思想，就像在好的食材上又加上了提味的佐料。在戲曲特色上，強尼頭出場時笨拙

<hr/>

〔註73〕〈搖滾！！歌仔戲〉http://zephyropera.pixnet.net/blog/post/101195495-%E6%90%96%E6%BB%BE!!%E6%AD%8C%E4%BB%94%E6%88%B2。發佈日期：2007 年 12 月 9 日。引用日期：2011 年 1 月 10 日。

〔註74〕謝筱玫曾指出：流行歌曲在胡撇仔中，已逐漸取代上下場詩的功能。（引自其〈胡撇仔及其歷史源由〉，頁 159。）

的趟馬身段，既寫意好看又生動有趣；還有很容易聯想到水袖、裙花功能之【搖滾都馬調】「東尼諾與比翠絲雙人風衣舞蹈」，傳統與現代在這段表演簡直是水乳交融。與傳統思想的連結上，編劇設定的強尼頭與羅莎拉兩家背景，一個為藥品通路公司，一個為藥品研發的科學世家，再將兩人婚姻用中國「門當戶對」的聯姻功能來解釋，讓人覺得熟悉又理所當然；甚至到第五場巴拉松與潘卡丘翻臉時也延續此觀念說道：「你既無家世背景，也不是青春少年；你也不自己照鏡照照看，你憑什麼資格娶我偉大發明家——巴拉松的女兒？」在臺詞上，一直「摺英文」很有臺灣鄉土劇的味道。在設備上，雖然用錄像裝置來映襯劇情是小劇場常見的方法，但運用在歌仔戲中，便極易讓人聯想到日治時的「連鎖劇」，當時的歌仔戲可謂是走在時代的尖端。不過本劇投影的內容多為意念式暗示且畫面不夠清楚，要反應快的觀眾較有辦法在第一時間領悟其含意。

二、廚藝不精的顯現

在身段上，除了前文提到的驚喜外，其實全劇明顯是淡化戲曲身段的，此部分實為可惜。第二場福林都與勒李歐拿西洋劍決鬥那段，可以說幾乎完全沒套招，漫不經心的隨意比畫一番便匆匆下臺，令人錯愕。在短時間內要學會西洋劍且打的漂亮當然是強求，但為何不改採傳統戲曲的矛、劍、鎗來個武打身段呢？反正是「胡撇仔」嘛！筆者曾在 2010 年北藝大戲劇學院秋季公演《小馬和他的頭家潘老闆》（改編布萊希特作品《潘第拉先生和他的僕人馬迪》）中，觀賞到兩個角色竟運用中國戲曲的武打套招來打架！當場覺得簡直「疏離」的太漂亮！

其次，胡撇仔在使用外國人名、地名上雖有其優勢，但編劇刻意加入的「臺灣江湖味」，卻使得本來模糊化的時代背景出現了一個透明框架；導致本來融合不錯的油與水，有了些微「分離」之感。

第五節　小結

從前面的討論可以看出，「胡撇仔」歌仔戲與「義大利即興喜劇」的確有若干互通之處，故而在改編上理應有比其他劇種更多的先天優勢。但在編劇太強調思考性的情況下，卻破壞了原著本身的完整架構，使得後半段劇情牽強、斷裂，破綻百出。其實改編時加入當代議題無可厚非，但也許編劇技巧不夠純熟，或野心太大、欲討論的層面太廣，從而模糊了預設的關鍵主題。

即便如此，從眾多觀眾迴響內容看來，劇情上的瑕疵並沒有太影響本劇的好感度。普遍來說，受喜愛之處無非搖滾歌仔、Cosplay 般的服裝、充滿現代感的用語（如：google、腐女）、演技與帥氣滿分的男主角……等等。但劇團最重視、甚而因此影響劇本走向的主題，卻未獲重視，甚至無法理解或產生誤解。

仔細想想，此特點也與外臺「胡撇仔」觀眾「重表演輕劇情」的情況類似；但此「特點」不就是外臺戲為人垢病的「缺點」之一嗎？一個有完整劇本、經過導演調度排練多時的劇場歌仔戲，缺乏「做活戲」的長處，卻承襲了劇情不夠嚴謹的短處，不是枉費了臺灣春風歌劇團成立時欲提升歌仔戲質感的宗旨嗎？

除劇情外，本文未著力討論的肢體部分，也是演員們還需加強處。幾位在其他作品「戲感優異」的演員，在本劇明顯肢體僵硬、放不開；雖然很可能是本劇角色個性與傳統戲曲的行當差異太大，但不也表示演員「還沒準備好」？

于善祿則另外討論到表演空間對「速度」（表演節奏）的影響。他認為以臺大鹿鳴堂的演出空間來說，「挑高很高，也較為空曠，演員從表演區退到兩旁黑幕後的換裝區，距離頗遠，不利於快換」〔註 75〕，與義大利即興喜劇小舞臺造成的緊湊優勢，有所差距。

《威尼斯雙胞案》是臺灣春風首度進行的跨文化劇本改編，在小劇場演出亦具有高度實驗性質。實驗性質的自由與胡撇仔的彈性加乘之下，難免有玩過頭的風險；但同時也玩出了燦爛的火花，已屬難能可貴。

在《威尼斯雙胞案》兩年後，臺灣春風歌劇團又製作了一齣跨文化改編的《雪夜客棧殺人事件》，筆者評價極高。與《威》劇相較，《雪》劇不管是在劇本流暢度、劇種融合度和製作成熟度都有相當大的進步。

不過，之後至 2017 年為止，臺灣春風歌劇團便走回傳統戲路，不再有跨文化的改編作品，唯有一「跨劇種（秦腔）」的改編作品為《周仁獻嫂》。「胡撇仔」概念的作品，則自 2006 年含有胡撇仔元素的實驗歌仔戲《飛蛾洞》起，歷經胡撇仔經典重現的《玫瑰賊》，再到本劇，之後不再出現。筆者認為此現象可能與劇團發展漸趨穩定、茁壯，開始邁入中、大型劇場有關。若是因此

〔註 75〕于善祿，〈評臺灣春風歌劇團新胡撇仔《威尼斯雙胞案》〉http://mypaper.pchome.com.tw/yushanlu/post/1301868663。發佈日期：2007 年 12 月 22 日。引用日期：2019 年 3 月 20 日。

慢慢脫離了小劇場的實驗性質，是否也代表著「胡撇仔」仍難入大雅之堂？其實臺灣春風歌劇團的「新胡撇仔」只是欠缺成熟度，與金枝演社娛樂性較高的「胡撇仔通俗劇」相比，歌仔味濃厚許多、也有較高的思想性；若能發展出自身的獨特性，未嘗不能替外臺「胡撇仔」建立一個指標性的新形象？放棄此一特色頗為可惜。

　　總之，新胡撇仔版的《威尼斯雙胞案》整體創意處處可見，但大結構失之偏頗，瑜不掩瑕。尤其改版後幾乎原味盡失，不如另外新編劇本，也不會使得被原著吸引而來的觀眾大失所望。

　　故而，雖然「胡撇仔」可延展的彈性空間極大，也不應以此解套劇本中所有的不合邏輯處。如紀慧玲所言：

> 如果沒有辯證胡撇仔形式美學的問題意識，則任何拼貼都可以附上
> 胡撇仔之名，胡撇仔形式也就徒留為形式所指，無法參證其血脈裡
> 涵受與抵拒的雙重性，而得出當代意義。〔註76〕

　　希望未來任何改編作品在玩出創意的同時，更能夠顧及作品的完整性與精緻度。

〔註76〕紀慧玲，〈華麗天狗，寶塚歌仔《鞍馬天狗》〉https://pareviews.ncafroc.org.tw
　　　/?p=22290。發佈日期：2016 年 11 月 29 日。引用日期：2019 年 5 月 20 日。

第五章 反思形式成熟期──Mackie 魂不滅之《Mackie 踹共沒？》

　　2012 年一心歌仔戲劇團推出改編自布萊希特（Bertolt Brecht，1898～1956）《三便士歌劇》（The Three-Penny Opera，1928）的《Mackie 踹共沒？》。由於布萊希特表演體系的發展，或多或少受到了中國戲曲的影響，故而演出節目冊中亦強調改編《三便士歌劇》是「呼應布萊希特對中國戲曲的肯定」〔註1〕。因此，本章除了將歌仔戲的改編版與布萊希特的原版做劇情差異的比較、與對改編版做深度分析外，更重要的是希望實際整理出「史詩劇場」與中國戲曲的連結性和差異性，甚而更進一步針對《三便士歌劇》與歌仔戲的相容性做探討。

　　本論文在第二章中曾經提過，布萊希特一生的許多戲劇和小說都是透過改編方式完成的，《三便士歌劇》亦不例外。此劇實取材於 18 世紀英國約翰‧蓋伊（John Gay，1685～1732）的民謠歌劇（Ballad opera，或稱敘事歌劇）《乞丐歌劇》（The Beggar's Opera，1728）。布萊希特對《乞丐歌劇》的社會議題和通俗性深感興趣，進而動了改編的念頭。故而為了確實達到溯源的意義，本章將從《乞丐歌劇》這個源頭開始談起，再介紹布萊希特及其改編，最後進入歌仔戲《Mackie 踹共沒？》的再改編分析。希望經由此一溯源，可以清楚的展現不同時代、地區對同一故事的詮釋，會因著什麼樣的背景和目的，而有了不同的取捨和表現手法。

〔註 1〕一心歌仔戲劇團，《Mackie 踹共沒？》節目冊。2012 年，頁 2。

第一節　脫胎自《乞丐歌劇》的《三便士歌劇》

一、歌劇與油畫相輝映的《乞丐歌劇》

（一）民謠歌劇《乞丐歌劇》的源起

英國詩人約翰・蓋伊的民謠歌劇《乞丐歌劇》為《三便士歌劇》的前身。由於《乞丐歌劇》有「民謠歌劇」開山始祖之稱，有必要先簡述民謠歌劇的發展背景。

在英國，歌劇上演的很晚。主因是 17 世紀歌劇於義大利發展起來向外傳播之際，英國即於 17 世紀中發生「清教徒革命」。斯圖亞特王朝（The House of Stuart）的查理一世（Charles I，1625～1649 在位）由國會判處死刑後，英國進入了短暫的清教徒掌政之共和政體時期（1649～1660）。因清教徒信條所阻礙，歌劇未能傳入英國；直到有「歡樂王」（Merrie Monarch）之稱的查理二世（Charles II，1660～1685 在位）復辟後，才有計劃的把義大利的音樂文化輸入到英國宮廷。作曲家韓弗里（Pelham Humfrey，1647～1674）受王命留學法國，照盧利（J. B. Lully，1632～1687）的手法寫作最早的英國歌劇。同時法國和義大利的歌劇，也開始在英國上演。〔註 2〕由於義式歌劇之蔚盛，英文的民謠歌劇遂開始苗長。在民謠歌劇裡，以當時流行的歌調配合抒情詩，和各段對話穿插，交替出現；〔註 3〕常以社會上發生的事為題材，做出政治的諷刺。民謠歌劇後漸為輕歌劇（Operetta）所取代。〔註 4〕

由於蓋伊的《乞丐歌劇》摒除了義大利式歌劇的宣敘調（Recitative），使用口語化的對白；也放棄詠嘆調（Aria），引進當時觀眾已經耳熟能詳的民謠以及歌劇名曲（以韓德爾作品居多），抽掉曲高和寡的歌詞，替換上自己鄉土味濃厚的新詞；《乞丐歌劇》因此被稱為音樂劇（Musical）〔註 5〕的始

〔註 2〕邵義強，《世界名歌劇饗宴：九》。高雄：麗文文化，2003 年，頁 26。

〔註 3〕Oscar G. Brockett（布羅凱特）著，胡耀恆譯，《世界戲劇藝術欣賞》。臺北：志文，1974 年，頁 258。

〔註 4〕民謠歌劇的熱潮由《乞丐歌劇》掀起，但只維持十年左右即告衰退。引自音樂之友社編，林勝儀編譯，《新編音樂辭典（樂語）》。臺北：美樂，2008 年，頁 58。這期間，義式歌劇在英國境內遭受了空前的打擊。

〔註 5〕音樂劇起源自輕歌劇。為 19 世紀末在歐洲誕生、20 世紀初在美國發展完成的一種戲劇型態。引自音樂之友社編，林勝儀編譯，《袖珍本・音樂辭典》。臺北：美樂，2003 年，頁 146。因為輕歌劇由民謠歌劇發展而成，故稱《乞丐歌劇》為音樂劇的始祖。

祖。〔註6〕但也因如此，本劇常被稱為「一齣沒有作曲者的歌劇」。問題是，蓋伊只是詩人與劇作家，並不是音樂家，故而為此劇譜曲與編曲的另有其人——德裔英籍作曲家佩普許（John Christoph Pepusch，1667～1752），雖然他實際作曲的只有序曲和數字低音（Basso Continuo or Figured Bass）〔註7〕的伴奏而已。〔註8〕當時佩普許的名字因故自第一波宣傳的傳單上除名，獨留作者蓋伊的名字，也造成佩普許的成就不如《乞丐歌劇》那般廣為人知。〔註9〕1728 年 1 月 29 日，《乞丐歌劇》在倫敦葡萄牙街上的林肯會館球場皇家劇院（Lincoln's-Inn- Field Royal Theatre）上演後立刻大獲成功，創下連演 62 場，且場場客滿的輝煌紀錄，可說是盛況空前，成為「18 世紀最受歡迎的戲」〔註10〕。

蓋伊曾表示他創作此劇主要是受到他的詩人好友，同時也是著名小說《格列佛遊記》（*Gulliver's Travels*）的作者——愛爾蘭文學家史威夫特（Jonathan Swift，1667～1745）某本雜記中，一句俏皮話的啟發：「假如一齣『田園劇』以『新門』這個地方為背景，那可是多麼有趣又有創意！」「田園劇」（Pastorale）是巴洛克時期以鄉間的愛情為題材的小型戲劇，有別於悲劇或莊歌劇（Opera seria，亦稱正歌劇）的嚴肅、浮誇；「新門」（Newgate）則是當時倫敦監獄的所在地，以及其附近混雜的貧民窟。〔註11〕故而，一部前所未有，以乞丐、強盜、娼妓等最受一般人歧視的人物為主要角色〔註12〕的歌劇便推出了——

〔註6〕18 世紀中葉的英國哲學家休謨（David Hume，1711～1776）說《乞丐歌劇》：為未來十年後湧現的新型歌劇響起轟烈的春雷。轉引自關伯基，〈一齣與時俱進的《乞丐歌劇》〉。《星海音樂學院學報》2007 年第 3 期，頁 5。

〔註7〕為巴洛克時期特有的記譜法，通常在低音聲部下方加註數字，以標示和弦。

〔註8〕邵義強，《世界名歌劇饗宴：九》，頁 312。

〔註9〕Edward Mou 著，Kevin Chou 譯，《乞丐歌劇》DVD 附冊。臺北縣：南強國際，2005 年，頁 6。

〔註10〕盧文堡（Alfred Loewenberg，1902～1949）《歌劇年鑑》：「《乞丐歌劇》從首演至 1821 年在英國和英語國家是演出最多的戲劇。」轉引自關伯基，〈一齣與時俱進的《乞丐歌劇》〉，頁 2。

〔註11〕〈一齣沒有作曲者的歌劇：乞丐歌劇〉。《愛樂大百科》14 期：https://www.muzik-online.com/tw/periodical/muzik/2007/14/8e8806ee-77fd-4429-b89d-065398363bb0。發佈日期：2007 年 11 月。引用日期：2014 年 6 月 2 日。

〔註12〕光就《乞丐歌劇》劇中人物的名姓，多少即可知他們的底細，其來源多半取自 17、18 世紀下層社會的黑話當做「標籤」之用，可說是「人如其名」（charactonyms）的案例。例如：皮丘姆（Peachum）指「告密」，洛奇（Lockit）指「儲藏贓物」或「關」，馬克希斯（Macheath）意為「荒地之子」，指「攔路盜」……等。詳細英文字根字尾分析及其他角色例子可參見張靜二譯註，《乞丐歌劇譯註》。臺北：翰蘆圖書，2003 年，頁 XCIV。

與當時以神話或歷史採英雄、烈女為主要角色的莊歌劇，形成諷刺性的對比。
而劇中藉由「乞丐」模樣的作者與一位「演員」的對白開場及收尾，即是此劇
命名為「乞丐歌劇」的原因。

（二）《乞丐歌劇》故事大綱及其諷刺性

全劇以英國倫敦的黑社會為背景，描述黑幫份子馬克希斯（Macheath，
俗稱馬基）同時與波莉（Polly）、露西（Lucy）相戀。波麗之父是告密兼銷贓
者皮丘姆（Peachum），露西之父則是與黑道掛勾的監獄主管洛奇（Lockit）。
皮丘姆夫婦發現女兒與馬基私定終身，頗為不悅，於是要求洛奇設法逮捕馬
基。兩位女士皆為愛而協助強盜逃脫，但馬基終究被逮並判處絞刑。最後卻
出人意料的被無罪釋放……。

此劇深獲當時觀眾共鳴之處主要是政治上與音樂上的諷刺。在政治方面，
一是 1720 年時首相沃波爾（Robert Walpole，1676～1745）對「南海泡沫事
件」（炒股案）〔註13〕既公開批評又私下購買的兩面性，讓股價暴跌時亦大受
損失的蓋伊對官員的貪腐極端不滿。二是 1724 年江洋大盜謝帕德（Jack
Sheppard，1702～1724）與告密兼銷贓者懷爾德（Janathan Wild，1682～1725）
的緝補歸案；懷爾德綽號「捉賊將軍」，但卻是一面當「白手套」利用協助警
察當局捉賊尋贓的方式建立聲譽獲得財富，一面又當起「黑道教父」控制黑
幫、取回贓物。兩人伏法後，蓋伊寫了一首敘事詩《新門的花環》（Newgate's
Garland）以茲慶祝，其後被用在啞劇《丑角謝帕德》（Harlequin Sheppard，1727）
〔註14〕中；不久後，蓋伊便創作出《乞丐歌劇》。人們極易聯想到馬基就是謝
帕德，皮丘姆就是懷爾德；而在故事的後半段，皮丘姆的角色又在不知不覺
中浮現了沃波爾的形象。透過皮丘姆，蓋伊不只是將沃波爾與一般的犯罪元
素連結，更明顯地將他與社會所不容的懷爾德劃上等號。〔註15〕尾聲時，「乞
丐」更直接在臺上感喟：不知是盜匪效法為政者，抑且為政者效法了盜匪。

在音樂方面，雖然莊歌劇廣大流傳於英國，但在 17～18 世紀的英倫並不

〔註13〕南海泡沫事件（South Sea Bubble）肇因於南海公司透過賄賂政府，取得以南
海股票換取國債的權利，使得股票瘋狂大漲，出現不少「泡沫（空頭）公司」；
政府為了解決失控狀況而祭出法令管制後，其股票即迅速暴跌，許多名人皆
深受其害。例如科學家牛頓損失了約二萬英鎊，幾近破產。

〔註14〕張靜二譯註，《乞丐歌劇譯註》，頁 XXV。

〔註15〕C. F. Burgess. "Introduction" in *The beggar's opera and companion pieces*, by John
Gay. Arlington Heights, Ill. : AHM, 1985, p. XVIII.

是普受歡迎的；對於一般民眾而言，全部以義大利語演出的歌劇，是一種高人一等的奢侈享受，只適合貴族階層觀看，他們看不懂也無法體會歌劇的美妙；尤其宣敘調對大眾而言，簡直不知所云。蓋伊即在楔子中藉「乞丐」之口諷刺：

> 乞丐：我沒有使我的歌劇顯得太不自然，正如那粗鄙之作，因為我
> 沒有宣敘調。（John Gay, 1966: 3）

至於詠嘆調，縱使美妙動聽，卻常淪為炫技之用，並因太過冗長而使劇情暫停。《乞丐歌劇》這張由民謠歌劇向義大利莊歌劇下的戰帖很快得到結果：在《乞丐歌劇》上演的第二週，由韓德爾擔任音樂總監、於 1720 年成立的皇家音樂協會（Royal Academy of Music）宣佈停演、破產。〔註16〕

《乞丐歌劇》最初也是不被看好的，原本簽約的德瑞巷劇院（Theatre Royal Drury Lane）因劇情反諷沃波爾首相，又受到一伙壓制民謠歌劇的貴族壓力，因而拒演；後林肯會館劇院經理李奇（John Rich）獨具慧眼，承演後大獲成功。結果李奇從這齣戲淨賺了 4000 英磅，分給蓋伊 800 英磅；當時流傳一句話：「Gay rich and Rich gay.〔註17〕（蓋伊發財了，李奇快樂了。）」

全劇最大的諷刺可說是作者故意製造的突兀收尾。在馬基行刑前一刻，「乞丐」與「演員」二度連袂上臺，乞丐主張處死馬基符合道德性的結局，演員則反對，認為「這座城市的品味」將不允許這種結局，傳統歌劇都應以大團圓收尾，乞丐無奈同意，馬基獲得了緩刑。結局巧妙的再度呼應本劇主題：同時反諷了義大利歌劇的固定模式，及社會的黑暗──為惡貴賤皆然，所不同的只是，貴者逍遙法外，而賤者以身抵之。〔註18〕

（三）《乞丐歌劇》油畫

英國諷刺畫家霍加斯（Willian Hogarth，1697～1764）的《乞丐歌劇》油畫，在許多錯誤的資料中常指出該油畫為蓋伊歌劇的創作源由，可見其為世人重視的程度不下於同名歌劇。其實倫敦在 1728 年掀起一股《乞丐歌劇》風潮後，印著劇照的扇子、卡片、明信片、紙牌便到處發行，霍加斯的插圖尤其

〔註16〕《乞丐歌劇》由活靈活現的普通下層人物，說著母語，唱的是大眾熟悉喜愛的歌調，使倫敦觀眾趨之若鶩，一大批從未涉足劇院的觀眾這時出現了。相比皇家音樂協會因為專門演義式歌劇而賣不出票。

〔註17〕C. F. Burgess. "Introduction" in *The beggar's opera and companion pieces*, by John Gay. Arlington Heights, Ill. : AHM, 1985, p. X.

〔註18〕Oscar G. Brockett（布羅凱特）著，胡耀恆譯，《世界戲劇藝術欣賞》，頁258。

受到歡迎。

在這幅《乞丐歌劇》的同名畫作（The Beggar's Opera，1731）中，霍加斯描繪了該劇的高潮（第三幕）。背景是當時倫敦的新門監獄；處於正中，穿著紅衣、戴著腳鐐的馬基剛被判了死刑，畫面右邊的白衣少女為波莉，正跪在其父皮丘姆前；左邊的綠衣少女為露西，也跪在其父洛奇面前，她們全在為馬基求情。（參看圖 5-1）

圖 5-1　霍加斯《乞丐歌劇》油畫

不同於一般插畫家，霍加斯希望把他的藝術創作做為一種哲學的省思，以及一種具有傳播理念，可以做為宣傳的工具。〔註 19〕所以他的作品既真實、敏銳地重現最骯髒、最庸俗的社會黑暗面，也具有評論現實和尖銳諷刺的風格；能夠用笑料做為武器，批判人類瘋狂的卑劣行為。以上理念簡直和英國民謠歌劇的特色不謀而合。

再從霍加斯的其他作品分析，他的代表作《蕩女歷程》（A Harlot's Progress，1731～1732）、《浪子歷程》（A Rake's Progress，1732～1735）組圖，

〔註 19〕Giuliana Zuccoli Bellantoni 編，宋敬武譯，《霍加斯》。臺北：錦繡，1993 年，頁 32。

不但是歐洲連環畫的先驅，反映了他對於德行的報酬與罪惡的報應等道理的繪畫；他自己更評論說，在這些畫中，背景如同舞臺，畫中人物彷彿是正在演戲的演員。他還特別強調自己並非畫家，而是劇作家，〔註20〕他盡力透過每一位人物的臉孔和服飾、行為，來塑造他所謂的「性格」；他畫中的每個段落，讀來都像一個故事，或更像一則訓誡。〔註21〕

　　從創作理念到繪畫風格，在在可以理解霍加斯選擇《乞丐歌劇》做為他油畫主題的原因。也因歌劇與油畫相輝映的加乘效果，使得《乞丐歌劇》在藝術史上永遠佔有一席之地。

二、舊瓶裝新酒——布萊希特《三便士歌劇》〔註22〕

（一）布萊希特及其表演體系

1. 創作背景

　　布萊希特戲劇理論的建立與他的政治理念有著密不可分的關係。布萊希特終生相信，劇場必須揚棄陳腐的階級觀念及貴族氣息，他早期的作品便有無政府思想的傾向，如：《夜半鼓聲》（Drums in the Night，1920）、《城市叢林》（In the Jungle of Cities，1923）等。1926 年，《人就是人》（Man Equals Man）首演之後，布萊希特在度假時開始閱讀馬克思的著作《資本論》（Capital: Critique of Political Economy），並產生濃厚興趣，進而認為：「創造戲劇便是改造社會。」於此年，他初步提出史詩（敘事）戲劇理論與實踐的主張。〔註23〕

　　1933 年，已經成為德國第一大黨的納粹黨之黨魁希特勒依法出任內閣總理，開始獨裁政治。由於布萊希特的左傾思想為德國法西斯所不容，不得不化名逃亡。不久後，納粹德國直接撤銷了他的公民證，理由是他「違反了對帝國、對人民的忠誠和責任而危及了德國的利益」〔註24〕，從此他便成了一個無國籍的政治流亡者，攜家帶眷開始了十五年的流亡生涯。

　　1948 年布萊希特受邀回到東德。原有意返回西德所屬的故鄉巴伐利亞卻

〔註20〕Giuliana Zuccoli Bellantoni 編，宋敬武譯，《霍加斯》，頁 3。
〔註21〕E. H. Gombrich 著，雨云譯，《藝術的故事》。臺北：聯經，2008 年，頁 462。
〔註22〕坊間有《三毛錢歌劇》、《三角錢歌劇》、《三分錢歌劇》、《三文錢歌劇》、《三辨士歌劇》等譯法，為求行文通順，引文時一律以《三便士歌劇》稱之。
〔註23〕Peter Brooker. "Key word in Brecht's theory and practice of theatre" in The Cambridge Companion to Brecht. by Peter Thomson/ Glendyr Sacks ed.. New York: Cambridge University Press, 1994, p. 188.
〔註24〕余匡復，《布萊希特論》。上海：外語教育，2002 年，頁 171。

不得其門而入，他決定落腳定居東柏林。1949 年，成立了自己的「柏林總體表演劇場」（Berliner Ensemble am Schiff-bauerdamm），在該劇場製作及演出自己多年累積的劇作。不過他畢生堅定的共產思想，不只使得他在西方受到杯葛，共產國家其實也不怎麼歡迎他的作品；尤其在東歐僵硬的共產主義制度下，教條式的藝術觀往往無法接納布萊希特前衛及創新的思想和內容，爭議性逐漸擴大。〔註25〕可以說：在東德不感覺回到家，在西德又不被歡迎。〔註26〕

2. 創作分期與表演體系

在近四十年的戲劇創作活動中，布萊希特寫了將近五十個劇本，一般分為三個階段。〔註27〕第一個階段係從 1918 到 1926 年，可以稱作「試作階段」，如他的第一個劇本《巴爾》（Baal，1918）以及上述的《夜半鼓聲》、《城市叢林》、《人就是人》等。第二個階段係從 1926 到 1933 年，為「教育劇」〔註28〕階段，如：《三便士歌劇》、《母親》（The Mother，1931）等，人物有概念化傾向，有略為缺乏情節之評價。第三個階段係從 1933 到 1956 年，為成熟的「史詩劇場」（歷史劇、寓言劇為主）階段；且最重要的代表作都完成在其流亡時期，如：《伽利略傳》（Life of Galileo，1939）、《大膽媽媽和她的孩子們》（Mother Courage and Her Children，1939）、《四川好人》（The Good Person of Szechwan，1942）、《高加索灰闌記》（The Caucasian Chalk Circle，1945）等。

布萊希特的表演體系可用三個關鍵語來描述：歷史化（historification）、離異（alienation，疏離、陌生化）、史詩（epic）。〔註29〕

「史詩」是指形式而言，與古老的史詩同樣皆由對白和敘述交替構成，自單一敘述觀點來講故事，可自由更換時空。布萊希特取自史詩之結構，一般稱

〔註25〕陳玉慧，〈布雷希特百歲冥誕紀念專輯——布雷希特，生日快樂〉。《聯合文學》164 期，1998 年 6 月，頁 100。

〔註26〕姚彼得文，趙佩如譯，〈布雷希特百歲冥誕紀念專輯——以一顆寬容的心來紀念〉。《聯合文學》164 期，1998 年 6 月，頁 103。

〔註27〕廖可兌，《西歐戲劇史（下）》。北京：中國戲劇，2002 年，頁 592。

〔註28〕關於定義，布萊希特在〈評教育劇的演出〉文中提到：「教育劇的基礎在於期望通過表演一定的行為方式，採取一定的立場，重複一定的說詞等使演出者能受到社會性的影響。……適宜於塑造戲劇人物的美學原則對教育劇不再起作用。……對史詩劇的規定也適用教育劇的演劇方法。」在〈娛樂戲劇還是教育戲劇〉文中更直接說明：「所有被大家叫做『時代劇』、『教育劇』的，統統都屬於史詩劇。」引自 Bertolt Brecht（布萊希特）著，丁揚忠等譯，《布萊希特論戲劇》。北京：中國戲劇，1990 年，頁 68、154～155。

〔註29〕Oscar G. Brockett（布羅凱特）著，胡耀恆譯，《世界戲劇藝術欣賞》，頁 477。

為「插曲式結構」。布萊希特寫道：「事件不能含混不清地相繼出現，人們必須能夠在事件與事件之間進行判斷。凡對布局的各部分謹慎地加以對比的時候，均須使它們具有自己的特有的結構，形成劇中的小劇。為了達到這種目的，最好採用上節裡那樣的標題。標題應該含有社會性的鋒芒，同時也表達一些值得企望的表現形式……」〔註30〕布萊希特欲以多段不同的插曲，呈現同一核心議題的各種面向，試圖以多種角度觀看一件事情，達到深入討論的辯證效果。

「歷史化」是指取材範圍，通常取材自當代之外的其他（模糊的）時空範圍，「觀眾將看到演員在客觀環境下就是如此，因此環境就是如此；而環境如此，是因為人正是如此」〔註31〕故而假如自己置身劇中情境，一定有所作為。

「疏離」是指欲達到的最終效果，方法是「把事件或人物那些不言自明的，為人熟知的和一目了然的東西剝去，使人對之產生驚訝和好奇心。」〔註32〕他認為當觀眾被迫「不入戲」時，才可能保持理性的頭腦去思考劇作家所拋出的議題。除了前述的「史詩」結構與「歷史化」取材皆是為了達到「疏離」效果外；在舞臺空間上，佈景也非用來產生真實感，也許隱指某處場所；擺設殘缺片斷、機關明白可見，故意讓觀眾注意到劇中的偽裝性質。而歌唱、敘述段落、系列影片放映亦可達到相同目的。音樂的運用尤其值得一提，布萊希特戲劇中的音樂，並不像傳統手法是用來烘托劇情或為了動作而配樂，而往往是與故事內容處於對立的地位，音樂是具有自我價值，且能夠評論情節的。

（二）改頭換面的乞丐——《三便士歌劇》

1. 改編背景

布萊希特改編《乞丐歌劇》的動機，產生於 1927 年 9 月他看奧士丁（Frederic Austin，1872～1952）〔註33〕版在倫敦演出時，對於劇中盡是老鴇、暴徒和乞丐等人物，他動了心說：「為什麼不讓他們把話說透呢？」〔註34〕不

〔註30〕 Bertolt Brecht（布萊希特）著，丁揚忠等譯，《布萊希特論戲劇》。北京：中國戲劇，1990 年，頁 35。

〔註31〕 陳玉慧，〈布雷希特百歲冥誕紀念專輯——布雷希特，生日快樂〉，頁 100。

〔註32〕 Bertolt Brecht（布萊希特）著，丁揚忠等譯，《布萊希特論戲劇》，頁 62。

〔註33〕 奧士丁為英國男中音歌手及作曲家。他最為人所知的是他在 1920～1923 年間修復並製作了蓋伊的《乞丐歌劇》及其續集《波莉》（Polly，1729）。奧士丁新修版於倫敦哈默史密斯（Hammersmith）的抒情劇院（Lyric Theatre）演出時，從 1920 年 6 月 6 日到 1923 年 12 月 23 日，創下了連演 1463 場的紀錄。

〔註34〕 Lotte Lenya. "Foreword" in The threepenny opera, by Bertolt Brecht. New York : Grove Press, 1960, p. v.

久，青年演員奧夫利希特（Ernst Josef Aufricht，1898～1971）從富商父親手中獲得一筆鉅款，他用這筆款項承租了柏林的希夫鮑爾街劇院（Theater am Schiffbauerdamm，或意譯為造船工人大街劇院），希望藉由重新開幕慶祝自己的三十歲生日。當他向布萊希特談起這個計劃時，劇作家轉述了新近在英國被重新改寫、上演的《乞丐歌劇》蔚為風潮的盛況，兩人商談後一拍即合，布萊希特並力薦他的合作夥伴、作曲家懷爾（Kurt Weill，1900～1950）改寫音樂。〔註 35〕

值得一提的是，1925 年以前，布萊希特所有戲劇作品都是自己包辦音樂的部分，從不假手其他作曲家。然而在 1927 年認識懷爾之後，兩人開始共同創作歌唱劇、歌劇、清唱劇等作品。從他與懷爾第一次合作的《馬哈哥尼歌唱劇》（Little Mahagonny）開始，就為他開啟了新的里程碑，布萊希特從此開始與前衛派的作曲家合作。〔註 36〕布萊希特曾說：「懷爾是第一位能夠提供我在舞臺上所有需求的作曲家。」〔註 37〕

1928 年 8 月 31 日，在《乞丐歌劇》首演的 200 年後，《三便士歌劇》在希夫鮑爾街劇院一上演即引起轟動，創連演 400 場之光輝紀錄。〔註 38〕據說，當時整個柏林市都能聽到〈小刀馬基的謀殺行動〉、〈盜賊珍妮〉歌曲的口哨聲，德國各地劇院爭相獻演。〔註 39〕此劇問世五年內就被譯成十八種文本，在西歐各國的演出總數超過一萬場；它因此成為 20 世紀上演場次最多的音樂劇，〔註 40〕也成為最早替布萊希特贏得世界聲譽的劇本。1960 年代在巴黎的演出更被譽為「世紀以來最好的戲劇作品」。〔註 41〕

〔註 35〕〈黑白兩道聯手力鬥丐幫——淺談威瑪文化與《三便士歌劇》〉http://blog.xuite.net/richardwagner/library/21248192。發佈日期：2008 年 12 月 10 日。引用日期：2014 年 6 月 3 日。

〔註 36〕吳品萱，〈科特‧懷爾《三毛錢歌劇》之研究〉。臺北：東吳大學音樂學系碩士論文，2005 年，頁 42。

〔註 37〕Kim H. Kowalke. "Brecht and music: theory and practice" in *The Cambridge Companion to Brecht*. by Peter Thomson/ Glendyr Sacks ed.. New York: Cambridge University Press, 1994, p. 224.

〔註 38〕吳青萍，《西洋戲劇與劇場史》。臺北：黃山，1988 年，頁 222。

〔註 39〕鄭暉，〈娛樂與尖銳，而非僅僅愜意的玩笑——《三分錢歌劇》的藝術價值與當代啟示〉。《吉林藝術學院學報》110 期，2012 年，頁 7。

〔註 40〕關伯基、常敬儀，〈星月交輝——《三角錢歌劇》與其原作《乞丐歌劇》〉。《星海音樂學院學報》2008 年第 4 期，頁 61。

〔註 41〕陳玉慧，〈布雷希特百歲冥誕紀念專輯——布雷希特，生日快樂〉，頁 100。

　　至於劇名由來，很多資料都提到是一位作家弗斯特·溫格爾（Lion Feuchtwanger，1884～1958）於彩排時向布萊希特建議改名成《三便士歌劇》，但皆無解釋原因。不過布萊希特有藉敘事歌手（ausrufer，德語）在開場時解釋說：「今晚你們將會看到一齣寫給乞丐的歌劇，因為這是一部只有乞丐才夢想得到的壯麗歌劇，而且它便宜得連乞丐都付的起錢來欣賞。這部歌劇的名字就叫做《三便士歌劇》。」〔註42〕在彩排前，它則一度被取名為《無賴》〔註43〕或《乞丐歌劇——拉皮條者的歌劇》（副標英文為 The Pimps' Opera，德文為 Die Luden-Oper）〔註44〕。

2. 故事概要與人物關係

　　全劇以英國維多利亞女王時代（Queen Victoria，1837～1901 在位）的倫敦貧民區蘇活（Soho）為背景，描述強盜馬基和波莉私自結婚激怒了她的父親乞丐頭子皮丘姆，因此皮丘姆計畫讓馬基被逮捕。而倫敦行政司法長官布朗（Brown，俗稱老虎布朗）是馬基的老朋友，不願配合此一計畫。但因馬基的老相好妓女珍妮被皮丘姆太太收買，將他的行縱洩露，馬基仍被捕入獄。不料布朗的女兒露西與馬基亦有私情，故而幫助馬基越獄逃跑。皮丘姆知悉後，立即組織乞丐準備在女王加冕時遊行，以給布朗施加壓力逮捕馬基，結果馬基再度入獄。正欲行刑之際，女王大赦令下達，還給他封爵賜俸。

　　故事中主要人物關係以圖表示意如下：

圖 5-2　布萊希特《三便士歌劇》人物關係圖

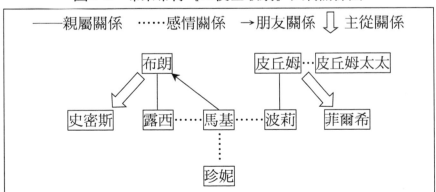

〔註42〕吳品萱，〈科特·懷爾《三毛錢歌劇》之研究〉，頁 51。
〔註43〕Klaus Völker（克勞斯·弗克）著，李健鳴譯，《布萊希特傳》。臺北：人間，1987 年，頁 140。
〔註44〕吳品萱，〈科特·懷爾《三毛錢歌劇》之研究〉，頁 34。

3. 主題思想及與《乞丐歌劇》之異同

布萊希特根據《乞丐歌劇》改編的《三便士歌劇》原則上承襲了既有的基本架構，主要人物除了監獄主管洛奇改成職位更高的行政司法長官布朗，並多加一個警長史密斯間接代替洛奇原本的職責，其他皆維持不變。但即使故事架構沒變，布萊希特幾乎改寫了全部對話內容，歌曲也完全重編，故事背景倫敦從原作的 18 世紀向後推移到 19 世紀，情節的框架也明顯擴大。

蓋伊的《乞丐歌劇》是一個簡單的諷刺劇，它的題旨，如前所述具有政治性與音樂性的諷刺。布萊希特深受社會主義影響，依據前述之創作分期，《三便士歌劇》為第二階段，以教育劇為特色；故本劇的中心思想便是將《乞丐歌劇》中的男盜女娼提高成資本主義社會的產物，甚至是資本主義的本質。有學者即認為此劇已從諷刺劇提升到了寓言劇的層級，〔註 45〕但也可能因此造成觀眾在理解上的困難、誤讀，或作者自己沒有想清楚的情況。關於前者，中國大陸學者卞之琳認為，死心塌地的資產階級觀眾會取其所需，只取其表面，安然欣賞這些有聲有色的男盜女娼：因為這是看流氓社會的形象，無損於他們紳士淑女的毫髮。〔註 46〕關於後者，他認為以流氓社會的形象來表現資產階級社會的面目，究竟是曲折了一層；流氓無產階級和資產階級究竟是不同的階級。〔註 47〕不論如何，布萊希特想必也覺得話沒說清楚，故而在流亡丹麥期間（1933～1934）又將本劇改寫成了《三便士小說》（Threepenny Novel）。這是布萊希特計劃創作的數部長篇小說中唯一完成的一部，在世界文壇有「德國文學史上最重要、最淵博的諷刺小說」之稱。〔註 48〕

〔註 45〕卞之琳，《布萊希特戲劇印象記》。北京：中國戲劇，1980 年，頁 11。

〔註 46〕卞之琳，《布萊希特戲劇印象記》，頁 13。

〔註 47〕卞之琳，《布萊希特戲劇印象記》，頁 12。

〔註 48〕何玉蔚，〈論布萊希特的反向改編──從《三毛錢歌劇》到《三毛錢小說》〉。《戲劇文學》350 期，2012 年，頁 120。這部小說利用了《三便士歌劇》中的情節和人物，但不論情節、內涵、主題等都大大地不同於劇本。小說中的情節發生在 1899～1902 年的英國布爾戰爭期間，皮丘姆成了商人，開設出售乞丐乞討時用的樂器和假肢等物；馬基則一面做盜賊一面開銷贓的零售店，而兩條情節線又通過波莉與馬基結婚而相交。但此處馬基娶波莉的目的，完全是著眼於此婚姻帶來的巨額陪嫁可做為他新的資金來源。小說與戲劇最大的差異便是去除了司法警察這條故事線，改以一新添的角色科克斯（Coax）代之，他以經紀人的身份勾結政府要員，把一般破船偽裝成豪華遊艇賣給政府，結果使滿船官兵命喪海底；其中，皮丘姆也參與了這件卑鄙的勾當。可以說，三個核心人物各自憑藉自己的資本主義經濟方式來得到自己想要的地

　　回到批判資本主義的主題。布萊希特改編時兩個最別出心裁的設計，一個是馬基在別人的馬廄裡舉行婚禮──所有的喜慶傢俱禮物背後，都是燒殺擄掠的成果。另一設計是皮丘姆從告密兼銷贓者搖身一變成了「丐幫幫主」，他那充滿斷肢殘臂的「乞丐之友」商店一展現在舞臺上，批判性完全是不言而喻。以前者而言，既將婚禮背後的不堪當作資產階級發跡的縮影，又展現乞丐流氓們欲模仿上流社會生活、服飾等反而顯露的滑稽可笑。以後者而言，皮丘姆不但教唆乞丐詐騙，還規定他們上繳並抽成，並利用他們與官府對抗，儼然已有「財團」之架式。對新入會員菲爾希，他敲詐勒索──高價賣工作服，高利貸式抽成；對舊職員，若投資的薪資大過收益，便冷血開除，如第一幕五個手下中吃肥的那位便被他視為消耗過多糧食而解雇。但他還比一般資本家更勝一籌，因為資本家通過剝削製造貧窮和悲劇；而皮丘姆則是剝削貧窮，把悲慘形象加工生產了商品。

　　本劇譏諷的幽默在於布萊希特認真地形塑了偷竊搶掠、乞討詐騙的「專業」，這裡的盜賊、乞丐、警察在職業上並無多大差別，相互勾心鬥角，又相互依靠、相互利用。馬基在臨死前的演說中指控那些大老闆的所作所為就像他自己一樣，都是小偷，只是他們的行為有著「合法化」的保護罩。此處根本可以將《乞丐歌劇》結尾中：「不知是盜匪效法為政者，抑且為政者效法了盜匪。」的「為政者」置換成「資本家」，便成了《三便士歌劇》的主旨。而關於盜匪、為政者、資本家的錯綜複雜關係，有學者將其聯想到了「英帝國興起與海盜的關係」〔註49〕；但布萊希特延用《乞丐歌劇》的倫敦背景應只是配合他的「歷史化」概念，並無與真正的歷史〔註50〕連結之用意。

　　　　位。布萊希特以此展示資本主義會以複雜且往往難以預料的方式影響每個人。一般認為，此小說比戲劇更加突顯了馬克思主義精神；可以說，已從暗示提升到明示層級了。

〔註49〕　關伯基、常敬儀，〈星月交輝──《三角錢歌劇》與其原作《乞丐歌劇》〉，頁 63。

〔註50〕　「英帝國興起與海盜的關係」背景：地理大發現後整整 100 年的時日中，英國對於當時獨佔海外侵略的西、葡兩國尚無抗衡或挑戰的力量。西元 16 世紀後期伊莉莎白一世（Elizabeth I, 1558～1603 在位）時，英國有許多著名的海外經商者兼為海盜，他們對西班牙從美洲運金、銀回歐洲的「寶船」，進行有組織的海盜掠奪。伊莉莎白一世對英國的海盜不僅不加以禁止治罪，反而保護海盜搶劫財貨，運回英國後平分贓物；甚至為了酬庸海盜賜予貴族封號。1588 年，英、荷聯軍在英吉利海峽遭遇西班牙的「無敵艦隊」報復，英國被迫緊急改編海盜為海軍，不料結果無敵艦隊受重創，而英國未損失一艘船；從此西班牙的海軍勢力迅速衰落，英國卻奠定向海外拓展的基礎。

　　本劇的第二主題則是將人物的雙面性延伸到社會的雙面性。在《乞丐歌劇》中，皮丘姆是影射現實人物，其雙面性如前文，自不待言；洛奇表面盡打官腔，暗地裡則貪贓枉法；馬基表面上是個豪紳闊少，實質是殺人越貨的江洋大盜。在《三便士歌劇》中，更強化了馬基的「紳士架子」——從他的白山羊皮手套和象牙柄手杖一直到他堅持每周四晚間到固定去處的體面習慣。新人物布朗則對馬基有溫情的一面，也有金錢關係的一面。甚至連在《乞丐歌劇》裡愛情至上的波莉，在《三便士歌劇》中，婚後不久就成了老練的匪幫總管，並對父母解釋擇偶理由：

　　　　波莉：……再幹幾趟幸運的買賣，我們就能遷到鄉間居住，那座小
　　　　　　別墅不次於父親敬重的莎士比亞先生的那座房屋。（Bertolt Brecht,
　　　　　　1980: 37）

　　布萊希特也讓妓女珍妮的角色立體化，她成了馬基的「糟糠之妻」，但她可以為了賞錢兩次出賣馬基。以上多種形象的價值觀可說都建立在金錢考量之上。

　　本劇的第三主題為人物的「自嘲」到「自解」。《乞丐歌劇》中人物的自我嘲諷已是喜劇的高等境界，如第二幕第八景馬基在獄中唱道：

　　　　馬基：男子漢可以從絞索和子彈中逃脫，沒有處方的藥物也能延年
　　　　　　益壽。但一沾上女人，他就要毀滅掉，像聞到毒蛇的毒氣就要身亡
　　　　　　一樣。但蒼蠅總是愛吮糖漿，它就只好在吸吮有毒的糖漿中甜蜜地
　　　　　　死去。（John Gay, 1966: 38）

　　《三便士歌劇》中為求極端化資本主義的本質，布萊希特更進一步讓角色為自己的醜行辯護。在〈第二幕終曲〉馬基和珍妮的二重唱中，兩人都高呼著本劇最著名的歌詞：「先要吃飽，才有道德」，馬基更理直氣壯的下了結論：

　　　　馬基：否則人靠什麼活？
　　　　　　　　由於他們每時每刻遭折磨、剝奪、打擊、扼殺、吞噬，
　　　　　　　　他只有徹底忘掉自己是人，
　　　　　　　　靠這個，他才能活。
　　　　合唱：先生們，休要自作聰明，
　　　　　　　　人只能靠犯罪才能活！（Bertolt Brecht, 1980: 69-70）

　　承襲《乞丐歌劇》突兀的結局，《三便士歌劇》更上一層樓的將突兀推到頂點──一個帶著特赦令的騎馬使者！布萊希特在〈關於《三便士歌劇》的排練說明〉[註51]中特別強調「為什麼王室使者一定要騎馬駕到」：目的就是要強化「疏離效果」，以使觀眾意識到情節的荒謬性；不然，「資產階級文學就會降低到單純描繪社會狀態的水平」。布萊希特還不忘叮嚀「第三幕結尾當然應該演得十分嚴肅認真」，認真做著蠢事絕對是喜劇的必要元素。而將《乞丐歌劇》結尾乞丐與演員「跳出」討論結局走向，改成劇中的「急轉」，則更加突顯「不可輕信法律的公正性」。為了怕仍有觀眾沈醉在「英雄得救」的喜悅中，布萊希特再利用皮丘姆大婦的對話點醒觀眾：

> 皮丘姆太太：……如果王室使者經常來，我們的生活會輕鬆太平。
>
> 皮丘姆：……當被踐踏的人又被踐踏時，王室使者很少來到。……
>
> （Bertolt Brecht, 1980: 97）

這段對話可說是對此「大團圓」結局最合適的注解。

4. 音樂設計

　　確定改編之初，布萊希特同懷爾一起聽了由佩普許創作的原劇音樂後，覺得挑釁味太弱，[註52]故要求懷爾重新譜曲。懷爾大量採用粗獷的街頭音樂使之與現代音樂技術手段巧妙結合的同時，還廣泛吸收輕歌劇、時事諷刺劇、爵士音樂中眾多有益的元素，讓人耳目一新；德國音樂史學教授、音樂評論家施圖肯·什密特（H. H. Stuckenschmidt，1901～1988）評價：歌曲是這部歌劇的主要特點。[註53]故而《三便士歌劇》雖名為「歌劇」，但延續《乞丐歌劇》的特點，同樣直接以說白取代宣敘調，詠嘆調也被當代流行音樂取代，已經不是傳統歌劇的樣式。

　　《三便士歌劇》有一首序曲、兩段小間奏及 21 首歌曲，曲目及演唱角色列表[註54]如下：

〔註51〕Bertolt Brecht（布萊希特）著，丁揚忠等譯，《布萊希特論戲劇》，頁 339。

〔註52〕Klaus Völker（克勞斯·弗克）著，李健鳴譯，《布萊希特傳》，頁 140。

〔註53〕鄭暉，〈娛樂與尖銳，而非僅僅愜意的玩笑──《三分錢歌劇》的藝術價值與當代啟示〉，頁 8。

〔註54〕轉引自吳品萱，〈科特·懷爾《三毛錢歌劇》之研究〉，頁 60。（筆者已將此表錯誤處逕行修正）

表 5-1 《三便士歌劇》曲目及演唱角色列表

幕	場景	曲　目	角　色
		1.〈序曲〉（*Overture*）	
		2.〈小刀馬基的謀殺行動〉（*Moritat von Mackie Messer*）	敘事歌手
第一幕	第一場	3.〈皮查姆的清晨之歌〉（*Morgenchoral des Peachum*）	皮丘姆
		4.〈「不，他們不能」之歌〉（*Anstatt-dass-Song*）	皮丘姆夫妻
	第二場	5.〈婚禮之歌〉（*Hochzeitslied*）	四個匪徒
		6.〈盜賊珍妮〉（*Seeräuberjenny*）	波莉
		7.〈大砲之歌〉（*Kanonensong*）	馬基、布朗
		8.〈愛之歌〉（*Liebeslied*）	波莉、馬基
	第三場	9.〈巴巴拉之歌〉（*Barbarasong*）	波莉
		10.〈第一幕終曲〉（*Dreigroschenfinale*）	波莉、皮丘姆夫妻
第二幕	第一場	11.〈情節劇式的歌曲〉（*Melodram*）	馬基
		12.〈波莉之歌〉（*Polly's Lied*）	波莉
	第二場	13.〈性困擾的敘事曲〉（*Ballade von der sexuellen Hörigkeit*）	皮丘姆太太
		14.〈妓院敘事曲〉（*Zuhälter-Ballade*）	珍妮、馬基
	第三場	15.〈快樂生活的敘事曲〉（*Ballade vom angenehmen Leben*）	馬基
		16.〈忌妒二重唱〉（*Eifersuchtsduett*）	露西、波莉
		17.〈第二幕終曲〉（*Dreigroschenfinale*）	馬基、珍妮、合唱團
第三幕	第一場	18.〈人性努力不足之歌〉（*Lied von der Unzulänglichkeit menschlichen Strebens*）	皮丘姆
		19.〈索羅門之歌〉（*Salomon-Song*）	珍妮
	第二場	20.〈死亡的呼喊〉（*Ruf aus der Gruft*）	馬基
		21.〈悼文〉（*Grabschrift*）	馬基
		22.〈列隊行進到絞架〉（*Gang zum Galgen*）	合唱團
		23.〈第三幕終曲〉（*Dreigroschenfinale*）	所有角色

　　音樂在性質上主要可分為敘事性歌謠、宣敘性歌曲和抒情性小調三類。〔註55〕「敘事性歌謠」旋律簡短，為說唱式結構，如：〈小刀馬基的謀殺行動〉，與集中在婚禮場面的〈婚禮之歌〉、〈盜賊珍妮〉、〈大砲之歌〉等，充分發揮了音樂劇的歌舞優勢。「宣敘性歌曲」主要表達角色的思想觀念與性格，如：皮丘姆的〈皮丘姆的清晨之歌〉和〈人性努力不足之歌〉；馬基在牢中唱的〈快樂生活的敘事曲〉。「抒情性小調」最易動人，但在《三便士歌劇》中數量最少，較長的一首為馬基與老相好珍妮的〈妓院敘事曲〉。

　　懷爾曾如此談論〈妓院敘事曲〉：這部作品迷人之處，就在於以高雅、愉悅的音樂來為下流的文辭譜曲。〔註56〕用意則在於達到布萊希特的疏離效果；加上劇中的結婚曲故意使用低緩且洩氣的曲調等其他例子，即正如前文所提「音樂往往是與故事內容處於對立的地位」。另外，除了劇中歌曲會特意打斷劇情進行外，演員為了歌唱甚至會跨出角色之外，刻意地以第三人稱來歌唱，表現出演員與角色之間的疏離。

　　由於劇中人物皆未標明所屬聲部，因此《三便士歌劇》也可由具有一定歌唱能力的話劇演員演出；〔註57〕懷爾強調，要以能夠唱歌的演員，代替能演戲的歌手；〔註58〕畢竟，一個普通的歌手如何詮釋〈小刀馬基的謀殺行動〉或〈盜賊珍妮〉？

第二節　從 Operetta（輕歌劇）到 Taiwanese Opera（歌仔戲）

一、布萊希特「史詩劇場」與中國戲曲

　　布萊希特的戲劇觀念形成一個完整的表演體系，受中國戲曲的影響極深。1935 年布萊希特流亡莫斯科期間，恰值梅蘭芳帶團訪問，有幸觀賞演出後，認為發現了他夢寐以求的戲劇效果，翌年他便撰文〈中國戲劇表演藝術中的疏離效果〉（Alienation Effect in Chinese Acting），正是在此文中，布萊希特提

〔註55〕關伯基、常敬儀，〈星月交輝──《三角錢歌劇》與其原作《乞丐歌劇》〉，頁63。
〔註56〕吳品萱，〈科特‧懷爾《三毛錢歌劇》之研究〉，頁52。
〔註57〕鄭暉，〈娛樂與尖銳，而非僅僅愜意的玩笑──《三分錢歌劇》的藝術價值與當代啟示〉，頁8。
〔註58〕Karl Shumann 著，陳澄和譯，《歌劇入門指南》。臺北：大呂，1993 年，頁339。

出他的「疏離效果」理論。

但正如布萊希特在文中所述：「新的德國戲劇的實驗完全獨立自主地發展著疏離效果，到目前（1935）為止，它並未受到亞洲戲劇藝術的影響。」〔註 59〕他是在為實現自己的戲劇美學理想、探索與時代吻合的新藝術途徑的過程中，看到了中國戲曲藝術中某些可以為他的舞臺辯證法服務的技巧，於是便採取了「拿來主義」。〔註 60〕因此眾多華人學者對於布萊希特的「誤讀」討論便也不足為奇了；甚至在西方學者方面，早在 1960 年代初期，布多（Oscar Burdel）便已指出，布萊希特顯然將具歷史因素的中國戲劇傳統化約成可被輕易移植的技術。布多並且引用了德國學者海爾欽格（Siegfried Melchinger，1906～1988）的話語，暗示著：布萊希特在面對京劇時，他秉持的是「刻意誤解的意志」（intentional will to misunderstand）。普阮柯（Leonard Cabell Pronko，1927～）則於 1967 年提出以下合理的懷疑：「我們不免揣測，布萊希特在京劇表演裡察覺到的冷調（coldness），其實源自於他對表演形式的生疏。」〔註 61〕

即便如此，仍不能否認，布萊希特自青年時期以來即對中華文化產生的興趣〔註 62〕在有意無意間影響著他一生的創作。以下先針對「史詩劇場」與中國戲曲的連結性與差異性分析，再單獨針對《三便士歌劇》與歌仔戲的相容性討論之。

（一）連結性

1. 歌唱元素

「史詩劇場」之名源於古老史詩，即指形式上有對白和敘述交替構成，而敘述部分主要則由歌隊執行。但「史詩劇場」的歌唱部分並未像中國戲曲那樣成為表演的主體，也有別於歌劇的「詠嘆調」，它的目的在於打破西方傳

〔註 59〕Bertolt Brecht（布萊希特）著，丁揚忠等譯，《布萊希特論戲劇》，頁 199。

〔註 60〕劉穎、付天海，〈布萊希特與中國戲曲〉.《西藏民族學院學報（哲學社會科學版）》28 卷 2 期，2007 年 3 月，頁 89。

〔註 61〕紀蔚然，〈跨文化之正解與誤讀——臺灣劇場改編西方正典之實驗意義〉，《眾聲喧譁之後：臺灣現代戲劇論集》。臺北：書林，2008 年，頁 60。

〔註 62〕布萊希特在中學時期便開始接觸中國古代詩歌，二〇、三〇年代即涉獵中國古典哲學、戲劇，眾多資料顯示中國諸子百家的思想體現在他多部作品中。張黎在〈異質文明的對話——布萊希特與中國文化〉（《外國文學評論》2007年第 1 期，頁 33）中更提到，布萊希特受早年接觸的元雜劇之編劇方法影響甚大。

統話劇的常規。例如：《高加索灰闌記》中從頭到尾安排了一個「歌手」和「樂隊」，在每一場開始或劇中情境改變時，都由歌手或樂隊的歌唱來解釋情節、交代變化、發表評論，其中有的亦類似中國戲曲的定場詩和幫腔。〔註63〕

2. 結構

戲曲的「楔子」形式，在布萊希特的不同劇本中，各有不同的形態和功能。如：《高加索灰闌記》的楔子〔註64〕敘述了圍繞一個山谷的歸屬所引發的爭執，如何得到合理的解決？　齣即將上演的戲中戲《灰闌記》將帶給觀眾對上述解決原則的最好詮釋。《四川好人》的「序幕」（如同楔子），介紹了神仙結識心地善良的妓女沈黛，贈她一千銀元，希望她能借此擺脫苦難的生活，作個樂於助人的好人，為之後的正文做了鋪墊。戲曲中的「開場詩」與「題目正名」也可與「插曲式結構」搭配的標題做聯想——皆為點明主旨之用；也有學者認為「插曲式結構」如同一段段「折子戲」，開合自如，但又環環相連，通過諸多場景，廣泛地展現某一個方面的社會生活。〔註65〕另外，「自報家門」也是「史詩劇場」常用的手法，目的在破壞幻覺。

3. 舞臺時空觀

戲曲「兩三人千軍萬馬，五六步萬水千山」的時空處理方式被布萊希特運用於《高加索灰闌記》古如莎背著孩子逃難時，及《大膽媽媽和她的孩子們》的媽媽隨軍女商販的生活——她在歐洲三十年戰爭期間，跟著大軍轉戰各地；舞臺上演員拉著小篷車走了幾圈即意味著長途跋涉，有時幾個跨步就算走完了幾天甚至幾個月的路程，一個轉身到了義大利，又一個轉身就到了波蘭。〔註66〕

4.「社會姿態」（Gestus）與「行當」

「史詩劇場」的演員必須透過「社會姿態」的摹擬，再現角色的神態、

〔註63〕劉穎、付天海，〈布萊希特與中國戲曲〉，頁88。

〔註64〕亦有學者認為本劇楔子與正劇並無直接關係。龔北芳在〈論《高加索灰闌記》的「陌生化」手法〉（《國際關係學院學報》2005年第3期，頁66）中提到：「它游離於情節之外。……沒有一種雜劇的楔子敢於這樣離經叛道，但是考察中國文學的其他形式，可以看出它更接近明代中短篇白話小說（話本）的『冒頭』，明代說書人稱為『得勝頭回』。與明清大型戲劇傳奇的『引子』也有相似之處。」

〔註65〕劉穎、付天海，〈布萊希特與中國戲曲〉，頁88。

〔註66〕雷文學，〈布萊希特的「間離化效果」與中國戲曲〉。《重慶師範大學學報（哲學社會科學版）》2007年第6期，頁96。

動作；所謂「社會姿態」，就是角色在社會中的身分、地位、職業、階級、關係中所特有的手勢、身體姿態、動作、樣貌。〔註67〕在布萊希特看來，戲劇作品固然要塑造出個性鮮明的人物形象，但絕不能把人物形象及其性格僅僅理解為某種純屬個人的生理、心理特徵，個體的性格、氣質在很大程度上是被其出身、教養以及其所屬的階級和社會歷史文化所塑造的；戲劇作品在塑造人物時必須把這一點揭示出來。〔註68〕中國的「行當」也是在描述角色的社會地位、人格特質、特殊態度和情感，中國演員必須把這些特質外化成象徵性的簡潔動作〔註69〕——它是一套複雜的表情動作系統，由許多符號式、程式化的表情和動作組成。不過，中國觀念裡的行當著眼於表演美學與藝術性，然而布萊希特的社會姿態卻是強調經濟及政治意識型態的象徵性動作，〔註70〕用以展現不同社會階級對角色行為的影響。

5. 中國思想

前文提過布萊希特接觸中國詩歌甚早，約於 1930 年代中的流亡時期，他開始有計畫的翻譯中國詩，從翻譯活動中可發覺他偏愛白居易的詩；受白居易影響，他曾自稱為「窮人的詩人」，故其詩及戲劇主題多基於人道與同情心，表達低下階級民間的疾苦，控訴資本主義社會的不義，標榜大同社會之理想。〔註71〕《四川好人》可說是布萊希特多年研究中國思想的副產品，因此，劇中反映不少作者對中國哲學和美學的經驗，不僅使用中國的地名、人名，而且劇中人物都能很自然地、符合上下文意思地引用《四書》、《莊子齊物論》的章句，和白居易的詩句。甚至戲劇形式也偶爾摻雜一些京戲的表演技巧，譬如臉譜的使用、啞劇手勢動作〔註72〕等等。

〔註67〕王婉容，〈布雷希特百歲冥誕紀念專輯——用劇場革命——顛覆戲場世界和自己的革命家〉。《聯合文學》164 期，1998 年 6 月，頁 111。

〔註68〕雷文學，〈布萊希特的「間離化效果」與中國戲曲〉，頁 97。

〔註69〕朱靜美，〈布萊希特的史詩劇場與中國平劇在表演「疏離」美學方面之比較〉。《中外文學》339 期，2000 年 8 月，頁 150。

〔註70〕關於布萊希特如何在劇作中使用象徵性動作來展現經濟及政治意識型態的例子，請見朱靜美，〈布萊希特的史詩劇場與中國平劇在表演「疏離」美學方面之比較〉，頁 148～152。

〔註71〕鄭芳雄，〈布雷希特百歲冥誕紀念專輯——談《四川好人》的中國題材運用〉。《聯合文學》164 期，1998 年 6 月，頁 118。

〔註72〕鄭芳雄，〈布雷希特百歲冥誕紀念專輯——談《四川好人》的中國題材運用〉，頁 119。

（二）差異性

　　布萊希特從中國戲曲啟發了他的「疏離效果」理論，其中最主要的概念即是兩種關係的疏離，一是演員與角色的疏離，二是舞臺與觀眾的疏離。尷尬的是，這兩點也是布萊希特對中國戲曲最大的「誤讀」。以下的「差異性」即先分析此兩大概念，之後再補述其他小概念：

1. 演員情感

　　在〈中國戲劇表演藝術中的疏離效果〉中，布萊希特提出：「當我們觀看一個中國演員的表演的時候，至少同時能看見三個人物，即一個表演者和兩個被表演者。」〔註73〕以他觀賞的《打漁殺家》中那個蕭桂英搖櫓的經典場景來說，這「三個人物」中，一個表演者是演員本人，即梅蘭芳；兩個被表演者，一個是進行程式化表演划船的蕭桂英，另一個是表演規定情境中的舞臺角色蕭桂英。其實以戲曲演員的角度來看，演員藉著程式化的虛擬為手段，完成劇本規定情境的真實，所以永遠是三位一體。〔註74〕但對於中國戲曲程式的陌生導致布萊希特自己對此表演產生了「陌生化效果」（或譯疏離效果），他便覺得找到了想要的「疏離效果」；他認為戲曲演員透過程式「力求避免將自己的感情變為觀眾的感情」、「缺乏奔放的感情」〔註75〕，但真是如此嗎？戲曲演員需注重情感一事，在中國古代曲論和近代戲曲大師的論述中，比比皆是。元代曲論家胡祗遹在〈黃氏詩卷序〉對演員提出的「九美」要求中，就指出演員必須「發明古人喜怒哀樂、憂悲愉佚，言行功業；使觀聽者如在目前，諦聽忘倦，惟恐不得聞」〔註76〕。梅蘭芳更在其《舞臺生活四十年》中提到扮演《宇宙鋒》的趙豔容時：「首先要忘了自己是個演員，再跟劇中人融成一體，才能夠做得深刻而細緻。」〔註77〕中國戲劇史上甚至還有個著名的演員入情至深而死之極端例子：

　　　　礵房《蛾術堂閒筆》云：「杭有女伶商小玲者，以色藝稱，於《還魂記》尤擅場。嘗有所屬意，而勢不得通，遂鬱鬱成疾。每作杜麗娘

〔註73〕Bertolt Brecht（布萊希特）著，丁揚忠等譯，《布萊希特論戲劇》，頁206。
〔註74〕王士儀，〈試析布萊希特與中國傳統戲曲劇場〉．《華岡藝術學報》第 4 期，1997 年 6 月，頁78。
〔註75〕Bertolt Brecht（布萊希特）著，丁揚忠等譯，《布萊希特論戲劇》，頁194。
〔註76〕陳多、葉長海選注，《中國歷代劇論選注》．長沙：湖南文藝，1987 年，頁 63。
〔註77〕梅蘭芳述，許姬傳，《舞臺生活四十年》第一集．香港：香港戲劇，1952 年，頁 172。

【尋夢】【鬧殤】諸劇，真若身其事者，纏綿淒婉，淚痕盈目。一日
演【尋夢】，唱至『待打併香魂一片，陰雨梅天，守得個梅根相見，
盈盈界面』，隨聲倚地。春香上視之，已氣絕矣。臨川寓言，乃有小
玲實其事耶？」〔註78〕

2. 觀眾反應

對布萊希特而言，因為「程式」而使演員與角色疏離，那麼觀眾與舞臺
的疏離便順理成章了；或者說，演員都疏離了，觀眾怎麼可能、怎麼可以還
「入戲」？他在〈中國戲劇表演藝術中的疏離效果〉中寫道：「當梅蘭芳表演
一位少女之死的場面的時候，一位坐在我旁側的觀眾對表演者的一個動作發
出驚訝的叫聲。接著就有幾個坐在我們面前的觀眾憤怒地轉過頭來，向他作
噓以示抗議。他們的感覺就像真的面對著一位貧窮的少女正在死去。他們這
種態度在對一場歐洲戲劇的演出也許是正確的，但對中國戲曲演出卻是非常
可笑的。陌生化效果對他們沒有發生作用。」〔註79〕布萊希特是在莫斯科觀
賞到梅蘭芳的表演，但我們無從得知上述文字中，入戲與抗議的觀眾究竟是
何國人？若入戲的是中國人，那麼非但不「可笑」，還相當「理所當然」；中國
人入戲已有悠久傳統，例子是不勝枚舉：

顧彩《髯樵傳》云：「明季吳縣洞庭山鄉有樵子者，貌髯而偉，姓名
不著，絕有力。目不知書，然好聽人談古今事，常激於義，出言辨
是非，儒者無以難。嘗荷薪至演劇所觀《精忠傳》，所謂秦檜者出，
髯怒，飛躍上臺，摔秦檜毆，流血幾斃。眾驚救。髯曰：『若為丞相，
奸似此，不毆殺何待！』眾曰：『此戲也，非真檜。』髯曰：『吾亦
知戲，故毆，若真檜，膏吾斧矣！』」〔註80〕

如此驚悚的故事並非孤例，把「壞人」打死的也不是沒有；但當然也有
溫馨的入戲故事，明代周暉《金陵瑣事．卷四》中記載：

〔註78〕焦循（清），《劇說》，收入中國戲曲研究院編，《中國古典戲曲論著集成》第
　　　　八集。北京：中國戲劇，1959 年，頁 197。
〔註79〕Bertolt Brecht（布萊希特）著，丁揚忠等譯，《布萊希特論戲劇》，頁 197～198。
　　　　另根據康保成，〈再論布萊希特對梅蘭芳的誤讀〉（《戲曲藝術》，39 卷 1 期，
　　　　2018 年 2 月，頁 9）文中推論，此「少女」應為《貞娥刺虎》中，假扮明朝
　　　　亡國公主的宮女費貞娥。
〔註80〕焦循（清），《劇說》，收入中國戲曲研究院編，《中國古典戲曲論著集成》第
　　　　八集，頁 203。

　　一極品貴人，目不識字，又不諳練。一日家宴，搬演鄭元和戲文，
有丑角劉淮者，最能發笑感動人。演至殺五花馬賣來興保兒，來興
保哭泣戀主。貴人呼至席前，滿斟酒一金杯賞之，且勸曰：「汝主人
既要賣你，不必苦苦戀他了。」來興保喏喏而退。〔註81〕

　　中、外人士觀賞中國戲曲會有如此不同的感受，最大的差異點便在於對
「程式」的瞭解度。「程式」並不只是像舞蹈般優美的肢體動作；而是經過長
期的歷史醞釀所形成的一套表達生活的虛擬化表演；故而最後呈現出來的雖
是「虛」，卻是從「實」中提煉出來的。王驥德《曲律》「雜論」中說的好：

　　劇戲之道，出之貴實，而用之貴虛。……以實而用實也易，以虛而
用實也難。〔註82〕

　　中國戲劇家阿甲曾指出戲曲「觀眾看戲是有理智的判斷，有感情上的共
鳴，還有美的欣賞」〔註83〕對照前文提過，戲曲演員皆需將布萊希特看見的
「三個人物」一體化；那麼，觀眾在理智上就看到了演員本人；在情感上就
看到了角色的被表演者；在美感上就看到了程式化的被表演者。布萊希特可
能沒想過，中國戲曲的演員和觀眾都需要有一心三用的能力吧！

　　三種能力當中，「欣賞美」的角度可以說既中和了其他二者，又稍稍凌駕
二者之上。因戲曲的架構除雜劇較精巧外，明清戲曲劇本的規模長度是愈加
龐大，但反而不符合實際表演時間的需求，而出現了「折子戲」；以折子戲的
篇幅限制，再加上大段唱詞，劇情進展的空間其實非常有限，所以中國大陸
學者黃佐臨認為，戲曲觀眾的主要興趣「在於鑑別演員的理解水平和技術的
表現水平」〔註84〕。故而即使是「疏離」的狀態，中國觀眾也不是在分析、
判斷劇中的社會現象，而是在滿足自己審美的需要。

　　布萊希特也不是完全沒有意識到戲曲觀眾不同於亞里斯多德式戲劇的傳
統觀眾，他說：「中國人的戲劇似乎力圖創造一種真正的觀賞藝術，……這種
不是僅靠感情就能理解和接受的藝術，……這種藝術先要經過學習和訓練」
〔註85〕；只是他意識到的「觀賞藝術」不同於中國人的。但即使是「誤解」，

〔註81〕趙山林，《中國戲曲傳播接受史》。上海：上海人民，2008年，頁219。
〔註82〕王驥德（明）《曲律》，收入中國戲曲研究院編，《中國古典戲曲論著集成》第
　　　　四集。北京：中國戲劇，1959年，頁154。
〔註83〕阿甲，《戲曲表演規律再探》。北京：中國戲劇，1990年，頁41。
〔註84〕轉引自雷文學，〈布萊希特的「間離化效果」與中國戲曲〉，頁99。
〔註85〕Bertolt Brecht（布萊希特）著，丁揚忠等譯，《布萊希特論戲劇》，頁206。

他卻因此創造了他劇場理論和實務最基層的概念——即「觀看藝術」
（Zuschaukunst），也成為了藝術理論的濫觴。布萊希特認為：「兩種藝術值得
發展，演員藝術和觀看藝術。」〔註 86〕因為沒有人是天生的觀看藝術家，必
定得經過練習而成為行家；當民眾被訓練出觀察、看透和批判能力後，更重
要的是「置於劇場外時，則是能夠看透政客們的作秀，防止被其野心利用，
造成歷史性的災難悲劇」〔註 87〕。而此種概念的背景則與布萊希特看著希特
勒崛起以至納粹德國的一切改變有一定關係，希特勒自身及「法西斯主義所
運用的催眠和煽動群眾的手法，竟是源自亞氏戲劇傳統」〔註 88〕；觀眾必需
看透，社會才可能被改革。

　　關於「觀眾反應」這部分，由於討論的範圍較廣，在此稍做統整。一開
始筆者先述及由於布萊希特對中國戲曲程式的不瞭解，而無法理解觀眾竟會
在欣賞如此「疏離」的表演中「入戲」！再舉出古代常見的戲曲觀眾入戲例
子，證明中國觀眾已在悠久歷史的「訓練」下，有了虛實合一的能力；甚至，
劇情早已非為觀賞重點，觀眾純粹只是在欣賞演員的表演功力。最後，筆者
解釋了布萊希特的「誤讀」誤打誤撞地帶給他理論上的啟發——「觀看藝術」
是可以被訓練的。而訓練的目的亦回歸到了他的社會主義改革思想——人民
應避免被右派野心家透過（戲劇手法的）催眠而利用。

3. 藝術手法

　　布萊希特的疏離效果以「打破舞臺幻覺」為根本目的，雖與以「製造舞
臺幻覺」為特徵的西方傳統戲劇形成區別，但其理論中所凸顯的振聾發聵、
逼人正視現實的效果也體現了西方文化藝術中一脈相承的求真精神和反省意
識。〔註 89〕對比中國戲曲，卻是以抒情寫意為其藝術精神。黃佐臨曾說：「如
果說，布氏的『陌生化效果』是一種『破除生活幻覺的技巧』，而中國戲曲則
是『先天』的就不追求生活幻覺的一種戲劇。」〔註 90〕

4. 教育功能

　　對布萊希特而言，此項與第二點「觀眾反應」是連結在一起的；讓觀眾

〔註 86〕轉引自周靜家，〈布雷希特百歲冥誕紀念專輯——觀看新藝術〉。《聯合文學》
　　　　164 期，1998 年 6 月，頁 114。
〔註 87〕周靜家，〈布雷希特百歲冥誕紀念專輯——觀看新藝術〉，頁 115。
〔註 88〕周靜家，〈布雷希特百歲冥誕紀念專輯——觀看新藝術〉，頁 115。
〔註 89〕雷文學，〈布萊希特的「間離化效果」與中國戲曲〉，頁 98。
〔註 90〕轉引自雷文學，〈布萊希特的「間離化效果」與中國戲曲〉，頁 99。

能理性思考劇中所示，也就是他的「教育劇」理念。但「中國戲曲的劇作者已然提供評判的結論，角色按照美醜善惡歸類，善惡一目瞭然，觀眾無需思慮」〔註91〕，所以中國戲曲當然有教育功能，也就是所謂的「寓教於樂」，讓觀眾在看戲時，「不知不覺」的受到教化。布萊希特不同處在於他將教育放在首位，擺明了就是要「教你一些事情」，但觀眾在學習中卻因為豐富的戲劇效果而產生了愉悅的感覺，可謂是「寓樂於教」。若全然從教育角度思考，中國式教學即是填鴨式教學，直接給學生答案；西方式（布萊希特式）教學即是思考式教學，學生透過接收到的資料，自己發現問題，並想辦法解決。

5. 說書人＋打背供＝敘事者

說書人與打背供都是中國傳統劇場中慣用的方法，布萊希特將兩者的特性混合創造了他的「敘事劇場」（即「史詩劇場」）；呼應古老史詩的歌隊功能，布萊希特有時會在劇中特別安插一個敘事者，有時則由演員直接跳出變成臨時敘事者。主要技巧有三〔註92〕：（1）把戲劇行動和角色說的話用第三人稱來說，好似以「敘述者」／「旁觀者」的眼光來說自己的角色；（2）把戲劇行動變成過去事件，且以第三人稱的方式來描述；（3）把「舞臺指示」當故事一樣說出。但戲曲的「背供」與布萊希特的敘事技巧仍有不同，因其演員是跳出角色以「演員自己的身份」對觀眾說話，但「背供」大多還是以「角色的身份」對觀眾說話。至於西方傳統戲劇中的「獨白」，主要是以「角色的身份」自言自語心路歷程；若要對觀眾說話，則會另外使用「旁白」。

（三）《三便士歌劇》與歌仔戲的相容性

據前文所討論，布萊希特對中國戲曲程式的「誤讀」，確立了他史詩（敘事）劇場的疏離效果；而「此效果」對中國戲曲觀眾而言，本來即是很自然的事。除此之外，在分析《三便士歌劇》與歌仔戲的特色後，筆者歸納出了三大共通點，分別是「庶民性」、「音樂編制」、與「奇異的人團圓」結局。以下茲就此三點詳細闡述之。

1. 庶民性

不論是《乞丐歌劇》或是《三便士歌劇》，雖名為「歌劇」，但皆不是傳統

〔註91〕雷文學，〈布萊希特的「間離化效果」與中國戲曲〉，頁 99。

〔註92〕朱靜美，〈布萊希特的史詩劇場與中國平劇在表演「疏離」美學方面之比較〉，頁 152。

歌劇的樣式。前文提過，兩者同樣直接以說白取代宣敘調，詠嘆調也被當時的流行音樂取代；前者以民謠及歌劇名曲替換上新詞，後者則廣泛吸收輕歌劇、時事諷刺劇、爵士音樂中眾多有益的元素新編歌曲。如此庶民性的音樂果然引起極大的迴響，並迅速傳播。因而《三便士歌劇》首演時期，才會整個柏林市到處都能聽到〈小刀馬基的謀殺行動〉、〈盜賊珍妮〉歌曲的口哨聲。

以歌劇發展史的角度來看，從「莊歌劇」的幕間劇發展而成的「諧歌劇」（Opera buffa），本身就是以庶民生活為素材而興起，急起直追日漸空虛誇張的莊歌劇。此類型流傳到歐洲各國後，除了以當地語言取代深奧難懂的義大利文外，與義大利諧歌劇最大的差別便在於臺詞「只說不唱」（即放棄宣敘調），更加強了它的親和力；其主要種類除了《乞丐歌劇》所屬的英國民謠歌劇，尚有法國喜歌劇（Opéra comique）、德國歌唱劇（Singspiel）等。但諧歌劇的發展也不是一帆風順的，法國在18世紀中便引起了一場「諧歌劇論戰」（Guerre des bouffons）——支持舊法國宮廷歌劇與支持義大利諧歌劇的兩派發生了激烈的爭論，〔註93〕最後因支持義大利諧歌劇的作曲家盧梭（Jean-Jacques Rousseau，1712～1778）〔註94〕創作出富有法國特色的《鄉村預言家》（Le Devin du Navarre，1752）演出大成功，才奠定了法國喜歌劇的基本模式。

從西方的歌劇例子延伸到中國戲曲，可以分成兩部分討論。

其一，在地方言的勝出。對比臺灣戲曲史的發展，清領時期南、北管戲曲雖深入民間，但南管戲以泉州方言演唱，對於漳洲移民或者後期習於漳、泉語音混和的大眾是有隔閡的；北管戲唱的則是所謂「湖廣官話」，更不是群

〔註93〕兩大派別和陣營：法國王后瑪麗是擁護義大利諧歌劇的一方，站在她一邊的還有格里姆（Friedrich Melchior Grimm，1723～1807）、狄德羅（Denis Diderot，1713～1784）、德蘭貝特（Jean le Rond d'Alembert，1717～1783）、霍爾巴赫（Paul Henri Dietrich, Baron d' Holbach，1723～1789）和盧梭（Jean-Jacques Rousseau，1712～1778）等一批知名的文人和學者（多屬於有名的「百科全書派」）。而以國王路易十五及其情婦蓬巴杜侯爵夫人為首的另一方，則極力推崇和維護以盧梭為代表的法國古典歌劇——抒情悲劇，對於被他們視為不高貴、不典雅的義大利諧歌劇不屑一顧。由於論戰雙方各執己見、互不相讓，造成當時幾乎義大利諧歌劇每演出一場，就會同時爆發一場激烈的唇槍舌戰。雲集在國王包廂和王后包廂下觀眾大廳裡的兩派觀眾，經常一邊觀看，一邊挖苦、嘲弄對方，甚至發展到爭吵、辱罵的地步……。引自李立平，〈意大利喜歌劇的誕生與「喜歌劇論戰」〉。《藝術教育》2014年第6期，頁91。
〔註94〕啟蒙時代的法國思想家、哲學家、政治理論家和作曲家，《民約論（或譯為社會契約論，Social Contract）》為其名著。

眾的生活語言。〔註95〕

　　日治時期取代南管七子班的高甲戲，除採用北管的打擊樂器外，人物都改講漳、泉調和的「閩南語」；南管七子班到高甲戲的過渡時期，則出現仍唱南管，但對白已改用偏漳州話的臺灣話之「白字戲」。而北管的語言實際上除了擔任劇中正派主要角色的小生、老生、正旦等用「湖廣官話」之外，其他角色常操閩南語。不過後來除大花因行當特性，必然使用官話外，其餘行當已紛紛朝著白字化的方向行進。〔註96〕故而歌仔戲所以迅速風行，與它採用的是易引起共鳴的民眾生活語言有很大關係。以上的演變與「諧歌劇」在歐洲各地的發展頗有異曲同工之妙。

　　其二，通俗戲曲的崛起。將時代推前到中國戲曲史的地方戲「亂彈」的發展來看，共在清初曾引起了三次的「花雅之爭」（雅部指崑曲）——第一次代表花部的為「弋陽腔」（於北京的支派亦稱「京腔」），清廷以讓弋陽腔從花部中分化出來並提高其地位的懷柔政策，使崑弋之爭化為烏有。〔註97〕第二次代表花部的為「秦腔」（梆子腔），清政府於乾隆 50 年（1785）下達禁令打擊秦腔。第三次代表花部的為「安慶花部」（安慶二黃合京、秦兩腔，即乾隆 55 年以祝壽為名的「徽班進京」），清政府於嘉慶 3 年（1799）下達禁令擴大打擊花部諸腔。但結果是花部「趨附日眾，雖屢經明旨禁之，而其調終不能止，亦一時習尚然也」〔註98〕。以上極易與前文所提「諧歌劇論爭」做聯想，且結果都是貼近群眾的一方贏得勝利。〔註99〕

　　回到臺灣戲曲發展史討論，「歌仔」戲，顧名思義，即是以民間歌謠發展而為曲藝說唱，再發展成為「大戲」。除了七字調、都馬調等基本曲調外，大部分的曲子都形成固定曲牌，並使用於特殊角色或特定橋段，如：【卜卦調】、

〔註95〕林鶴宜，《臺灣戲劇史》。臺北縣：空大，2003 年，頁 151。

〔註96〕梁真瑜，〈臺灣亂彈戲曲白字化之研究〉。臺北：臺北大學民俗藝術研究所碩士論文，2009 年，頁 79。

〔註97〕孟繁樹，《中國板式變化體戲曲研究》。臺北：文津，1991，頁 130～131。

〔註98〕禮親王昭槤《嘯亭雜錄》記載。轉引自張庚、郭漢城，《中國戲曲通史（3）》。臺北：丹青，出版年不詳，頁 13。

〔註99〕楊世彭在〈黑白兩道聯手力鬥丐幫——淺談威瑪文化與《三便士歌劇》〉介紹《乞丐歌劇》的成功時，便直接將其與第三次花雅之爭做比擬，其曰：「一個甲子之後，相同的情事也發生在遙遠的東方……足見雅與俗之爭，時時、處處皆可見。」http://blog.xuite.net/richardwagner/library/21248192。發佈日期：2008 年 12 月 10 日。引用日期：2014 年 6 月 4 日。

【乞食調】、【陰調】、【吟詩調】等；而特殊情境下，某些曲牌也會慣性形成小「聯套」，如：【遇佳人】接【求婚】接【說媒】、【愛姑調】接【文明調】、【江西調】接【瓊花調】等。〔註100〕歌仔戲可說既具有民謠小曲傳唱度高的特點與群眾熟稔於胸的曲牌使用公式，又無明代以前戲曲「曲牌聯套體」將整個劇本內容與音樂結構繁雜的結合在一起的僵化。歌仔戲曲調之豐富，來源之廣泛，約可分成以下幾類〔註101〕：早期「老歌仔戲」的錦歌類、從大戲唱腔生發出的哭調類、直接吸收大戲曲調的戲曲類、廣泛採集的民歌類、數量最多的新調類（包括樂師自創，廣播、電影、電視階段的新創曲、直接採用流行歌曲等）。

　　歌仔戲此種歌謠式小調的串連特性，加上前述臺灣戲曲史發展過程中歌仔戲具有的語言特性和庶民風格，都與《乞丐歌劇》、《三便士歌劇》的音樂創作特色不謀而合。

　　2. 音樂編制

　　與傳統歌劇相比，從《乞丐歌劇》到《三便士歌劇》的樂器設置都走簡約風。《乞丐歌劇》的編曲者佩普許本來設計的配器只有古鋼琴、幾件弦樂器和兩個雙簧管。〔註102〕《三便士歌劇》則採用當時在酒吧流行的爵士伴奏樂隊編制——由七個人所組成的「康柏樂團」（Combo）〔註103〕，七個人一共演奏 21 種樂器；〔註104〕樂器編製大致上分為兩個部分：前排（front line）的旋律組與後排（back line）的節奏組。〔註105〕此種樂團編制，大大異於當時歐洲歌劇界盛行的「華格納式」龐大又奢華的交響樂團傳統。「極端簡明的旋律同原始調性和聲、簡單的舞蹈節奏聯繫在一起；音樂不需要轉調，僅僅是一個調跳到另一個調」，〔註106〕朗朗上口的旋律，一聽便能用口哨吹出，加速

〔註100〕林茂賢主持，《歌仔戲曲調卡拉 OK》DVD 附冊。宜蘭市：宜蘭縣政府文化局，2001 年。
〔註101〕林鶴宜，《臺灣戲劇史》，頁 153。
〔註102〕關伯基，〈一齣與時俱進的《乞丐歌劇》〉，頁 6。
〔註103〕爵士樂團中，相較於大型樂團的「大樂隊」（Big Band），「康柏樂團」是由 small combination（小編製）衍生而來的術語。
〔註104〕首演過後懷爾就修改總譜，使得現在樂譜上看到的樂器共有 23 種。
〔註105〕旋律樂器通常包含有單簧管（Clarinet）、短號（Cornet）及長號（Trombone）等，小號或短號是旋律樂器中的關鍵角色；而節奏樂器則包含套鼓（Trap Drums）、弦樂或銅管的低音樂器以及鋼琴（Piano）、班究琴（Banjo）、吉他（Guitar）等其他的和弦樂器。
〔註106〕鄭暉，〈娛樂與尖銳，而非僅僅愜意的玩笑——《三分錢歌劇》的藝術價值與當代啟示〉，頁 8。

了傳播的速度。

至於歌仔戲，與其他傳統戲曲一樣分文、武場，文場有所謂傳統「四大件」的椰胡（殼仔弦／高胡）、大廣弦（臺灣二弦／低胡）、月琴和笛子（品仔），椰胡為「主胡」（頭手弦）；武場最基本的配備有小鼓、大鑼、小鑼、鈔（鐃鈸）等。大型演出或文化場會適時增加更多國樂器的相關編制。另外，在外臺戲（尤其是「胡撇仔」）的演出中，武場加入爵士鼓，文場加入電吉他或薩克斯風等都是常例。而且，這些西洋樂器有從夜戲擴大使用至日戲的情形。〔註 107〕

對比《三便士歌劇》的音樂設計與歌仔戲的後場伴奏，很容易將文武場與爵士樂團的旋律組、節奏組相比擬，旋律組小號的主旋律角色與文場的椰胡亦極相似，樂手也是一人兼用數種樂器。編制方面，歌仔戲可以從最基本的文場「四大件」加以擴充，爵士「康柏樂團」（Combo）也可擴充成「大樂隊」（Big Band）。

故而，從音樂編制上的分組概念、可自由擴充編制的彈性、到「胡撇仔」伴奏的爵士化，皆使《三便士歌劇》在改編成歌仔戲時的相容性提高許多。

3. 奇異的「大團圓」

《乞丐歌劇》與《三便士歌劇》莫名其妙的結尾，完全將故事的諷刺性推到最高峰；不論是前者「跳出」劇情討論故事的走向，或是後者故意在 19 世紀末還來個帶著特赦令的騎馬使者，故意不合理的「大團圓」使得觀眾意識到社會或資本主義下的不公不義。

但對於中國戲曲觀眾而言，「大團圓」收尾應是看戲時習以為常的期待，這當然也是造成「中國無悲劇」理論出現的原因之一。不過，就算有一個光明的收尾，也不代表悲劇就不悲了：《竇娥冤》即使平冤昭雪她還是已成刀下鬼；《精忠旗》即使奸佞被除，岳家還是滿門抄斬；《趙氏孤兒》即使報了大仇，自盡的韓厥、公孫杵臼，犧牲親兒、忍辱負重十幾年的程嬰仍讓人想到就鼻酸。中國學者牛國玲為此下了個評論：

> 這是一種滿含辛酸，包含著無限哀怨的圓滿，也是在當時社會現
> 實無法實現的想像中的圓滿。這種圓滿本身就充滿著悲劇的氣氛。
> 〔註 108〕

〔註 107〕林鶴宜，《臺灣戲劇史》，頁 155。
〔註 108〕牛國玲，《中外戲劇美學比較簡論》。北京：中國戲劇，1994 年，頁 116。

在中國古典悲劇的特點中，「令人酸鼻」〔註 109〕是與西方思維很不同之處。雖然在亞里斯多德《詩學》第六章定義悲劇：「時而引發起哀憐與恐懼之情緒，從而使這種情緒得到發散。」〔註 110〕似乎也有提到哀憐，但他在《修辭學》解釋哀憐為：「乃由於眼見某種邪惡破壞地或痛苦地降臨某一不應得之人，且可能降臨於吾人自身或吾人親近之人，從而引起的一種苦痛感。」〔註 111〕這種苦痛感從而使吾人感到恐懼不安，耽心自己亦將變成被哀憐的對象；故沒有恐懼便不會發生哀憐的感情；蓋哀憐係由恐懼中產生。〔註 112〕此與中國悲劇希望觀眾因悲憫而落淚的目的顯然不同。

因此，「中國式的團圓」目的是讓民族性追求「圓滿」的中國觀眾不會帶著遺憾離開劇場。王國維在著名的《紅樓夢評論》說的好：「吾國人之精神，世間的也，樂天的也，故代表其精神之戲曲小說，無往而不著此樂天之色彩。始於悲者終於歡，始於離者終於合，始於困者終於亨，非是而欲饜閱者之心，難矣！」〔註 113〕尤其最後一句結論更是直指核心。故而中國觀眾在看到《三便士歌劇》的結尾時，熟悉感應該是大於突兀感的。

但《三便士歌劇》並不是悲劇，喜劇的不合理收尾總會促使觀眾思考吧？一般人可能沒注意，其實中國式喜劇的不合理收尾更是所在多有。細讀以「正義」形象著稱的關漢卿作品，其公案劇與愛情劇往往是「以暴制暴」型的收尾；尤其是愛情劇，在那些閃亮的機智美女包裝之下，其內容根本不脫元雜劇裡愛情觀所立足的倫理系統：

> 愛情→阻礙（父權）→功名（父權系統的更高位置）→遂行愛情（遂行父權，或由父權收編），並經由此一支配性論述中的權力交涉（negociation）與權力撥弄（appropriation）方得以完成。〔註 114〕

其他元雜劇作者的作品就更不用提了，筆者便曾在〈從元雜劇中女性面

〔註 109〕鄭傳寅，《中國戲曲文化概論》。臺北：志一，1995 年，頁 270。

〔註 110〕Aristotle（亞里斯多德）著，姚一葦譯註，《詩學箋註》。臺北：臺灣中華，1992 年，頁 67。

〔註 111〕轉引自 Aristotle（亞里斯多德）著，姚一葦譯註，《詩學箋註》，頁 76。

〔註 112〕Aristotle（亞里斯多德）著，姚一葦譯註，《詩學箋註》，頁 120。

〔註 113〕謝維揚、房鑫亮主編，《王國維全集第一卷——靜安文集》。杭州：浙江教育；廣州：廣東教育，2009 年，頁 64～65。

〔註 114〕陳芳英，〈團圓與收編之間——以關漢卿劇作為例〉，《戲曲論集：抒情與敘事的對話》。臺北：臺北藝術大學，2009 年，頁 27。

對婚姻挫折看女性意識──以《瀟湘夜雨》、《牆頭馬上》、《秋胡戲妻》為例〉〔註115〕中，分析過這些以團圓作結，但令人甚為憤怒不平的故事〔註116〕，並討論其社會背景與價值觀。明代以後，傳奇寫作以文人士大夫為主體，使戲文在思想內容上的批判性在傳奇中大大減弱，〔註117〕妥協與大團圓結尾的情形更加嚴重。

　　總而言之，《三便士歌劇》的不合理結局，不論對中國的悲劇還是喜劇而言，反而都符合觀眾的觀劇習慣。對胡適來說，泛濫的團圓結局是「不能使人起根本上的思量反省」〔註118〕的；那麼布萊希特希望藉由此種結局達到的「疏離」思考效果，到底能否在戲曲觀眾身上達成？便是改編時令人關注的焦點了。以《Mackie 踹共沒？》為例，導演劉守曜的做法便是更加強力道在「突顯劇中的荒謬性」，「讓觀眾更客觀、更有距離的欣賞戲劇」〔註119〕。

二、改編後的故事大綱／與原版場次內容對照

　　元宵前夕，皇帝即將出巡「龍城」時，強盜頭子莫浩然和錢依依私訂終身激怒了她的父親──乞丐集團的錢老闆，因此他計畫向虎捕頭告發莫浩然，哪知虎捕頭和莫浩然是結拜兄弟，向來掩護莫浩然，錢老闆遂自行率眾追捕莫浩然。不料，虎捕頭之女虎英兒與莫浩然亦有私情，出手相救。

　　由於錢老闆要脅要在皇帝巡視龍城時作亂，虎捕頭只得與錢老闆合力追捕莫浩然……。沒想到皇帝提前抵達，一片混亂中，眾人將一切亂源都推到莫須有的 Mackie 身上；為了平息紛爭，虎捕頭找了城主當代罪羔羊，皇帝誤認莫浩然為義賊，賜金封王。

〔註115〕陳佩瑜，〈從元雜劇中女性面對婚姻挫折看女性意識──以《瀟湘夜雨》、《牆頭馬上》、《秋胡戲妻》為例〉，《凝劇新焦點──全國碩博士生戲劇學術研討會暨讀劇會論文暨劇本集》。臺北：臺北藝術大學，2009 年。

〔註116〕例如《瀟湘夜雨》的故事原型為南戲之《張瓊蓮》（全劇已佚）。寫書生崔通及第，負心別娶，將未婚妻張翠鸞誣為逃奴，刺配沙門島，甚至囑咐解差半路將她害死。楊顯之則改添後半段劇情，寫翠鸞在臨江驛巧遇親生父親，父親為其申理，親拿崔通及趙氏；將殺之時，在義父崔文遠及父親的勸說下，翠鸞不得不同崔通痛苦的妥協，與趙氏二女共事一夫。

〔註117〕海震，《戲曲音樂史》，北京市：文化藝術，2003 年，頁 79。

〔註118〕胡適，〈文學進化觀念與戲劇改良〉。《新青年》第五卷第四號，1918 年 10 月，頁 318～319。

〔註119〕朱安如，〈布萊希特碰上歌仔戲「胡撇」出生活荒謬──從《三便士歌劇》到《Mackie 踹共沒？》〉。《PAR 表演藝術雜誌》235 期，2012 年 7 月，頁 56。

　　《Mackie 踹共沒？》劇中主要角色與《三便士歌劇》的角色（可參見頁135）對照如下表：

表 5-2　《Mackie 踹共沒？》劇中主要角色與《三便士歌劇》的角色對照表

《三便士歌劇》	《Mackie 踹共沒？》	行　當
馬基	莫浩然	小生
皮丘姆	錢老闆	三花
皮丘姆太太		
波莉	錢依依	花旦
布朗	虎捕頭	武生
露西	虎英兒	武旦
珍妮		
史密斯		
菲爾希	天賜	文生
	神秘客	
	城主	老生
女王（無出場）	小皇帝	囡仔生

　　布萊希特原版與歌仔戲改編版的場次內容對照表如下：

表 5-3　布萊希特原版與歌仔戲改編版的場次內容對照表
（記號說明：「加網底處」與「斜線」即為兩版內容增減處。）

幕次		布萊希特原版重點情節	幕次	歌仔戲改編版重點情節
序幕		〈小刀馬基的謀殺行動〉	序	神祕客引言 *以城主被虎捕頭所捕，倒敘故事。
一	1	*皮丘姆向菲爾希介紹「乞丐之友」商店規矩。 *皮丘姆夫婦發現女兒波莉不見。	一	*莫浩然自述惡行，及與錢依依邂逅經過。 *莫浩然與錢依依舉行婚禮。 *錢老闆發現女兒錢依依不見。
			二	*錢老闆向天賜介紹「乞丐之友」商店規矩。
	2	*馬基與波莉舉行婚禮，布朗受邀參加。	三	*錢老闆自述事業，及氣惱乞丐手下轉行強盜團。

				*錢老闆向虎捕頭控告莫浩然擄走女兒。
	3	*波莉回家解釋結婚的事，皮丘姆夫婦無法接受，決定告發馬基。	四	*虎捕頭受邀參加莫浩然與錢依依婚禮。 *莫浩然氣惱強盜手下轉行乞丐團。
二	1	*馬基逃跑前，交待波莉接管「事業」。		
	2	*馬基被皮丘姆太太收買的老相好妓女珍妮出賣。		
	3	*布朗之女露西與波莉在探監時爭風吃醋。 *露西幫助馬基逃獄。	五	*虎捕頭假意追捕莫浩然。 *錢老闆率眾追捕莫浩然，虎捕頭之女虎英兒出手相救。
			六	*錢依依被捉回家，與父爭執結婚之事。
三	1	*皮丘姆威脅布朗逮捕馬基。	七	*虎捕頭安排自導自演救駕邀功之事。 *錢老闆威脅虎捕頭逮捕莫浩然。
		*珍妮再度出賣馬基。	八	*錢依依在城外客棧找到莫浩然與虎英兒在一起，兩女爭風吃醋。 *錢老闆與虎捕頭聯手捉莫浩然。
	2	*波莉向露西探詢馬基下落。 *馬基欲賄賂史密斯逃獄，但手下與妻子都來不及籌到錢。		*小皇帝提前抵達，莫浩然、錢老闆互告，但皆喊冤稱Mackie所為。
			九	*聖旨令全城找出莫須有的Mackie。
			十	*（重複第一幕）虎捕頭誣指城主即為Mackie，使城主背黑鍋被捕。
		*女王大赦令下達，馬基被封爵賜俸。		*小皇帝認定莫浩然被誣陷，賜金封王。

　　由於改編版編劇劉建幗將時間順序加以重組，故兩版內容不適合逐場對照。表中以雙線（＝）分隔出二大區塊，同一區塊內的情節發展大致雷同，但順序略有調整，如此亦可觀察出改編的脈絡。

　　由上表可知，改編版對布萊希特原版最大的刪改，便是把「妓女珍妮」

這一支線刪掉，與弱化「馬基的強盜事業」一線；另強化強盜與乞丐兩大「財團」的對立，並加入「Mackie」伏筆，以帶出「沒有真正的真相」的主旨。

第三節　脫胎換骨的 Mackie

　　從劇名談起。若不看宣傳單光看劇名，《Mackie 踹共沒？》實在很難讓認識布萊希特的觀眾有直接的聯想，進而吸引他們進場；對傳統戲曲觀眾而言，這個劇名也太 fashion 了———一個英文名字，加上一個年輕人的臺語網路用語「踹共」（出來講），到底是在「並啥米茫」？但知道《三便士歌劇》的人，對劇名暗示了男主角 Mackie 的名字，想必有會心一笑（雖然看了戲才發現這個名字從男主角變成了無影鬼）；有著與第 14 屆臺北藝術節合作的關係，「踹共」一詞頗能吸引對戲曲心有隔閡的年輕族群。我相信不少人應該是懷著「Mackie 是誰？」與「要踹共什麼？」的好奇心進戲院的。

　　就性質而言，《Mackie 踹共沒？》其實難以定位。宣傳詞縱有「胡撇仔」名詞出現，但與《威尼斯雙胞案》相較，服裝雖頗有新意，但仍具古裝味；時空雖不明，但如假包換是個中國古代封建社會；音樂上有傳統有新編，但音樂設計將爵士風格與歌仔調融合得太好了，即使是新編曲調，「臺灣味」也頗重。唯一可與「胡撇仔」聯想的，大概只有它標榜的「華麗拚貼風」；在當代，只要不是傳統歌仔戲風格便會被套上「胡撇仔」一詞，其實是種濫用。對於此劇的定位，簡秀珍提出「臺灣歌唱劇」〔註 120〕一詞；服裝設計謝建國則視它為「臺語百老匯歌舞劇」〔註 121〕。兩位專家可能比較是從「唱」的角度去觀察，但筆者認為從「念、做、表」來看，《Mackie 踹共沒？》是歌仔味十足———這當然也與導演的理念有關，陳昭薇在節目冊中的演員感言提到，本來以為是要以舞臺劇的方式來表現這個西方原著，沒想到：

　　　　當大家正一點一滴遺忘了自我的「歌仔戲味」，第一次總彩排時，導
　　　　演卻告訴大家，希望我們自我的「歌仔戲味濃郁一點」……〔註 122〕

〔註 120〕簡秀珍，〈《Mackie 踹共沒？》———歌仔戲能跨得多遠？〉http://cloud.cultur
　　　　e.tw/frontsite/guide/autListSearchAction.do?method=viewAutDetail&iscancel=t
　　　　rue&columnId=9&subMenuId=302&siteId=101，引用日期：2014 年 5 月 30
　　　　日。
〔註 121〕資料來源為國立臺北藝術大學「設計基礎」上課筆記。（2013 年 7 月於北藝
　　　　大）。
〔註 122〕一心歌仔戲劇團，《Mackie 踹共沒？》節目冊，頁 25。

　　所以到宣傳後期，劇團想出了個新名詞叫「摩登歌仔戲」，頗有創意！摩登（modern）其實就是「現代」，「一心歌仔戲劇團」自信地認為創造出了一種新的模式，用摩登二字又有俏皮感；擺脫了胡撇仔的殖民「變體」框架，自然地將新的藝術元素融入「正港」的歌仔戲中。

一、重生的人物──從尖酸刻薄變嬉笑怒罵

　　本劇編劇指出，「這齣戲裡所有角色，都是非典型正派人物」〔註 123〕。依循著《乞丐歌劇》、《三便士歌劇》的人物原型，《Mackie 踹共沒？》雖承襲了角色的雙面性，卻在有意無意間，刪減了負面行為、削弱了人物間刻薄的唇槍舌劍；因而角色間勾心鬥角的喜感實質上大過於原著欲彰顯的人類劣根性，使得角色的確是「非典型」，卻依然是「正派人物」。這齣戲雖可說人人都是「壞人」，但也可以說找不到一個真正的反派角色，最後「壞人們」其樂融融，互謂「不打不相識」；真正苦的，是臺下的黎民蒼生吧！

　　值得一提的是本劇的取名頗有巧思。男主角叫莫浩然，正如其自述：「浩然正氣，正氣浩然……這個名字，它給人頭一個印象，就會產生信任感。」但編劇讓他姓「莫」，莫者，非也。真是有趣的反諷！不只如此，節目冊上還有英文翻譯──Buster Mo（Buster；破壞者、小子之意）；有網友認為：聽起來就像 Buster More（搞更多破壞），〔註 124〕真是幽默的聯想。另外，聽起來像「好捕頭」的虎捕頭，其實一點也不好！以下就各角色的「重生」一一討論之：

（一）莫浩然

　　原著中人人聞風喪膽的「小刀馬基」，在本劇的形象偏向「風流小生」居多。雖然原著中的馬基也是一副紳士外表，兩版中的男主角惡行也都是由歌隊敘述帶過；但由上節對照表可看出，歌仔版弱化了「馬基的強盜事業」，少了馬基和妻子、嘍囉們討論「事業」的對話，便很難感受出這位「紳士大哥」讓人不寒而慄之處。例如原著中波莉從起訴書中看到馬基的真面目：

　　　　波莉：……你曾經殺過兩個商人，撬門三十多次，路劫二十三次，

〔註 123〕 朱安如，〈布萊希特碰上歌仔戲「胡撇」出生活荒謬──從《三便士歌劇》到《Mackie 踹共沒？》〉，頁 57。

〔註 124〕 〈Where is 真相？ Mackie 踹共沒？〉http://halfdice.pixnet.net/blog/post/307 52509-where-is-%E7%9C%9F%E7%9B%B8--mackie%E8%B8%B9%E5%85% B1%E6%B2%92%EF%BC%9F。發佈日期：2013 年 8 月 13 日。引用日期：2014 年 6 月 5 日。

放火、謀殺，偽造証件，詐騙，都是一年半以內的事。你是個可怕
的人物。在溫切斯特你誘騙了一對未成年的姊妹。

馬基：他們說過我還誘騙過二十多個呢。……（Bertolt Brecht, 1980:
44～45）

馬基滿不在乎的不承認也不否認，只是開始交待波莉接手他的「事業」，
以為逃跑做準備。再看看小嘍囉搶完東西向馬基回報「戰況」時的對話：

羅伯特：恭喜！在海邊幹掉了一名警察。

馬基：外行。

伊德：我們盡量手下留情，但是韋斯頓德那三個人恐怕沒救了。恭
喜！

馬基：外行加笨蛋。

……

馬基：我立下的規矩是：避免流血。一想到流血，我就不好受。你們
成不了好手！是狠手，但不是好手！（Bertolt Brecht, 1980: 15～16）

完全可以想見馬基自己殺人時，優雅的拭去刀上的血，冷冷的對自己說：
「怎麼這樣不小心！」的畫面。但在歌仔版中，卻很難有這層聯想。

「事業」上的狠，不夠明顯；「感情」上的狠，則根本不見蹤影。兩女在
客棧爭風吃醋時，莫浩然是兩面安撫，不願得罪或失去任何一方；但原著的
馬基此時身在獄中，於是百般討好露西；對於沒有利用價值的波莉，直接當
面撇清關係：

馬基：你忍心胡扯我結了婚？波莉，你為什麼要增加我的痛苦？（氣
地搖頭）波莉！波莉！（Bertolt Brecht, 1980: 65）

另外，對照表中最明顯的便是「妓女珍妮」這一支線的刪除了；這一刪，
不只刪去了珍妮兩次出賣男主角的狠心，也刪去了馬基「只要女人不要命」
的執念。而後者可說是從《乞丐歌劇》就開啟的主軸，前文也已引過名段：

馬基：男子漢可以從絞索和子彈中逃脫，沒有處方的藥物也能延年
益壽。但一沾上女人，他就要毀滅掉，像聞到毒蛇的毒氣就要身亡
一樣。但蒼蠅總是愛吮糖漿，它就只好在吸吮有毒的糖漿中甜蜜地
死去。（John Gay, 1966: 38）

到了《三便士歌劇》，此主軸則可用皮丘姆太太知道一定可以在妓院找到
馬基的唱段〈性困擾的敘事曲〉（或譯〈病態色情狂小調〉）為代表：

明知女人是禍水，

因此他不讓女人呆在身旁。

只是早晨難料晚間事，

夜來臨，他又犯病，復發狂。（Bertolt Brecht, 1980: 50）

　　此種好色成癮的欲望在歌仔版卻消失無踪，使得男主角只是「風流卻不下流」，二女共事一夫對戲曲傳統來說，簡直是 Happy Ending。重點是，珍妮不只是馬基尋芳問柳的一夜情對象，她甚至可稱為馬基的「糟糠之妻」；《三便士歌劇》以高雅、愉悅的「抒情性小調」呈現馬基與珍妮合唱的〈妓院敘事曲〉，其旋律與內容的反差，完全教人是不「疏離」也難：

馬基：有一段日子，現已成往事，

我和她，我們生活在一起，

雖然是我出智慧，她賣肉體，

我保護她，她養活我。

有時情況變化，但也經常如此。

嫖客一來到，我就爬下床，

獨自逍遙，灌下一瓶白蘭地；

嫖客付鈔，我開口道：先生，

你願再來——不勝歡迎之至。

就這樣，我們在妓院成家，

整整半年，我們相處在一起。

珍妮：那一段日子，現已成往事，

他和我相好。

沒有客人時，他便哀求道：

我要典當你的襯衣。

襯衣，行啊，沒有襯衣也能過得去。

由於我也變得精明老練，

有時便問他為何這樣厚顏無恥。

他卻給我一個嘴巴，

有時候我因此一病不起！

兩人同唱：多美好，我們在妓院成家。

整整半年，我們相處在一起。（Bertolt Brecht, 1980: 54～55）

如此赤裸的坦白，將馬基不堪的嘴臉刻畫得是栩栩如生。

歌仔版沒有了珍妮，也就沒有了強盜與妓女「自解」的〈第二幕終曲〉二重唱的名句：「先要吃飽，才有道德」；沒有了布萊希特所要批判的資本主義之醜惡，徒留忙著與乞丐集團搶人馬，閒來偶爾捻花惹草的財團公子哥兒。

（二）錢老闆

《乞丐歌劇》中，頭號諷刺的人物——偽君子皮丘姆，在《三便士歌劇》的（壞）鋒頭雖被馬基奪去了，但仍是一付兇惡嘴臉。到了歌仔版中，他搖身一變成了「三花」錢老闆；這丑角的行當一旦定下去，就讓人很難打從心底厭惡這個角色了。雖然編劇認為：「三花的肢體、語氣、能量，也更可以帶出本劇想要呈現的荒謬感。」〔註125〕但除了荒謬到啞然失笑外，對於此等偽善之人該有的鄙棄，卻很難產生在錢老闆身上，茲引一段網友評論為證：

> 怎麼可以，有人把奸巧的丑角演得這麼逗趣溝錐又討人喜歡，一看
> 到他吹翹子瞪眼還拿著長得很離譜的煙斗敲自己手下就令我忍不
> 住嘴角上揚。……這樣的人物，就算他利用人性的善良培訓假乞
> 丐……雖然他很明顯是個汲汲營營的奸商，我還是無法把他跟壞人
> 聯想在一起……〔註126〕

（三）虎捕頭

《三便士歌劇》將《乞丐歌劇》的監獄主管洛奇分化成行政司法長官布朗與警長史密斯兩個角色，到了歌仔版，又將這兩個角色再度合而為一，成為虎捕頭。

為何布萊希特要把原本《乞丐歌劇》的官方角色一分為二？從勾結對象改變的角度來觀察：原本官方是與皮丘姆勾結，但當《三便士歌劇》的官方改與馬基勾結後，布朗的處境就尷尬了，因此布萊希特多設計一個角色負責實際逮捕馬基，以及成為馬基最後欲買通的對象。而布朗這個位高權輕的角色，則刻意描繪得既溫情又懦弱，極為搶戲。在馬基第一次入獄時，布朗的

〔註125〕 朱安如，〈布萊希特碰上歌仔戲「胡撇」出生活荒謬——從《三便士歌劇》
到《Mackie 踹共沒？》〉，頁 57。

〔註126〕 〈Where is 真相？Mackie 踹共沒？〉http://halfdice.pixnet.net/blog/post/3075
2509-where-is-%E7%9C%9F%E7%9B%B8--mackie%E8%B8%B9%E5%85%
B1%E6%B2%92%EF%BC%9F。發佈日期：2013 年 8 月 13 日。引用日期：
2014 年 6 月 5 日。

表現是：

> 馬基：……（瞥見布朗縮向房間的一角。）
>
> 布朗：（長久的停頓，在舊友的銳利目光下）啊，馬基，可不是我……我盡了一切力量……別這樣瞧著我，馬基，……我受不了……你的沉默也是可怕的。（向一名警察吼叫）你這豬玀，給他鬆綁……馬基，對你的可憐的杰基說幾句話……對他說說不幸的……（以首撞牆，哭泣）他一句也不願意對我談。（Bertolt Brecht, 1980: 57）

杰基是布朗的小名，馬基私下都是這麼叫他的。如此戲劇化的可愛角色在歌仔版中消失，可能是戲種文化的考量。首先，歌仔版壓根沒讓瀟灑的莫浩然進過一天監獄，那麼要遇到長官可能有點困難。其次，戲曲有行當上的設定，捕頭的角色有很多武打的機會可以發揮；設計一個武生的角色，可以讓一齣戲的行當更多元，唱念做表也更豐富。再者，懦弱的布朗實在不像一個武生該有的形象。

結果就是，保留警長的職位，再加上布朗的際遇，最終塑造出了虎捕頭。

（四）錢依依

女主角錢依依的性格明顯的在官、商、盜的男人世界中被邊緣化了。《三便士歌劇》中豪邁唱著〈盜賊珍妮〉的波莉，在歌仔版中的〈波莉之歌〉只是柔情的思念夫君，導演還在舞臺上安排莫浩然和虎英兒於一旁卿卿我我以顯諷刺。原著波莉坦蕩蕩的回家解釋結婚的事，在歌仔版中變成被強押回家。原著中波莉接下馬基「事業」後，立刻展現架勢，壓制下懷疑女子能力的手下，贏得眾人的擁戴；歌仔版中，錢依依只是跟隨著夫君一起「跑路」，唯有被押回家時，偷偷扮演幫丈夫挖角的內應角色。至於與莫浩然最根本的結婚原因，歌仔版拜堂一幕，錢依依一出場便唱著：「坐擁山寨，威風凜凜。」在唱〈波莉之歌〉前則讚嘆了一句：「那欸這呢緣投！」看來不是為了外表就是權力。原著中波莉並沒有清楚解釋原因，但曾提到馬基「他不富有」、「看看他的相片，他漂亮嗎？不。」且看來她在結婚前並不確定馬基的「事業」為何？只知他被稱為「上尉」，所以錢、權、外表至少不是第一考量。再對比《乞丐歌劇》裡的波莉，更完全是愛情至上了。

（五）虎英兒

原著中潑辣的露西，在歌仔版變成英姿煥發的武旦英兒。同樣只占了半

齣戲，英兒可比《三便士歌劇》的露西搶眼多了——當然完全是因為有武打場面、身段優美，再加上扮相俏麗可人，即使是花瓶也讓人目不轉睛。露西會淪為配角是布萊希特改編造成的；布萊希特應該發現無法讓如此儒弱、看重馬基的布朗像《乞丐歌劇》裡的父親角色般，惡毒的咒罵女兒露西「你就像一隻搖尾乞憐的狗，去向那個虐待你的男人啜泣？」所以讓露西與布朗在《三便士歌劇》中完全沒有交集，刪去了兩大段父女兩人針鋒相對的場次，也削弱了露西的角色完整性；讓露西／虎英兒只剩功能性的助馬基逃獄，及與波莉／錢依依爭風吃醋。不過在歌仔版中，虎英兒與虎捕頭倒是有一段唯一的交集——即是虎捕頭被迫與錢老闆聯手去客棧捉莫浩然時，發現自己的女兒也在場，因而對莫浩然罵了句：「我將你當作兄弟，你戲弄我女兒的感情！」但後來也是不了了之。

（六）天賜

在原著中，菲爾希可說是一個大龍套；而在歌仔版中，天賜成為戲份雖少、但影響全局的關鍵性角色。因為 Mackie 這個名字即是藉由天賜之口兩度說出，而造成最後的羅生門；甚至他最後還成了新城主。將菲爾希的角色設定為文生（儒生）是個很不錯的概念，在中國社會，儒生代表將會考上科舉，飛黃騰達；但沒考上以前，就是個最「沒路用」的書呆子。在這個由官、商、盜構築而成的「龍城」中，可以說完全沒有儒生的生存空間，他「鬥狠不過強盜，演技又輸乞丐，只能扮『白癡』生存，作個無腦之人，諷刺之至」〔註127〕。不過，天賜代表的這個小百姓，卻又是最堂而皇之遊走於官、商、盜三方之中的人物。第八幕中，從丐幫跳槽到賊窟又被官方吸收的他說：「為了三餐，黑道和白道攏嘛同款！」最後，在 Mackie 風波一發不可收拾之時，虎捕頭求教於「有腦」的天賜（但此時卻是神祕客打扮出場），事成之後，以「城主」之位酬庸。令人好奇的是編劇對城主之位的設定，若是位高權輕，那麼天賜可就成了虎捕頭的傀儡城主；若是握有實權，那麼不就暗示「有腦」之人還是可在鷸蚌相爭、你死我活中，出一張嘴便漁翁得利嗎？

〔註127〕林乃文，〈戲劇對社會的辯證、調笑、或消費？一心戲劇團《Mackie 踹共沒？》〉http://coolmoonintaiwan.blogspot.tw/2013/05/mackie.html。發佈日期：2013 年 5 月 16 日。引用日期：2014 年 6 月 5 日。

（七）其他角色
1. 皮丘姆太太

歌仔版刪除此一角色，但原著中的皮丘姆太太戲份不算輕，除了負責收買妓女，主要擔任皮丘姆先生的「捧哏」角色；對待女兒有著牙尖嘴利的「刀子口」，但看不出有「豆腐心」。如波莉完婚後回到家時：

> 皮丘姆太太：結婚了？一旦有人給她全身穿戴，衣服、帽子、手套和陽傘，一旦她身價貴得像一艘遊艇，她就把自己像一條爛黃瓜似的扔進了污水坑。（Bertolt Brecht, 1980: 33）

如波莉探監馬基，最後被母親拉走時：

> 皮丘姆太太：……賤貨，離開這裡。你的漢子被絞死的時候，你也可以自己上吊。
>
> ……
>
> 波莉：慢著。我還要……還要和他說幾句……確實的……你知道，這十分重要。
>
> 皮丘姆太太：（打波莉耳光）這也重要？走！（Bertolt Brecht, 1980: 66）

歌仔版刪除此角色可能是難以定位行當，「老旦」太溫和，「三八」可能會和錢老闆的「二花」性質太雷同，讓本劇變成鬧劇。也可能是怕戲曲觀眾無法接受如此狠心的母親（光看劇本就令人目瞪口呆），這種角色分明不是後母就是老鴇啊！

2. 珍妮

歌仔版刪除此一角色。此角的重要諷刺性已併入「莫浩然」一角分析。

二、新生的主題

據筆者分析，本劇掙脫原著另行發展的重點主題有二。其一是內容上將批判資本主義，簡化為兩大集團的鬥爭；並翻轉重點，利用 Mackie 這個被虛構出的名號引起的一連串問題，諷刺現實社會永遠找不到真相。其二是形式上將布萊希特從中國戲曲「誤讀」而變身的疏離效果，再回頭運用於傳統戲曲界，沒想到卻激盪出不落俗套，又相輔相成的效果，使戲曲觀眾既耳目一新，又熟悉自在。茲將上述兩大主題於下文進一步討論之。

（一）不存在的 Mackie／找不到的真相

《乞丐歌劇》是一齣針對政治與音樂的諷刺劇，《三便士歌劇》則是批判

資本主義的寓言劇。筆者看來，《Mackie踹共沒？》又回到了諷刺劇的層級。表面上看來是拉高了社會黑暗、道德淪喪的宗旨，進一步討論眼見無以為憑，利益掩蓋一切真相；實際上也就只是擴大了從《乞丐歌劇》到《三便士歌劇》一直存在的「雙面性」主題。但《乞丐歌劇》諷刺的男盜女娼主旨「只剩男盜，不見女娼」，與《三便士歌劇》批判的資本主義的本質，被簡化成臺灣鄉土劇式的兩大財團（乞丐 v.s.強盜）之爭。

前文提過，布萊希特《三便士歌劇》兩個最別出心裁的設計，一是馬基的婚禮，二是皮丘姆的「乞丐之友」商店。歌仔版雖皆有保留，但以前者而言，原來燒殺擄掠換來的喜慶表面，只簡化為趁帝寶的劉媽媽不在來偷住兩天，和從劉員外家偷來了一張席夢思名床，溫和至極。以後者而言，原來充滿斷肢殘臂的擺設，只剩下一張「龍正區」地圖與一件補丁乞丐衣，沒有了震撼的驚悚感；也沒有皮丘姆強要奪走菲爾希靴子（其母親遺物）的冷酷跋扈，換來的是中國人對「丐幫」的親切感。

原本「金錢至上」可說是充滿整個《三便士歌劇》之中，包括：馬基在逃跑前，交待波莉接管「事業」；死前也要跟布朗算清帳目；老相好妓女珍妮僅為了十先令就出賣馬基；史密斯為了一千鎊可以隨時放走江洋大盜；甚至對皮丘姆而言，反對波莉嫁人的主要原因是他「把女兒當作最重要的資產」，他說：「我的女兒是我晚年的依靠，斷送了她，我的家就垮了，我最後一條看家狗也跑了。我敢把最後一點家當送人嗎？送了人，我能不凍餓而死嗎？」

將乞丐、強盜視為「專業」是布萊希特的概念，但當簡化成兩大財團之爭，「團體」利益便置於「個人」之上了。於是「老闆」考量的，不是如何「經營」事業，是如何「競爭」；競爭的方法是直接挖角對方人馬，追求死對頭的女兒以獲得對手的內幕……。如此演繹通俗有餘、深度不足；但，對編劇而言，也許批判資本主義本就不是她想強調的主題，那麼接下來要分析的，便是歌仔版的最高主旨——沒有真相的社會。

本劇最重要的設定就是說書人了，既援引了布萊希特「敘事者」的設計，又擔任著神祕客的角色，再加上其與天賜是同一人扮演，簡直讓觀眾「霧煞煞」；但這也可能就是編劇的目的。神祕客每次出現通常都要一再的提醒觀眾：「你，甘有看到我？人講眼看為憑，但是我們看到的甘一定是真？」而由同一演員扮演的天賜，又是Mackie此一虛構人物的最初捏造者，在捏造時突然出現的奸巧表情，常不免讓觀眾懷疑他的迂腐是偽裝的；有時，他倆的身

份甚至合而為一──前文曾提過，在 Mackie 風波一發不可收拾之時，虎捕頭曾求教於天賜，但卻是神祕客出場。因此，從觀眾的角度看來，天賜和神祕客很可能是同一人，甚至懷疑他就是 Mackie。

讓我們回顧一下 Mackie 的產生：第一次在第二幕，天賜答不出是誰叫他來找錢老闆的，便編造了一個名字、呼嚨過去；第二次在第四幕，天賜在賊窩中被誣賴是散播當乞丐較好的謠言製造者，只好再找出 Mackie 背黑鍋，當場看起來應是真正始作俑者的某小盜立刻呼應，便坐實了 Mackie 的存在。這也間接導致莫浩然、錢老闆在小皇帝面前互告時，皆喊冤稱是 Mackie 所為。當荒謬點在此引爆後，便是一連串的失控演變了：全城雞犬不寧的將「賣雞的」當作 Mackie 找破頭→一道道明明搞不清楚狀況，卻又想解決事情的聖旨→虎捕頭誣指城主即為 Mackie→強盜頭子成了親善王，乞丐財團老闆擴張了事業，虎捕頭獲恩寵。相信看到最後，觀眾已經不在乎到底有無 Mackie 此人，而會為眼前可悲又可笑的發展感嘆「竊鉤者誅，竊國者侯」。而這一切，都是前面鋪陳的官商勾結、黑白兩道一家，錯綜複雜的利益網絡造成的；最終目的是達到既得利益者的恐怖權力平衡，在多方勢力夾縫中生活的平民老百姓之生死存亡，則完全不在他們考量之內了。

但也因劇情本身敘事完整，其實不勞神祕客不時游離出劇情提點觀眾，紀慧玲小認為：

> 不時出現的說書人、神祕客，又突兀地出現，說著高人祕語，揭示著全劇最深沈的主題：真相是什麼？……就效果上，卻有多此一舉之嫌。……官商勾結、騙術治國的諷刺早就藉著劇情鋪陳完成，如此再拉高題旨，探討「政治真相」或「眼見為憑」的真假，反倒讓主軸搖擺，失去了諷刺到底的辛辣力道。〔註128〕

除了這最高主旨外，編劇也一直藉角色之口，說出自己欲批判之臺灣社會現狀，如莫浩然說：「現在的人就是這樣，只看到別人爽快的一面……不會反省，實在真該死啊！」而筆者最欣賞的一段，其實是編劇完全歧出原著反諷臺灣現狀的部分──第七幕中，虎捕頭安排自導自演救駕邀功之事。他讓三個強盜嘍囉假裝刺客行刺皇帝，並幫他們想好引人同情的社會邊緣人背

〔註128〕紀慧玲，〈依稀 Brecht，依舊歌仔《Mackie 踹共沒？》〉。《表演藝術評論臺》：http://pareviews.ncafroc.org.tw/?p=3527。發佈日期：2012 年 9 月 4 日。引用日期：2014 年 6 月 6 日。

景：分別是弱勢族群、新住民、精神疾病患者；而這些情形，也正是臺灣媒體除了政治外，經常操弄的議題例子。接著，虎捕頭開始連哄帶騙的安嘍囉的心：

> 虎捕頭：開堂審案這個過程，我絕對會讓它拖到很久很久，難道你沒聽過，一審重判，二審一半，三審豬肉麵線？……時間一久，大家都放昧記囉！

面對如此赤裸裸的提醒，臺下觀眾倒寧願這只是戲。

（二）「疏離效果」對戲曲觀眾是否有作用？

一齣改編布萊希特的戲是否要做到「疏離」呢？就形式上而言，《Mackie 踹共沒？》似乎是有依循疏離原則的。以結構來看，有說書人，有演員跳出敘事（甚至跳出的比例幾乎高到快要成為說書接龍，不是戲劇了），有歌舞穿插，有標語。以表現方式來看，演員頗有「動漫風格」，象徵化的表演有布萊希特教育劇時期的人物概念化特徵；再加上本劇人物的誇張肢體、定格方式、不論丑角與否皆有搞笑戲碼等等。以上種種，在在令我感到疏離，尤其在看DVD複習時，疏離感受更強烈。但在現場觀戲時明明還好呀？我想，問題應是出在有無觀眾。

耿一偉在節目冊中的總監感言中提到，這齣戲「是從骨子裡打著布萊希特招牌反布萊希特」〔註129〕，卻沒有多做解釋；筆者認為，他可能是在講「不疏離」這件事。

與觀眾拉近距離似乎就不會疏離。首先，現代流行語彙滿布全劇，不可勝數，如：7-11、帝寶、小三、索票、財團……等等；現代戲劇愛玩的BL（參見頁110註58）哏，也讓莫浩然和虎捕頭來了一段「不論是海枯石爛，不忘當初」的含情脈脈；嘲諷臺灣政治現狀的情節亦比比皆是，如：「前朝皇帝關三年都還在關」、「至少，我可以讓你們保外就醫」、「完全是依法行政」、「阮家沒有水池和金爐攤銀子」……等等。在在引起觀眾共鳴，撩撥觀眾情緒。再者，臺上演員也樂於與臺下觀眾互動，多次與觀眾對話，尤其當臺下有相識的名角時，「玩」得更開心！例如前述第七幕虎捕頭安排自導自演救駕邀功之事時，強盜嘍囉們問該如何執行，虎捕頭便用了歌仔戲常見的橋段比劃了一番，沒想到眾人卻說看不懂；此時，虎捕頭便會指著臺下的名角（網友有

〔註129〕一心歌仔戲劇團，《Mackie 踹共沒？》節目冊，頁8。

提陳亞蘭、筆者那場是白冰冰）說：「亞蘭／冰冰姐都看得懂，你怎麼看不懂……」，該人也會大方站起身呼應，逗得全場是樂不可支，歡聲雷動。我想，這就是外臺戲特色的展現吧！

　　諸如此類的互動場面，在 DVD 中（筆者猜測是彩排錄影場）是看不到的，因此每個頓點間便讓人覺得略「乾」，疏離感油然而生；可見觀眾對戲曲表演的呈現效果有多麼大的影響。

　　但，這就是「入戲」嗎？那就要看每個人對「入戲」如何定義了。若指的是前述「演員」塑造出的劇場氛圍，觀眾自然是融入其中；但若指的是「角色」製造出的劇場幻覺，筆者就不覺得觀眾深刻投入了——即便如此，並不影響戲曲觀眾對劇情的理解。在中國戲劇的發展史上，本有「詩讚系」（文學結構）／板腔體（音樂結構）與「樂曲系」（文學結構）／曲牌體（音樂結構）的分野；「詩讚系」即指說唱藝術（參見頁 181）。故而戲曲觀眾對以「說書」方式看故事是非常熟悉的；不若西方觀眾從完全的劇場幻覺到敘事劇場會有明顯的疏離感。

　　當然，「入不入戲」也跟這齣戲是喜劇有關係，編劇即說：「布萊希特講疏離，而喜劇本來就是疏離的。疏離，大家才會覺得好笑。全劇從頭到尾，都沒有希望觀眾正經八百、完全投入。」〔註130〕在討論「劇場幻覺」時，一般認為傳奇劇與悲劇較能引起同一作用或現象（identification），笑劇與喜劇較能引起超然作用或現象（detachment）；〔註131〕以後者而言，柏格森（Henri Bergson，1859～1941）在《笑》（Le Rire）一書中指出：「當我們笑的時候，必須在頃刻間忘卻愛慕，扼制憐憫才行。」〔註132〕但「笑」的反應卻引起劇評人黃佳文的不滿：

　　　《Mackie 踹共沒？》面對許多觀眾無疑是部有趣的作品，但不禁要問這齣戲該笑嗎？全劇所反映的是臺灣的社會問題，編劇極盡所能嘲諷官員、商紳舞弊瀆職，讓觀眾認清「什麼時代這等悲哀」，民眾本該難過、氣憤，為何反倒一笑置之？笑，能否解決問題？這也凸

〔註130〕朱安如，〈布萊希特碰上歌仔戲「胡撇」出生活荒謬——從《三便士歌劇》到《Mackie 踹共沒？》〉，頁 57。

〔註131〕關於劇場幻覺的戲劇分類軸線與例外，請見姚一葦，《戲劇原理》。臺北：書林，1992 年，頁 152～164。

〔註132〕Henri Bergson（昂利·柏格森）著，徐繼曾譯，《笑——論滑稽的意義》。臺北：商鼎文化，1992 年，頁 3。

顯了民眾在娛樂的當下早已習慣漠視社會問題……〔註133〕

我想，黃佳文是低估戲曲觀眾了。本章第二節提過，戲曲觀眾「有理智的判斷，有感情上的共鳴，還有美的欣賞」，在熱鬧嘻笑的劇場氛圍下，觀眾真的不會「疏離」而思考嗎？來看一般網友的感想：

> 「這是什麼樣的年代，如此無奈，如此悲哀」
>
> 他們唱得如此激昂如此歡快，我卻真的越來越覺得沈重悲哀……
>
> 謝幕時，詩珮問大家，有沒有看得很 High
>
> 大家都尚未自「什麼年代」的豪邁壯闊歌舞中平復，異口同聲用力喊著：high～～～～～
>
> 但是，這樣一個年代，花二個半小時看一個劇團的戲就可以復習近半年臺灣的新聞紛擾；大家都聽出歌曲中的諷刺跟悲哀，卻只能一笑置之，這樣一個年代，的確有太多無奈啊。〔註134〕

或是較專業的劇評：

> 當觀眾們意識到自己既非乞丐、非強盜、非白癡，而是這場社會惡鬥下沉默被剝削者，舞臺上的鬧譴喜趣與現實中的悲哀在心中糾結。除非既得利益者、或犬儒得透徹，否則很難不感到詭異。這種喜與悲的悄然拉鋸……〔註135〕

我們可以得知這齣戲維繫了戲曲觀眾某種「入戲」的慣性，也達成了布萊希特所希冀的「疏離」思考效果。至於到底什麼是「打著布萊希特招牌反布萊希特」的問題，也就丟一邊去吧！

三、跳躍式敘事法的驚喜

非線性的跳躍式敘事法在現代戲場已是不足為奇，但在戲曲界確實少見

〔註133〕黃佳文，〈當笑聲掩蓋悲歎《Mackie 踹共沒？》〉。《表演藝術評論臺》：http://pareviews.ncafroc.org.tw/?p=3660。發佈日期：2012 年 9 月 24 日。引用日期：2014 年 6 月 6 日。

〔註134〕〈Where is 真相？Mackie 踹共沒？〉http://halfdice.pixnet.net/blog/post/30752509-where-is-%E7%9C%9F%E7%9B%B8--mackie%E8%B8%B9%E5%85%B1%E6%B2%92%EF%BC%9F。發佈日期：2013 年 8 月 13 日。引用日期：2014 年 6 月 5 日。

〔註135〕林乃文，〈戲劇對社會的辯證、調笑、或消費？一心戲劇團《Mackie 踹共沒？》〉http://coolmoonintaiwan.blogspot.tw/2013/05/mackie.html。發佈日期：2013 年 5 月 16 日。引用日期：2014 年 6 月 5 日。

──或者說，因為利用「標題」手法，讓觀眾意識到時間的明顯變化，這的確是讓人眼睛一亮。比起線性敘事，非線性敘事有揭開謎底／真相的快感；再相較於角色「說」出真相的平鋪直述，倒不如「演」出真相的鮮活真實。

其實仔細回顧，真正時序前後跳躍也只有「一大兩小」處：「一大跳躍」即指整齣戲的倒敘架構，頭尾兩幕設定的一模一樣的確讓人有不勝唏噓之感──兩個多小時過去了，舞臺卻又回到原點，面對著一樣的戲，已看出真相的觀眾卻比兩小時前的自己多了無奈與悲哀。這部分筆者並不覺得屬於時序的「跳躍」。

「兩小跳躍」指的一是第一幕開頭，莫浩然自述與錢依依邂逅經過時，時序一度由「皇帝抵達前兩日」跳到了「皇帝抵達前七日」；二是第三幕尾聲，虎捕頭說道：「一個時辰以前，我剛參加完一個婚禮回來。」第四幕便跳回了虎捕頭受邀參加莫浩然與錢依依婚禮場景。後來的時間其實就完全是「順敘」的了。但觀眾可能是受到之前「標題」制約的影響，之後只要一看到「標題」就覺得「時序又要跳躍」而產生了緊張感。例如楊馥菱認為：「因為跳躍式敘述的情節，倒敘夾敘兼而用之，讓人偶有節奏過快而難以銜接的困惑」〔註136〕。紀慧玲也認為：「過於跳躍的時間序紊亂了觀戲線索，讓觀眾忙於欣賞『演技』，已來不及思辨其中深意」〔註137〕。筆者倒覺得此種「緊張感」頗讓人興奮，尤其在第八幕時間倒數的單位從「日」變成「時辰」，越來越快時，還真的有臺上的角色「皇帝不急」，臺下的觀眾「急死太監」的感覺；最後一拍「皇上駕到」聲響，臺上的角色都驚呆時，「標題」卻默默的換成「居然提早了」！簡直是詼諧到極致，讓人拍案叫絕。故而亦有劇評認為：「利用離皇上駕到還有幾個時辰的倒數時間提示卡，讓整齣戲帶有現代推理劇的推展節奏，非線性敘述也不至於蕪雜失去主軸。」〔註138〕

但如此解構原著的時序，還是有影響劇情邏輯之處。例如：編劇將婚禮

〔註136〕楊馥菱，〈摩登歌仔戲 說出創意新蹊徑〉。《PAR表演藝術雜誌》238期，2012年10月，頁75。

〔註137〕紀慧玲，〈依稀Brecht，依舊歌仔《Mackie踹共沒？》〉。《表演藝術評論臺》：http://pareviews.ncafroc.org.tw/?p=3527。發佈日期：2012年9月4日。引用日期：2014年6月6日。

〔註138〕林乃文，〈戲劇對社會的辯證、調笑、或消費？一心戲劇團《Mackie踹共沒？》〉http://coolmoonintaiwan.blogspot.tw/2013/05/mackie.html。發佈日期：2013年5月16日。引用日期：2014年6月5日。

拆成前、後兩段，中間嵌入錢老闆的出場：從其發現女兒不見，到向天賜「落落長」的介紹「乞丐之友」商店規矩，到氣惱手下的乞丐轉行強盜團，最後才向虎捕頭控告莫浩然。這樣的順序會讓觀眾覺得，錢老闆告官的主因是「搶會員」，而非「搶女兒」。再說，婚禮前半場後，接著錢老闆發現女兒不見，觀眾自然會認為時間是接續的（也就是女兒已經拜完堂了），但等到錢老闆跋山涉水、千里迢迢到官府時，卻對虎捕頭說，莫浩然搶走他女兒，「今晚」就要強逼拜堂。等到錢老闆走後，虎捕頭又說：「一個時辰以前，我剛參加完一個婚禮回來。」如此的時間差，真是讓人暈頭轉向，只好自己想了一個內部解釋：錢老闆沒用的手下傳回「過期」的情報了。

最後要強調，雖然本劇打破了線性敘事，但敘事的內容其實是「增加」的，不像《三便士歌劇》那麼斷裂。例如為了表現武打場面，光捉莫浩然的過程就演了兩場戲，過程中表現了虎捕頭假裝的「力有未逮」，亦表現了兩女又愛又氣的複雜心境等等；而《三便士歌劇》馬基第二次被捉時，就只有在標題上寫著「他曾經再次去妓女處，又再次被出賣」。此點既可呼應前文提過的歌仔版特點之一為劇情敘事完整；又可解釋歌仔版觀眾較易入戲的原因之一，也許是接收到了更多細節資訊。

四、流暢的舞臺調度與用心的幕後設計

雖然全劇的風格走向幾乎已被編劇定調，但導演穿針引線的統籌整體，將舞臺設計、演員身段、音樂、服裝恰如其分的結合成一個完整的藝術作品；並且還尊重／保留歌仔味，絕對是功不可沒。

除了不明顯分場的流暢轉場。在肢體／身段方面，大到群體歌舞戲與劇情的連結，如：原本歡樂的慶祝場面在莫浩然出場手一指：「兩天前，他們才不是這樣唱的。」群眾立刻倒臥地上，痛苦呻吟。〈波莉之歌〉時，導演安排一生二旦同時出現在舞臺上，以時空並置、虛實交錯的技法，配合音樂設計的多聲部合唱，對比出小旦的痴守與小生享盡齊人之福的諷刺，充滿視覺與聽覺的享受。小到演員的靈活肢體，如：與錢老闆鬥嘴的小乞丐被迫一轉身就成了人肉座椅；錢老闆不停擠眉弄眼抽動嘴角的逗趣表情、跋山涉水的豐富做表。更不用說以武戲起家的「一心」，設計了多場武打場面，漂亮矯健。可以說不管主、配角的每個動作都有意義，不浪費任何一拍，銜接巧妙。

　　在吸收現代劇場元素方面，第四幕開頭由虎捕頭交待倒轉一個時辰時，眾人出現戲曲界少見的倒帶動作與機器人姿態，令人激賞。以丟擲、接收代表「搜索票」（劇中賄款的代稱）的飛盤，也讓人聯想到戲曲的雜耍或義大利即興喜劇的 Lazzi（參見頁 97，如表演工作坊《一夫二主》的著名橋段）。

　　在舞臺設計方面，回到傳統「一桌二椅」的簡潔概念，「演出以空臺為主，再運用『一物多用』的概念，活化道具、布景使用」，[註139] 筆者甚為肯定。近年很多精緻歌仔戲受現代戲劇影響，在舞臺上設計了過多的具體布景，反而僵化了戲曲流動的時空特性。不過布萊希特提示劇情的「標題」牌子，在歌仔版中只剩下提示時間功能，稍嫌可惜；唯有在婚禮時轉面後多了「囍」字屏風功能。說到字板的兩面功能，群眾手裡拿的牌子，前一刻還是「怨」、「我要生存」，下一刻翻個面立刻變成「讚」、「萬歲萬歲」，也諷喻著群眾的易於操控、人云亦云。

　　服裝設計方面，官、商（丐）、盜三方人馬明顯有所區隔。顏色上來看，以莫浩然為首的盜賊是以藍灰色為主；以錢老闆為首的乞丐是以土黃色為主；以虎捕頭為首的捕快則以紅紫色為主。謝建國特別指出三方人馬在領子設計上亦有區別，[註140] 盜賊群是古裝領，乞丐群是襯衫領，捕快群是多層領；故而即使兩位旦角的色系不方便與男生整合，依然可從領子立刻認出女兒跟父親是「同一國」的。（參看圖 5-3、5-4，頁 174）

　　音樂設計方面，正如筆者前言所述，設計者完全達成他的理念——「在歌仔戲曲調的主軸邏輯下，能水乳交融地呈現」[註141] 東西方音樂。所以雖然是傳統曲調與新編曲調輪番上陣，但轉換過程流暢，其實很難界定哪一段是傳統曲調、哪一段是新編曲調。例如第六幕一開始還是歌仔調的背景音樂，不知不覺〈波莉之歌〉就開始了。新編曲調大部分是主題曲，歌仔調還是多用於敘事；所謂的爵士風格除了〈波莉之歌〉外，並不太明顯。包括〈什麼時代〉在內的新編曲調沒有什麼西洋歌曲的味道，就像流行的臺語歌，朗朗上口。

〔註139〕朱安如，〈布萊希特碰上歌仔戲「胡撇」出生活荒謬——從《三便士歌劇》到《Mackie 踹共沒？》〉，頁 57。
〔註140〕資料來源為國立臺北藝術大學「設計基礎」上課筆記。（2013 年 7 月於北藝大）
〔註141〕一心歌仔戲劇團，《Mackie 踹共沒？》節目冊，頁 12。

圖 5-3　《Mackie 踹共沒？》　　　圖 5-4　《Mackie 踹共沒？》服裝——盜賊群藍
　　　　節目冊封面　　　　　　　　　　　　灰色系；乞丐群土黃色系

圖片來源：一心歌仔戲劇團臉書 https://www.facebook.com/YiShin1989/photos/a.
　　　　　262158753903166/262160470569661/?type=3&theater

第四節　小結

　　本章第一小節先從《乞丐歌劇》談到《三便士歌劇》，以溯源故事的流變與影響力。第二小節著力在釐清布萊希特與中國戲曲的特色異同，最後則直接聚焦在布萊希特的《三便士歌劇》與戲曲中的歌仔戲，討論兩者互通的共性。第三小節即針對《Mackie 踹共沒？》本體做角色、主題等的深度剖析。綜合本章所述，歌仔版包括歌唱元素、敘事手法、群眾性、互動性……等等原本就與原著相契合的特徵；加上《Mackie 踹共沒？》編劇敘事手法的巧思、舞臺設計與音樂等等適切的搭配；再畫龍點睛的加上歌舞劇的場面與歌劇的多聲部合唱。其實最後出爐的成品完全就是道臺式大餐，順口地幾乎讓人懶得再去追究食材來源為何。

　　「歌仔戲怎麼那麼適合改編布萊希特！」這是筆者在現場看完《Mackie 踹共沒？》的第一感想。我想，尋求適切的新題材或新形式，再加上學習卻不拘泥於西方戲劇思維的開放心態，才是真正的「吸收消化」，而不是「擷取」外國養分吧！

　　當然這齣戲仍如前文所述，在劇情和思想上還有一些討論空間，例如拿

掉了尖銳的資本主義批判，是否可惜？降低為一般諷刺劇的層級，是否太過通俗？加入太多臺灣現狀的比擬，是否削弱其普世性價值？

　　如同前文討論布萊希特與中國戲曲的教育功能差異性，歌仔版雖在尾聲帶給觀眾反思現狀的效果，但整體而言，結論還是已先預設好，不若布萊希特強調的「辯證」式深刻。為了怕觀眾看完戲還不會「反思」，編劇乾脆直接在劇名上出謎題，讓臺上角色忙著找 Mackie，臺下觀眾也忙著想。但總不能每次劇名都坑一樣的花招吧？而且真的也有觀眾沒被結局「震撼」到的，就有網友說：「這齣戲環環相扣，非常精采，但美中不足的是沒有投下一顆震撼彈，很精彩卻沒辦法深植人心，觀眾過目即忘」。〔註142〕對於這類觀眾而言，「震撼彈」就是要有一般通俗劇的「急轉」式高潮吧？「過目即忘」的評價還真讓人沮喪；但對於這類只看到「熱鬧」，卻沒看到「門道」的觀眾，我們還可以做些什麼努力？《三便士歌劇》結尾中女王毫無道理的特赦與封爵賜俸，會不會比《Mackie 踹共沒？》多花了兩幕交待發展（即敘事是否太過完整問題），來的令觀眾「震撼」與刺激思考？

　　關於社會現狀的影射，並非不可，甚至常常「比擬」就是改編作品的意義之一。例如布萊希特《三便士歌劇》的背景雖是十九世紀末的倫敦，影射的卻是一次大戰後的德國中產階級。〔註143〕但改編技巧的優劣卻可能決定著人們評論改編作品是開創新意還是扭曲原著？筆者認為《Mackie 踹共沒？》多以「語言」層級影射臺灣現狀，容易流於耍嘴皮子取悅觀眾，深刻性不足，且如此內容也無法走出臺灣、走向國際。

　　讓我們參考 1977 年索因卡（Wole Soyinka，1934～）〔註144〕在奈及利亞改編的《乞丐歌劇》。他踐伐的目標是 1970 年代奈及利亞石油財富所滋生的政治與社會的病態，以及獨裁者的惡行，並於第四幕設計了驚人的抬棺畫面。此段劇情是布朗突擊皮丘姆的公司時，反被譏諷為獨裁者的爪牙，並被質問街頭的不明屍體是否是其所為──實際上此為奈及利亞的真實事件。這一幕生動恐怖，真的棺木搬上舞臺，血腥的景象擺在觀眾眼前，足以驅散任何求

〔註142〕〈mackie 踹共沒？心得〉http://jc20094324.pixnet.net/blog/post/3207808-mac
　　　　kie-%E8%B8%B9%E5%85%B1%E6%B2%92%3F-%E5%BF%83%E5%BE%9
　　　　7。發佈日期：2013 年 10 月 5 日。引用日期：2014 年 6 月 7 日。
〔註143〕陳長房，《閱讀當代世界文學》。臺北：遠流，1992 年，頁 110。
〔註144〕奈及利亞作家、詩人和劇作家，尤其在戲劇創作上取得很大的成就。其於
　　　　1986 年獲得諾貝爾文學獎，成為第一個獲得該獎的非洲人。

娛樂的觀眾心態。〔註145〕我想，棺木繞行舞臺一週的肢體語言，絕對具有不需語言的無國界震撼效果。

　　在《Mackie 踹共沒？》演出一年前，一心歌仔戲劇團曾製作了另一齣跨文化改編的《狂魂——東方浮士德》，如同「一心」執行長孫富叡所言：「許多嘗試的重點是放在硬體上，包括燈光和多媒體的運用……」〔註146〕；此劇的人物性格雖然對傳統來說做了些突破，但劇本的中心思想依然傳統，下半場的主軸又轉回生旦的愛情糾葛上（參見頁 80～81）。相對於《Mackie 踹共沒？》，《狂魂——東方浮士德》像是發育中的青少年，停留在外觀已顯現大人樣、心理卻不夠成熟的尷尬期。因此，相當樂於看到《Mackie 踹共沒？》這齣保留傳統卻又充滿新意的作品誕生，希望正如節目冊宣傳詞所說一般，已「另闢蹊徑」找出了一條兼具內臺質感和外臺氣氛的新路。

〔註145〕陳長房，《閱讀當代世界文學》，頁 115。
〔註146〕一心歌仔戲劇團，《Mackie 踹共沒？》節目冊，頁 7。

第六章　結　論

第一節　歌仔戲跨文化改編現況

一、從作品分析

　　觀察本論文第三章所討論的歌仔戲跨文化改編，可發現 1996～2006 年的「移植故事期」作品明顯有從「因襲舊套」到「合理新詮」的軌跡。以因襲舊套而言，主要是指不論西方原典的性質為何，一旦進入歌仔戲改編模式，便會形成生旦愛情戲與丑角賣力插科打諢的套路中。以合理新詮而言，主要是指在文本移轉中，開始找到適切的東方精神注入或闡釋，而非粗暴的更動情節或平行挪移類似的指涉物。2007～2017 年的「移植故事與反思形式期」製作走向 M 型發展：一類逐漸擺脫前一階段大量的莎劇改編，開始嘗試接觸更多樣化的西方經典，有些延續前階段後期的故事新詮，有些進一步開始了筆者所謂的「反思形式」。另一類則是走向不好不壞的小品路線，幾無任何相關演出評論；由於演進不可能是齊頭劃一的，此類作品一定會持續存在，前提是希望能守住不扭曲經典的底線。

　　以本論文第四、五章深度分析的兩齣劇目來看，《威尼斯雙胞案》和《Mackie 踹共沒？》對歌仔戲傳統來說，都有著形式上的突破，一個選擇改編義大利即興喜劇，一個選擇改編布萊希特的史詩劇場，都是形式風格強烈且與歌仔劇有一定相容性的劇場風格，值得肯定；雖然有著前者瑜不掩瑕，後者瑕不掩瑜的差別，但皆是臺灣春風歌劇團與一心歌仔戲劇團在不只一次的跨文化改編試驗中的可貴結晶。

　　在本論文研究的歌仔戲跨文化改編斷代之後，相隔許久，又有一齣改編

作品登場。2019 年 3 月，非傳統歌仔戲團的「臺北海鷗劇場」新作《化作北風》，為改編馬奎斯（Márquez，1927～2014）的短篇小說〈富比士小姐的幸福暑假〉而來。臺北海鷗劇場本就以改編西方經典文本為標榜，隨著近年來團長宋厚寬在機緣巧合下逐步與戲曲結下不解之緣，此次是首度由自己的現代劇團獨立製作一齣歌仔戲。開演不久，便見到導演在現代劇場慣用的「空的空間」與多重扮演，以歌仔戲面貌改裝上陣。以空間而言，詩意的舞臺、簡潔的道具，與戲曲砌末的虛擬性不謀而合，如以掃帚代表馬鞭與箭等；不過，進一步將象徵性道具去形體化，將教鞭、果樹、箭等代之以人，便較像現代劇場手法。這些融合傳統和現代的技巧引得觀眾忍俊不禁、樂不可支。以多重扮演而言，戲曲演員一趕二、一趕三，有時是人手分配問題，但亦可以是表演噱頭，《化作北風》生、旦、丑、囡仔生四人，除了同時擔任全部的龍套，生角王婕菱兼演北國國王，還有唯一的現代劇場演員鄭舜文兼演北國國王寵妾、婢女、馬夫……等所有丑角，表現可說是出人意表的亮眼。〔註1〕雖然以「改編」為重點來看，本劇有若干與馬奎斯原著無關或衝突的劇情發展；〔註2〕但若略過此部分，此劇在形式上可謂又向前邁進了一步，算是現代劇場與歌仔戲成功結合的一個佳例；即使有觀眾反映，似乎不太像歌仔戲了。

在跨文化改編風潮中，雖然持續有用心開發新題材、新形式的作品，竟也有出現掛羊頭賣狗肉的情況。由於筆者時時留心相關演出，2012 年 7 月，聽聞海山戲館將演出兒童歌仔戲《美女與野獸》，便興沖沖前往觀賞。沒想到，全劇八成的時間在講一個被貼上標籤的壞小孩遭遇，只有中間一小段仿迪士尼造型，跟小孩講了「美女與野獸」的故事；重點是「講」而非「演」——只由旁白講故事，搭配童話造型人物的動作。兒童劇通常都富含教育意義，此劇的題旨是：「看到愛的力量如何消弭親子衝突」。那麼，除了那一段沒幾分鐘的故事時間外，此劇劇名從何而來？原來，主角小朋友的名字叫阿壽，充滿愛的阿嬤叫秦美女；所以「美女」真的感化了「壽」！即使從網路上家長迴響觀察，本劇頗受好評，但將跨文化改編純粹視為賣點的做法，並不可取。

〔註 1〕陳佩瑜，〈自有一片生意盎然，何需馬奎斯？《化作北風》〉。《表演藝術評論臺》：https://pareviews.ncafroc.org.tw/?p=34518。發佈日期：2019 年 4 月 9 日。引用日期：2019 年 4 月 9 日。

〔註 2〕可參見拙作〈自有一片生意盎然，何需馬奎斯？《化作北風》〉之相關討論，https://pareviews.ncafroc.org.tw/?p=34518。

二、從製作團隊分析

在本論文分析 20 年間二十幾齣跨文化改編的歌仔戲劇目後，被筆者列為「反思形式」類型的只有四齣，分別是：《威尼斯雙胞案》、《雪夜客棧殺人事件》、《Mackie 踮共沒？》、《啾咪！愛咋》。進一步發現，這四齣戲只由兩個劇團產出，前兩齣為臺灣春風歌劇團，後兩齣為一心歌仔戲劇團；可以看出，並不是所有歌仔戲團都具備有在形式上創新的能力。

一般傳統歌仔戲團多為「家族戲班」（如：明華園），或以小生自行組團（如：春美歌劇團），以其團員的教育環境來說，較難具備西洋戲劇的背景來做完整的跨文化改編。春美歌劇團的編劇來源多是個案性質的外聘合作，跨文化改編品質較不穩定，有筆者評價頗高的《夜王子》，也有題旨模糊的《我的情人是新娘》。那麼，「春風」和「一心」有何不同的跨文化改編優勢呢？

臺灣春風歌劇團成立於 2003 年，其成員多為臺灣大學、師範大學歌仔戲社的畢業校友，〔註 3〕是臺灣第一個由大學歌仔戲社畢業校友自發組成的專業歌仔戲劇團，團員平均學歷皆在碩士以上，大學畢業後多於戲劇、音樂、中文、傳統藝術、藝術管理各領域持續深造，或進入教育界。半路出家的高學歷團員，表演上可能還有磨練的空間，但創意、企圖心、執行力、戲劇知識與實驗精神，都為傳統歌仔戲界注入了一股鮮甜的活水。

一心歌仔戲劇團成立於 1989 年，雖然也是家族戲班，但在臺北一群人才斷層、缺少行政企劃能力的老戲班中，〔註4〕顯得格外不同。其以現代化的經營型態，年年推出新製作，背後舵手為第二代孫富叡。由耿一偉策展的「臺北藝術節」於 2012 年與 2017 年兩度邀請一心歌仔戲劇團參與跨文化改編，便是看中了他們的活力與開放性。由於有著專業策展人整體性的規畫、媒合多方人才、協助製作，一個完整的新形式實驗作品，更能順利應運而生。例如 2017 年的《啾咪，愛咋》甚至還邀請到享譽歐洲劇壇的德裔法籍導演盧卡斯‧漢柏（Lukas Hemleb，1960～）參與製作，這種難得的機緣真是可遇而不可求。當然對雙方而言，都是學習、也都是挑戰。

在 2012 年首度與現代劇場導演劉守曜合作《Mackie 踮共沒？》時，團長

〔註 3〕陳幼馨，《臺灣歌仔戲的異想世界——「胡撇仔」表演藝術進程》。臺北縣：稻鄉，2010 年，頁 276。

〔註 4〕陳慧玲，〈孫詩珮、孫詩詠 承先啟後穩紮穩打〉。《表演藝術》228 期，2011 年 12 月，頁 106。

孫榮輝便已有感而發的在節目冊寫下感人的觀察：

> 站在旁邊看著孩子們摸索、揣摩、瞭解、領悟，中間甚至一度捨棄
> 自己對劇本和角色已有的認知，打破原有思維的界限，的確讓人捏
> 一把冷汗。我們都知道，要教一個人從「不會」到「會」很容易，
> 但是要教一個人將「已經會」的東西丟掉（還不是完全丟掉，而是
> 拋棄一部份），再去接受新的東西是很不簡單的事情。在這個重新塑
> 造和融合的過程中，經常叫苦連天、無所適從，所幸他們懂得向前
> 輩請益，也知道彼此討論、練習、互相扶持……，花了很長很長的
> 時間才終於看見劇中人物在他們身上活躍。〔註5〕

改變從來都不是容易的事，「因襲舊套」花的力氣少，得到的成果也不見
得差，因此有多少人願意做吃力不討好的事呢？與外國導演合作，有人認為
是難得的機緣，但也一定有人認為幹麼找自己麻煩。

筆者相信，「春風」和「一心」一定都是對歌仔戲抱持著相當使命感的劇
團。當然不是沒有做到跨文化「反思形式」改編的就不是好劇團，其他劇團
可能興趣在跨界合作、在嘗試科技多媒體於劇場上的應用……等等，都是各
種很好的嘗試。只是表演形式上的改變的確比外在的舞臺效果改變還要困難
多了。期待這一次次的努力，能聚沙成塔，累積出珍貴的經驗值，帶給歌仔
戲更多可能。

第二節　從中西戲劇特質檢視跨文化改編的難易

本論文於緒論的「研究方法」，提出以斯叢狄《現代戲劇理論》的角度觀
察中西跨文化改編的歷程。不論是第二、三章討論東西方戲劇跨文化交流之
歷史脈絡，或是第四、五章提出兩齣屬於「反思形式類」的歌仔戲跨文化改
編作品，皆在試圖找出內容與形式在發展、轉化、衝突、調和過程中的軌跡，
希冀能鑑往知來，試圖為尚在成長中的歌仔戲，開發出一條可供依循的路徑
來。

本節試圖從「西方三大文類」──史詩、戲劇、抒情詩（Epos, Drama,
Lyrics）再思考中國戲曲跨文化改編的優勢，並從中西戲劇特質差異的分析，
給予跨文化改編者對原著的進一步理解與權衡指標。

〔註 5〕一心歌仔戲劇團，《Mackie 踹共沒？》節目冊。2012 年，頁 6。

一、中國戲曲綜合西方三大文類具跨文化改編優勢

　　由於中國戲曲具備三大文類的綜合特色，故而理論上來說，從西方戲劇史絕對的「戲劇」形式，到斯叢狄提出近現代開始面臨「敘事」體的衝擊，因而出現如史特林堡、霍普特曼的過渡時期，再到如本論文討論主題之一的布萊希特開發出史詩（敘事）劇場，這漫長歷史中的劇作，無一不可改。更不要說斯叢狄強調的嚴格「戲劇」定義〔註6〕不包括的莎劇（尤其是其歷史劇）和中世紀的宗教劇，與中國戲曲更無形式上的扞格（撇除「歷史內容」本身不算的話）。

　　讓我們檢視史詩、戲劇、抒情詩在中國的交互影響、發展情況。中國古代最發達的文學樣式是抒情詩。雖然中國戲劇要遲至金元之際才興盛，但若不是唐傳奇和宋話本為戲曲準備了故事內容，提供了為人們所熟悉的人物形象，加上北宋諸宮調的樂曲組織形式和曲白結合的方式直接影響了戲曲的體制，最終才導致元人雜劇和宋元南戲以曲牌聯套的形態出現。〔註7〕

　　中國戲劇除了上述「樂曲系」發展脈絡外，還有另一支「詩讚系」體系：從元明時的「詞話」，到明中葉至清的彈詞〔註8〕和鼓詞〔註9〕等等，最後甚至影響了「板式變化體」的出現。〔註10〕「說書」則是元明說唱詞話的後裔，〔註11〕從混用人稱看來，為處於由敘事體向代言體過渡階段。

　　從上兩段的中國戲曲史簡要回顧看來，中國戲劇一路成長的軌跡中，都綜合著西方截然分明的抒情詩、史詩（敘事）、戲劇三大文類。

　　舉例來說，《西廂記》是一元雜劇名作，其〈長亭送別〉這折，崔鶯鶯一開場就唱著：「碧雲天，黃花地，西風緊，北雁南飛。曉來誰染霜林醉？總是離人淚。」拿來單獨看，這不就是一首很好的抒情詩嗎？故而說抒情詩為中國戲劇的一部分。京劇《三堂會審》，蘇三一個人從頭唱到尾，供述她的遭遇，

〔註6〕「在這裡稱作『戲劇』的，只是一種特定的舞臺文學形式。中世紀的宗教劇和莎士比亞的歷史劇都不在此列。」參見 Peter Szondi（斯叢狄）著，王建譯，《現代戲劇理論（1880～1950）》。北京：北京大學，2009年，頁5。

〔註7〕孟繁樹，《中國板式變化體戲曲研究》。臺北：文津，1991年，頁28。

〔註8〕流行於江南，用三弦、琵琶伴奏，主要說唱才子佳人的愛情故事。

〔註9〕流行於北方，用三弦、鼓等樂器伴奏，主要說唱鐵馬金戈的戰爭故事。

〔註10〕關於詩讚系說唱藝術發展衍變概況，與對板式變化體戲曲形成的影響，請見孟繁樹，《中國板式變化體戲曲研究》。臺北：文津，1991年，頁29～61。

〔註11〕孟繁樹，《中國板式變化體戲曲研究》。臺北：文津，1991年，頁64。

這實際上也就是一首敘事詩。〔註12〕故而說敘事詩也為中國戲劇的一部分。

二、莎士比亞與中國戲曲在戲劇基本設定上有差異

莎士比亞戲劇在西方經典中，已經算是與中國戲曲最為接近的類型，但仍有些許不同之處。從戲劇基本設定上來看，可舉出以下幾點差異性，以供做為跨文化改編時注意之處：

（一）主角個性

莎劇人物常有「人物缺陷」，中國戲曲人物不論男女皆近乎完美。此點在歌仔戲以生旦戲為主的傳統中，特別嚴重。像首部跨文化改編的《欽差大臣》把痞子變成了正派書生，就與原著調性相距甚遠。不過在「移植故事與反思形式」期的開展型作品中，角色的「人物缺陷」已較真實化，如《夜王子》巴萊在上半場的自負、高傲；《雪夜客棧殺人事件》東方徹在上半場的頹癈搞笑等等。

（二）角色厚度

莎劇人物複雜豐滿，中國戲曲人物則「典型化」、「類型化」——忠臣、才子、佳人都有一刻板形象。而這一特色，也是與「行當」的形成交相影響。關於此點的修正，以跨文化改編作品來看，不論京劇或歌仔戲皆開始以「綜合行當」來設計角色，即是很好的改變。

（三）戲劇「衝突」深度

莎翁通常會辨證式的深入衝突雙方的行為動機和與其相聯繫的生活各層面去分析；而中國戲曲的衝突則較「表面化」、「絕對化」，如：善惡、忠奸。例如：《哈姆雷特》最常被中式思考簡化為「復仇、奪位」，但莎翁想探討的，是當一個人所篤信的一切價值觀念，都被眼前的現實所顛倒，導致他對人、對生活的絕望時，〔註13〕他該怎麼辦？以戲曲《趙氏孤兒》為例，當趙武從程嬰處得知養父屠岸賈竟然是滅門元凶時，他竟沒有一絲痛苦躊躇？十幾年來的天倫之樂在腦海中毫無一席之地？故而，中國戲曲是較少內心衝突的。古代「樣板化」人性有其教化功能的需求，但並不符合真實世界的情感樣貌。

〔註12〕張庚，《張庚戲曲論著選輯》。北京：文化藝術，2014 年，頁 32。
〔註13〕張泗洋、徐斌、張曉陽，《莎士比亞戲劇研究》。長春：時代文藝，1991 年，頁 497。

（四）戲劇「衝突」原因

莎劇常是代表衝突「正方」的主角按自己性格主動的行動，之後才引起「反方」動作；中國戲曲「正方」的主角都嚴格恪守著禮教的本分，很少主動追求什麼，只有當「反方」先發難，步步進逼時，他們才被迫反抗。

三、西方戲劇（Drama）與中國戲曲在觀看角度上的差異

跨文化戲曲改編時，除了故事本身以外，應對中西劇場基本觀念上的差異有所領悟，才不致因誤解而在自以為是的刪改中，造成整個架構的失衡與錯置。在此提出戲劇結構和觀演關係兩方面來討論：

（一）戲劇結構方面

由於中國戲曲為時空延展型，而西方戲劇多為時空集中型。中國戲曲隨著元、明、清的時代發展而結構愈加龐雜，例如崑山腔傳奇多是長篇巨帙，前期傳奇少則三十多齣，多則四五十齣。一本傳奇往往分為上、下兩卷；上卷結束叫「小收煞」，下卷結束叫「大收煞」。〔註14〕故而每場戲（除過場戲外）都有一個中心內容，有相對的獨立性，也因此使「折子戲」的形成成為可能。〔註15〕當然，折子戲的表演性已大過劇情性，也無法要求有一明顯的結局。然而，在西方戲劇中，亞里斯多德《詩學》第七章即強調，戲劇為一動作之模擬，動作本身係屬完整，「所謂完整乃指有開始、中間與結束」〔註16〕。所以西方話劇常是眾多事件壓縮到一個團塊裡組合結構起來，集中到一個場面，不易把其中一部分單獨分離出來。〔註17〕

以此點差異來說，戲曲除了老戲還會搬演折子戲外，新編戲曲皆已是完整的故事。唯要注意的是，也許因傳統劇情思維仍在、也許因需顧及各行當表演的均衡性，新編戲曲仍不時有拖沓的毛病，這是在編劇時需自我提醒之處。

（二）觀演關係方面

西方戲劇鎖閉式結構不可缺少的先決條件即是保守「秘密」。〔註18〕戲劇

〔註14〕張庚、郭漢城，《中國戲曲通史（2）》。臺北：丹青，出版年不詳，頁76。
〔註15〕牛國玲，《中外戲劇美學比較簡論》。北京：中國戲劇，1994年，頁184。
〔註16〕Aristotle（亞里斯多德）著，姚一葦譯註，《詩學箋註》。臺北：臺灣中華，1992年，頁79。
〔註17〕牛國玲，《中外戲劇美學比較簡論》，頁184。
〔註18〕喬德文，《東西方戲劇文化歷史通道》。長沙：湖南文藝，1991年，頁284。

魅力為懸念，觀眾的「期待」因而產生；完成期待必須是在戲劇動作全部結束之時，這種期待是觀眾所不知的。〔註19〕但中國戲曲卻是由已知而「期待」；戲曲在內容上不向觀眾保守秘密，即「瞞演員不瞞觀眾」，看來似乎沒有懸念，其實懸念表現在不同的面向。一來，觀眾雖知「前因」，但仍不知「後果」，故而主角能否解決劇中矛盾依然會引起懸念。李漁《閒情偶寄》論格局「小收煞」即強調：

> 宜緊忌寬，宜熱忌冷，宜作鄭五歇後，令人揣摩下文，不知此事如
> 何結果。……戲法無真假，戲文無工拙，只是使人想不到、猜不著，
> 便是好戲法、好戲文。〔註20〕

二來，由於戲曲題材多來自歷史故事或民間傳說，情節早已為觀眾熟悉；而且中國戲曲有行當分工、臉譜資訊和自報家門的習慣，故而角色一上場，觀眾就猜到此人的善惡、性格等。因此，戲曲觀眾期待的已不僅是戲劇情節，更是戲劇審美感受。當代有些專業級的影／劇評或影／劇迷，往往對同一個作品二刷、三刷（「刷」為當代用語，指重覆購票），並表示：第一次是看劇情，第二次是看表演……等，可見戲曲觀眾因不需擔心劇情而能專注於聲形技藝上的說法是合理的。

以當代一般觀眾的觀戲習慣來說，是傾向於西化的「期待劇情」。在此點處理上特別用心的跨文化戲曲作品譬如有：《雪夜客棧殺人事件》創新的推理歌仔戲類型，完全保守「秘密」到最後一刻；《Mackie 踹共沒？》「跳躍式敘事法」則是利用倒敘、夾敘，一次透露一點點線索，讓觀眾從「全知」變「半知」，吊足胃口，第五章即提過有劇評認為「整齣戲帶有現代推理劇的推展節奏」。筆者認為，若注重此一層面，將對年輕觀眾產生相當的吸引力。

跨文化改編總有「忠實度不足」的原罪，但由於歷史文化的不同，在不扭曲原著的前提下，找到屬於我們自身文化的觀點去詮釋，才是能讓本地觀眾盡可能貼近原著的方法，例如：《太子復仇》表面上讓太子登基了，但親朋好友愛人全亡的情況，反而製造了一種中式更深沉的苦痛；《雪夜客棧殺人事件》與中式群體捨身取義的儒家思想極為貼合等，都讓本地觀眾在看戲時，既感受到了西方經典劇情的豐富度，又不至於在同理角色時產生隔閡。而且，

〔註19〕牛國玲，《中外戲劇美學比較簡論》，頁201。
〔註20〕李漁（清），《閒情偶寄》，收入《中國古典戲曲論著集成》第七集。北京：中
　　　　國戲劇，1959年，頁68。

當代的戲曲與舞臺劇相比，還是多了一層更深的文化底蘊與表演形式的框架在，勉強 100% 忠於原著既不可能，自身也會落得四不像的窘境。中國大陸越劇《第十二夜》導演胡偉民即曾針對改編莎劇提出：「不要把只有在文藝復興土壤上才能誕生的形象，簡單地套用中國古典戲劇的現成手法表現，導致內容與形式的剝離現象。」〔註21〕文化思考慣性是既存的，觀眾不需要被迫完全接受西方文化，被殖民式的洗腦。

第三節　跨文化改編展望

王安祈曾對當代傳奇劇場一再「自西方取經」而被批評是「取巧走捷徑」，有過一番維護，進一步分析了跨文化改編的意義：

> 取材自西方，主要的目的即是以下兩層：一是借重西方經典以補強傳統中國戲曲中一向深度較弱的「思想性」（中國戲曲慣於較片段的抒發人在各種處境之下的情緒反應，對於整齣戲所含蘊的哲理思想並不刻意追求），此外，更想藉由陌生西化的題材以刺激轉換現有的表演體系。〔註22〕

我想不只針對特定劇種，此說應適用於所有跨文化戲曲。前者指的是中西戲劇「內容」特質上的差異，導致傳統戲曲在劇作深度上有所反思——即筆者之「故事新詮類」；後者指的「刺激轉換現有的表演體系」，延伸來說——即是筆者之「反思形式類」。

對於傳統與現代的拉鋸，余英時曾給出一個解答：從「傳統」到「現代」，關鍵不在「破舊立新」，而在「推陳出新」。〔註23〕河洛歌子戲團的成立宗旨亦謂：「根植於傳統之創新」。〔註24〕

一、傳統戲曲美學之維護

在本論文中，筆者對於一齣改編戲曲優劣與否的評價，除了劇情的合理性外，一直強調與給予肯定之處，即是一齣改編戲曲不論「故事新詮」或「反

〔註21〕葉長海，《當代戲劇啟示錄》。臺北：駱駝，1991年，頁163。
〔註22〕王安祈，《臺灣京劇五十年》。宜蘭縣五結鄉：國立傳統藝術中心，2002年，頁110。
〔註23〕朱賜麟、袁世敏主編，《近代中國的變遷與發展》。臺北：時報文化，2002年，頁6。
〔註24〕邱莉慧主編，《劉鐘元與河洛歌子戲團》。臺北：北市社教館，2011年，頁78。

思形式」，都能保有戲曲唱念做打之美。就像余英時所說，我們要做的是「推陳」而非「破舊」。在與西方戲劇激盪的過程中（不只是跨文化改編），有些戲曲元素也面臨到衝擊，討論如下：

（一）音樂上

本論文第三章曾提過《梨園天神桂郎君》以西洋管弦器樂取代傳統文武場對歌仔戲表演造成的傷害。其實即使是國樂團加入，都應小心謹慎，不該破壞傳統戲曲的調性。陳中申認為，加入國樂為時勢所趨，但在加入國樂過程中應注意的幾個問題：1. 國樂與文武場的編制；2. 國樂與文武場的律（如：Fa 和 Si 兩音）及音量；3. 歌仔戲的風格性奏法；4. 指揮與打鼓佬的關係；5. 作曲與編劇、編腔的協調；6. 導演對國樂應有所瞭解。〔註25〕河洛很早就發現國樂常常演奏出來的是「歌仔戲式音樂」，而不是「歌仔戲音樂」。為了磨合這方面的落差，1997 年，在團長劉鐘元的支持下，「河洛」邀請薪傳獎得主許再添及文場首席洪堯進開設文場研習班，讓國樂樂師跟隨前輩樂師學習歌仔戲的音樂語法；這次研習班也是歌仔戲界的創舉。〔註26〕當今活躍於現代劇場歌仔戲，國樂出身的音樂設計呂冠儀，亦是在參加了河洛開辦的短期「歌子戲傳統文、武場伴奏班」後，被延攬加入河洛文武場的行列；呂冠儀提及：「當初根本是活奏的生手，但劉先生很有遠見的栽培了新一代的樂師，傳承的意義重大。」〔註27〕河洛如此為歌仔戲的長遠發展設想，甚為可佩。

其實只要抓住歌仔劇的調性，柯銘鋒認為，歌仔戲的實驗空間非常大，「鮮活而雜亂的音樂性是它的本質」〔註28〕。不論是舊調、新調、其他劇種曲調、民謠小曲、流行歌曲，千奇百怪的曲調只要用心設計融入，歌仔戲就是有廣納百川的能力。

（二）行當身段上

戲曲在跨文化改編時，不像舞臺劇，主要聚焦在故事的部分如何演繹即可。戲曲老戲整套表演形式，原本代代傳承，依樣揣摩，只有優劣之別；但新

〔註25〕陳中申，〈幫腔或是綁腔——國樂（民樂）加入歌仔戲的經驗談〉，《海峽兩岸歌仔戲創作研討會論文集》。臺北：文建會，1997 年，頁 296～297。

〔註26〕邱莉慧主編，《劉鐘元與河洛歌子戲團》，頁 101。

〔註27〕鍾怡君，〈「傳統與創新」——河洛歌子戲團的發展（1991～2011）〉。臺北：臺灣師範大學歷史學系在職進修碩士班，2011 年，頁 44。

〔註28〕蔡文婷等著，《弦歌不輟：臺灣戲曲故事》。臺北：光華雜誌，2004 年，頁 106。

戲，尤其是改編西方作品而非傳統歷史故事，根本無所本，一切憑空設想，對演員的困難性是外人難以想像的。

在人物塑造上，通常第一步即需定位行當。雖然說西方人物形象複雜，無法用單一行當演繹；但行當是戲曲表演的重要依據，甚至間接影響到身段做表的不同，故而改變的方式是「打破行當分類」，而不是「放棄行當」。第三章提過的例子有：京戲《慾望城國》的敖叔征融合了武生、老生、花臉；歌仔戲《雪夜客棧殺人事件》的東方徹既像正生、也像三花，劇中其他角色由於解謎前後的性格迥異，也無法為單一行當所限。

在表演構思上，通常也會找類似的老戲來聯想，尤其跨文化改編的初期毫無頭緒，聯想老戲更是一種快速凝聚共識的方法。如戲曲界首齣跨文化京劇《席》，就採用了《青風亭》作藍本——兩者皆有一對老夫妻，也都有著「人生在日暮途窮中所感到的蒼涼，在蒼涼中所燃燒的希望，以及在希望幻滅後白了餘生。」〔註29〕當代傳奇劇場的創團作《慾望城國》也採用《伐子都》作藍本——兩者都在描述權力慾望如何引致滅亡悲劇，而又都以鬼魂的出現來鞭笞道德良心；也應了吳興國武生本行的工。〔註30〕

在身段上，戲曲程式與劇情的巧妙結合，既增加了劇情本身的豐富度，又讓戲曲程式之美有了合宜的展現。第三章提過的例子有：《森林七矮人》用傳統的「矮子步」來表現小矮人、演員利用「踩蹺」製造蘋果樹的高偉感等；《啾咪！愛咋》極大篇幅的「馬」戲，把虛擬的馬透過各式各樣的身段動作具象化。

總之，不管行當身段，或整體表演上，傳統程式的養分是使跨文化改編成為名符其實的戲曲作品的重要元素；否則，就只是古裝舞臺劇而已。

二、經典題材對戲曲創作之啟發

沈惠如在《從原創到改編：戲曲編劇的多重對話》中曾討論「文藝創作個性化在戲曲題材上的呈現」。她認為因為劇作家對一個題材會有思想意義上的獨到見解，所以劇作家往往不厭其煩地針對同一個題材進行不同的挖掘；同時運用了巴赫汀的「眾聲喧嘩」（raznorechie, heteroglossia）概念，並解

〔註29〕魏子雲編，《法國椅子中國席》。臺北：時報文化，1985年，頁10。《青風亭》亦作《清風亭》。
〔註30〕盧健英，《絕境萌芽：吳興國的當代傳奇》。臺北：天下遠見，2006年，頁156。

釋「雖然原先是針對小說而設計，但套用在戲曲上，仍是若合符節」。〔註31〕
將同一題材以不同意識和視野創作，「就在劇本中留下了眾聲喧嘩的痕跡」。
〔註32〕雖然此書主要是從縱向分析戲曲在各時代的題材特性，但也可拿來做
橫向跨文化戲劇改編的思考。

跨文化改編不應只是風潮或惰於新編，而是一個創作者以當代觀點從某
一經典中看到了新的詮釋角度，心有所想、發而為文。《乞丐歌劇》可以是 18
世紀對政治與歌劇上的諷刺、可以是布萊希特對一戰後德國中產階級的嘲弄、
可以是索因卡對 1970 年代奈及利亞因政治腐敗而造成整個社會病態的控訴，
更可以是劉建幗對臺灣變成一個「沒有真相的社會」的無奈吶喊。

1827 年歌德提出「世界文學」這個名詞，使它成為文學研究中的新觀念。
他說：

> 文學是世界性的普遍現象，而不是區域性的活動，因此，喜愛文學
> 的人不宜劃地自限，侷促於單一的語言領域或孤立的地理環境
> 中，……人人都應該從可以取得的最優秀作品中挑選材料，作為自
> 己的文學教育；而天下最優秀的作品自然未必全出自自己同胞之
> 手。〔註33〕

即使是偉大的莎士比亞，經過學者們幾百年來的考證，幾乎全部劇作和
兩首長詩都是取材於前人的歷史材料或文學作品。〔註34〕前文提過，布萊希
特一生的許多戲劇和小說也都是透過改編的方式完成的，除了本論文討論的
《高加索灰闌記》和《三便士歌劇》，其他改編作品是琳瑯滿目。上述是故事
取材的例子，形式取材的例子則如《啾咪！愛咋》的原著作者法人馬里伏
（Marivaux，1688～1763），其作品極有義大利即興喜劇的影子，但馬里伏並
非一味抄襲其表演模式，而是截長補短，將義式歡樂與法式感性和幽默結合，
寫成符合當時民情與法國觀眾口味的法式喜劇。〔註35〕

對當代議題有想法要反映，新編劇本當然是最在地又積極的方法，但跨

〔註31〕沈惠如，《從原創到改編：戲曲編劇的多重對話》。臺北：國家，2006 年，頁
48。
〔註32〕沈惠如，《從原創到改編：戲曲編劇的多重對話》，頁 49。
〔註33〕吳潛誠，〈觀覽寰球文學的七彩光譜〉，《伊底帕斯王》。臺北：桂冠，1998 年，
頁 i～ii。
〔註34〕張泗洋、徐斌、張曉陽，《莎士比亞戲劇研究》，頁 49。
〔註35〕林志芸，〈導讀：愛中的徬徨與愛的驚喜〉，《馬里伏劇作精選：《雙重背叛》
及《愛情與偶然狂想曲》》。臺北：聯經，2002 年，頁 viii。

文化改編也不必被視為次等或省事的選項。依本論文觀點，跨文化改編不但可能在內容上有所啟發、在形式上也能帶來衝撞；關於中西文化上的差異，也會透過西方經典的引進而更迅速、更明顯的比對出彼此的特色而展開對話。

而能否展開對話，與劇目的挑選亦有關係。在分析跨文化改編劇目時，常見的改編目標常是莎士比亞戲劇。但我們可以從許多學術討論文章中發現，莎劇的眾多特性，實與中國戲曲頗為接近，而與西方以「三一律」為主的傳統戲劇特色不同，如：悲喜交融的風格、時空為延展型而非集中型。前者甚至被新古典主義派的伏爾泰批評：「毫無高尚的趣味，也絲毫不懂戲劇藝術的規律」，莎士比亞根本是個「喝醉了的野人」。〔註36〕另外莎劇與中國戲曲被提出的相似點還有：富有詩意——莎劇與中國戲曲皆「努力把詩的語言與戲劇動作揉成巧妙的一體」〔註37〕；不瞞觀眾——某些莎劇與中國戲曲一樣，是對觀眾公開劇情祕密的，如《奧賽羅》、《哈姆雷特》等，早已透露壞人是誰。但也就是因為中國戲曲與莎劇的戲劇習慣較為相近，能激盪出的火花相對便少，較難刺激出形式上的新意；這也是本論文在第四、五章選擇深度分析「反思形式類」劇目時，沒有莎劇的原因。

求新求變，一直是歌仔戲的「傳統」精神。歌仔戲多元又活潑的特性成了跨文化改編的先天優勢。新的試驗也許有成有敗，可能失之毫釐便差之千里，但唯有不斷積累經驗，才能歸結出既不喪失劇種特色，又能為新時代接受的表演方式。

期待經由本論文的研究，一來能補足當代跨文化劇場研究欠缺的歷史厚度與對中西文化差異的認知；也讓戲劇界可從前人的足跡裡，重新省思自身的創作。二來能夠使未來臺灣當代戲曲的創作者在進行西方經典戲曲化時，有更寬廣的挑選文本的視野、更用心的拿捏傳統與創新的分寸、更全面性的對觀演關係的觀照。

〔註36〕轉引自鄭傳寅，《中國戲曲文化概論》。臺北：志一，1995年，頁197。
〔註37〕葉長海，《當代戲劇啟示錄》，頁160。語出越劇《第十二夜》導演胡偉民。

引用資料

一、專書

1. 王安祈,《臺灣京劇五十年》。宜蘭縣五結鄉:國立傳統藝術中心,2002年。

2. 王驥德(明),《曲律》,收入《中國古典戲曲論著集成》第四集。北京:中國戲劇,1959年。

3. 卞之琳,《布萊希特戲劇印象記》。北京:中國戲劇,1980年。

4. 牛國玲,《中外戲劇美學比較簡論》。北京:中國戲劇,1994年。

5. 朱賜麟、袁世敏主編,《近代中國的變遷與發展》。臺北:時報文化,2002年。

6. 中國話劇運動五十年史料集編委會,《中國話劇運動五十年史料集(第一輯)》。北京:中國戲劇,1958年。

7. 中國戲曲研究院編,《中國古典戲曲論著集成》第四、七、八集。北京:中國戲劇,1959年。

8. 田本相主編,《中國現代比較戲劇史》。北京:文化藝術,1993年。

9. 石光生,《跨文化劇場:傳播與詮釋》。臺北:書林,2008年。

10. 朱芳慧,《當代戲劇鑑賞與評論》。臺北:五南,2017年。

11. 杜斗城,《白話賢愚經》。新北市:空苑書苑,2012年。

12. 沈惠如,《從原創到改編:戲曲編劇的多重對話》。臺北:國家,2006年。

13. 李漁(清),《閒情偶寄》,收入《中國古典戲曲論著集成》第七集。北京:中國戲劇,1959年。

14. 李孝悌，《戀戀紅塵：中國的城市、欲望與生活》。臺北：一方，2002 年。

15. 李鳳亮，《中國古典文論現代觀照的海外視野》。臺北：秀威資訊科技，
2016 年。

16. 余匡復，《布萊希特論》。上海：外語教育，2002 年。

17. 余秋雨，《中國戲劇史》。臺北：天下遠見，2007 年。

18. 余秋雨，《戲劇理論史稿》。上海：上海文藝，1983 年。

19. 吳青萍，《西洋戲劇與劇場史》。臺北：黃山，1988 年。

20. 阿甲，《戲曲表演規律再探》。北京：中國戲劇，1990 年。

21. 邱莉慧主編，《劉鐘元與河洛歌子戲團》。臺北：北市社教館，2011 年。

22. 邵義強，《世界名歌劇饗宴》第一、九集。高雄：麗文文化，2003 年。

23. 孟繁樹，《中國板式變化體戲曲研究》。臺北：文津，1991 年。

24. 林茂賢，《歌仔戲表演型態研究》。臺北：前衛，2006 年。

25. 林鶴宜，《臺灣戲劇史》。臺北縣：空大，2003 年。

26. 林鶴宜、紀蔚然主編，《眾聲喧譁之後：臺灣現代戲劇論集》。臺北：書
林，2008 年。

27. 姚一葦，《戲劇原理》。臺北：書林，1992 年。

28. 施叔青，《西方人看中國戲劇》。臺北：聯經，1976 年。

29. 音樂之友社編，林勝儀編譯，《袖珍本・音樂辭典》。臺北：美樂，2003
年。

30. 音樂之友社編，林勝儀編譯，《新編音樂辭典（樂語）》。臺北：美樂，2008
年。

31. 海震，《戲曲音樂史》，北京市：文化藝術，2003 年。

32. 孫玫，《中國戲曲跨文化再研究》。臺北：文津，2012 年。

33. 徐半梅，《話劇創始期回憶錄》。北京：中國戲劇，1957 年。

34. 高新，《中國京劇述要》。濟南：山東大學出版社，2001 年。

35. 梅蘭芳述，許姬傳，《舞臺生活四十年》第一～三集。香港：香港戲劇，
1952、1954、1981 年。

36. 馬少波等主編，《中國京劇發展史》（一）、（二），臺北：商鼎，1992 年。

37. 馬森，《馬森戲劇論集》。臺北：爾雅，1985 年。

38. 張泗洋、徐斌、張曉陽，《莎士比亞戲劇研究》。長春：時代文藝，1991 年。

39. 張庚，《張庚戲曲論著選輯》。北京：文化藝術，2014 年。

40. 張庚、郭漢城，《中國戲曲通史》（2）、（3）。臺北：丹青，出版年不詳。

41. 張靜二譯註，《乞丐歌劇譯註》。臺北：翰蘆圖書，2003 年。

42. 陳白塵、董健主編，《中國現代戲劇史稿》。北京：中國戲劇，1996 年。

43. 陳多、葉長海選注，《中國歷代劇論選注》。長沙：湖南文藝，1987 年。

44. 陳芳，《「莎戲曲」：跨文化改編與演繹》。臺北：臺灣師範大學，2012 年。

45. 陳芳主編，《劇場事 8：戲曲易容術專題》。臺南：臺南人劇團，2010 年。

46. 陳芳英，《戲曲論集：抒情與敘事的對話》。臺北：臺北藝術大學，2009 年。

47. 陳受頤，《中歐文化交流史事論叢》。臺北：臺灣商務印書館，1970 年。

48. 陳幼馨，《臺灣歌仔戲的異想世界——「胡撇仔」表演藝術進程》。臺北縣：稻鄉，2010 年。

49. 陳長房，《閱讀當代世界文學》。臺北：遠流，1992 年。

50. 葉長海，《當代戲劇啟示錄》。臺北：駱駝，1991 年。

51. 喬德文，《東西方戲劇文化歷史通道》。長沙：湖南文藝，1991 年。

52. 楊馥菱，《臺閩歌仔戲之比較研究》。臺北縣：學海，2001 年。

53. 楊馥菱，《臺灣歌仔戲史》。臺中：晨星，2002 年。

54. 廖可兌，《西歐戲劇史》（上）（下）。北京：中國戲劇，2002 年。

55. 廖奔，《戲劇：中國與東西方》。臺北：學海，1999 年。

56. 廖奔，《東西方戲劇的對峙與解構》。上海：上海辭書，2007 年。

57. 趙山林，《中國戲曲傳播接受史》。上海：上海人民，2008 年。

58. 齊如山，《梅蘭芳藝術一斑》，《齊如山全集二》。臺北：聯經，1979 年。

59. 蔡文婷等著，《弦歌不輟：臺灣戲曲故事》。臺北：光華雜誌，2004 年。

60. 蔡欣欣，《臺灣歌仔戲史論與演出評述》。臺北：里仁，2005 年。

61. 鄭芳雄、彭鏡禧合譯，《四川好人、高加索灰闌記》。臺北：聯經，2005 年。

62. 鄭振鐸著，《中國文學史》（下）。臺北：五南，2015 年。

63. 鄭傳寅，《中國戲曲文化概論》。臺北：志一，1995 年。

64. 歐陽予倩，《歐陽予倩回憶錄：自我演戲以來》。臺北：新銳文創，2017 年。

65. 駱正，《中國京劇二十講》。臺北：聯經，2006 年。

66. 穆斯林‧本‧哈查吉輯錄，穆薩‧余崇仁譯，《穆斯林聖訓實錄全集》。北京：宗教文化，2009 年。

67. 盧健英，《絕境萌芽：吳興國的當代傳奇》。臺北：天下遠見，2006 年。

68. 應劭撰，王利器校注，《風俗通義校注》。臺北：明文，1982 年。

69. 鍾明德，《現代戲劇講座：從寫實主義到後現代主義》。臺北：書林，1995 年。

70. 鍾傳幸，《戲曲導演：兒童戲曲《森林七矮人》創作演出》。臺北：辜公亮基金會，2001 年。

71. 謝維揚、房鑫亮主編，《王國維全集第一卷——靜安文集》。杭州：浙江教育；廣州：廣東教育，2009 年。

72. 謝維揚、房鑫亮主編，《王國維全集第三卷——宋元戲曲史》。杭州：浙江教育；廣州：廣東教育，2009 年。

73. 羅錦堂，《錦堂論曲》。臺北：聯經，1977 年。

74. 魏子雲編，《法國椅子中國席》。臺北：時報文化，1985 年。

75. 《大藏經第四冊‧本緣部下》。臺北：新文豐，1983 年。

76. 《聖經：新標點和合本》。香港：聯合聖經公會，1996 年。

77. Aristotle（亞里斯多德）著，姚一葦譯註，《詩學箋註》。臺北：臺灣中華，1992 年。

78. Bellantoni, Giuliana Zuccoli 編，宋敬武譯，《霍加斯》。臺北：錦繡，1993 年。

79. Bergson, Henri（昂利‧柏格森）著，徐繼曾譯，《笑——論滑稽的意義》。臺北：商鼎文化，1992 年。

80. Brecht, Bertolt（布萊希特）著，丁揚忠等譯，《布萊希特論戲劇》。北京：中國戲劇，1990 年。

81. Brecht, Bertolt（布萊希特）著，高士彥等譯，《布萊希特戲劇選（上冊）》。北京：人民文學，1980 年。

82. Brockett, Oscar Gross（布羅凱特）著，胡耀恆譯，《世界戲劇藝術欣賞》。臺北：志文，1974 年。

83. Diamond, Catherine（戴雅雯）著，呂健忠譯，《做戲瘋，看戲傻：十年所見臺灣劇場的觀眾與表演（1988～1998）》。臺北：書林，2000 年。

84. Étiemble, René（安田樸）著，耿昇譯，《中國文化西傳歐洲史》。北京：商務印書館，2000 年。

85. Gombrich, E. H.著，雨云譯，《藝術的故事》。臺北：聯經，2008 年。

86. Hegel, G. W. F.（黑格爾）著，朱光潛譯，《美學（第三卷下冊）》。北京：商務印書館，1981 年。

87. Kayser, Wolfgang（凱塞爾），陳銓譯《語言的藝術作品——文藝學引論》。上海：上海譯文，1984 年。

88. Marivaux, Pierre Carlet de（馬里伏）著，林志芸譯，《馬里伏劇作精選：《雙重背叛》及《愛情與偶然狂想曲》》。臺北：聯經，2002 年。

89. Mnouchkine, Ariane（莫虛金）、Pascaud, Fabienne（巴斯喀）著，馬照琪譯，《莫虛金：當下的藝術》。臺北：中正文化，2011 年。

90. Nicoll, Allardyee 著，徐士瑚譯，《西歐戲劇理論》。北京：中國戲劇，1985 年。

91. Said, Edward W.（薩依德）著，王志弘等譯，《東方主義》。臺北：立緒文化，1999 年。

92. Shumann, Karl 著，陳澄和譯，《歌劇入門指南》。臺北：大呂，1993 年。

93. Sophocles（索發克理斯）著，胡耀恆、胡宗文譯注，《伊底帕斯王》。臺北：桂冠，1998 年。

94. Szondi, Peter（斯叢狄）著，王建譯，《現代戲劇理論（1880～1950）》。北京：北京大學，2009 年。

95. Völker, Klaus（克勞斯・弗克）著，李健鳴譯，《布萊希特傳》。臺北：人間，1987 年。

96. Wilder, Thorntom（韋爾德）著，薛俐俐等譯，《韋爾德戲劇選集—小鎮、出生入死》。臺北：驚聲文物，1970 年。

97. Brockett, Oscar G. *History of the Theatre*. Boston: Allyn and Bacon, 2007.

98. Brooker, Peter. "Key word in Brecht's theory and practice of theatre" in The *Cambridge Companion to Brecht*. by Peter Thomson/ Glendyr Sacks ed.. New York: Cambridge University Press, 1994.

99. Burgess, C. F. "Introduction" in *The beggar's opera and companion pieces*, by John Gay. Arlington Heights, Ill. : AHM, 1985.

100. Goldoni, Carlo. *Memoirs of Goldoni*. Trans. John Black. London: Printed for Hunt and Clarke, 1828.

101. Kiernander, Adrian. *Ariane Mnouchkine and the Theatre du Soleil*. London: Cambridge University Press, 1993.

102. Kowalke, Kim H. "Brecht and music: theory and practice" in *The Cambridge Companion to Brecht*. by Peter Thomson/Glendyr Sacks ed.. New York: Cambridge University Press, 1994.

103. Lea, K. M. *Italian Popular Comedy*. New York: Russell & Russell, 1962.

104. Lenya, Lotte. "Foreword" in *The threepenny opera*, by Bertolt Brecht. New York : Grove Press, 1960.

105. Miller, Judith Graves. *Ariane Mnouchkine*. New York: Routledge, 2007.

106. Pavis, Patrice. *The Intercultural Performance Reader*. London: Routledge, 1996.

107. Pronko, Leonard Cabell. *Theater East and West : perspectives toward a total theater. Berkeley*:University of California Press, 1967.

108. Pronko, Leonard. "Approaching Shakespeare through Kabuki" in *Shakespeare East and West*. by Minoru Fujita/ Leonard Pronko ed.. Richard, Surrey: Japan Library, 1996.

109. Thomson, Peter/Sacks, Glendyr ed.. *The Cambridge Companion to Brecht*. New York: Cambridge University Press, 1994.

110. Tian, Min（田敏）. *The Use of Asian Theatre for Modern Western Theatre: The Displaced Mirror*. Switzerland: Palgrave Macmillan, 2018.

111. Zimmern, Helen. "Introduction" in *The Comedies of Carlo Goldoni*, by Carlo Goldoni. Chicago: A.C. M'Clurg, 1892.

112. 後藤末雄，《中國思想のフランス西漸》。奈良：養德社，1956 年。

二、學位論文

1. 王仁芳，〈莫努盧金導演作品中的東亞印記〉。臺北：臺灣大學戲劇研究所碩士論文，2013 年。

2. 王尚淳，〈跨文化改編與詮釋：莎劇在臺灣的戲曲化研究（1986～2010）〉。中壢：中央大學中國文學系碩士論文，2012 年。

3. 石婉舜，〈一九四三年臺灣「厚生演劇研究會」研究〉。臺北：國立臺灣大學戲劇研究所碩士論文，2002 年。

4. 吳品萱，〈科特‧懷爾《三毛錢歌劇》之研究〉。臺北：東吳大學音樂學系碩士論文，2005 年。

5. 黃千凌，〈當代臺灣戲曲跨文化改編（1981～2001）〉。臺北：臺灣大學戲劇研究所碩士論文，2001 年。

6. 黃佳文，〈臺灣歌仔戲跨文化編演與詮釋——以《梨園天神》、《梨園天神桂郎君》為研究對象〉。桃園：中央大學中國文學研究所碩士論文，2012 年。

7. 梁真瑜，〈臺灣亂彈戲曲白字化之研究〉。臺北：臺北大學民俗藝術研究所碩士論文，2009 年。

8. 劉南芳，〈臺灣內臺歌仔戲定型劇本的語言研究——以拱樂社劇本為例〉。新竹：清華大學中國文學研究所博士班，2010 年。

9. 鍾欣志，〈威尼斯雙胞案〉。臺北：臺北藝術大學劇場藝術研究所碩士論文，2003 年。

10. 鍾怡君，〈「傳統與創新」——河洛歌子戲團的發展（1991～2011）〉。臺北：臺灣師範大學歷史學系在職進修碩士班，2011 年。

三、期刊／研討會論文

1. 丁娜，〈落葉歸根的雍女士——德籍京劇票友雍竹君二三事〉。《中國京劇》2009 年 03 期，2009 年，頁 46～47。

2. 王士儀，〈試析布萊希特與中國傳統戲曲劇場〉。《華岡藝術學報》4 期，1997 年 6 月，頁 71～89。

3. 王婉容，〈布雷希特百歲冥誕紀念專輯——用劇場革命——顛覆戲場世界和自己的革命家〉。《聯合文學》164 期，1998 年 6 月，頁 109～112。

4. 石光生，〈超越或扭曲？：文化產業期臺灣戲劇跨文化改編的困境〉，《2007 海峽兩岸華文學術研討會論文集》。中壢：中原大學，2007 年，頁 1～20。

5. 田民。〈「戲劇是東方的」：法國戲劇導演姆努什金與亞洲戲劇〉。《文藝研究》，2006 年第 11 期，頁 90～105。

6. 朱安如，〈布萊希特碰上歌仔戲「胡撇」出生活荒謬——從《三便士歌劇》到《Mackie 踹共沒？》〉。《表演藝術雜誌》235 期，2012 年 7 月，頁 56～57。

7. 朱靜美，〈布萊希特的史詩劇場與中國平劇在表演「疏離」美學方面之比較〉。《中外文學》339 期，2000 年 8 月，頁 140～157。

8. 朱靜美，〈老戲法、新活用：義大利藝術喜劇之「拉奇」與好萊塢早期的動畫表演〉。《戲劇學刊》21 期，2015 年 1 月，頁 195～217。

9. 何玉蔚，〈論布萊希特的反向改編——從《三毛錢歌劇》到《三毛錢小說》〉。《戲劇文學》350 期，2012 年，頁 118～122。

10. 李立平，〈意大利喜歌劇的誕生與「喜歌劇論戰」〉。《藝術教育》2014 年 06 期，2014 年，頁 90～91。

11. 李其昌，〈藝術喜劇之十八世紀的改革——哥多尼的「新藝術喜劇」「扇子」與其排演過程〉。《美育》125 期，2002 年 1 月，頁 15～16。

12. 李立亨，〈莫努虛金‧東方劇場‧陽光劇團〉。《表演藝術》55 期，1997 年 6 月，頁 15～18。

13. 李立亨，〈我所認識的莫努虛金與陽光劇團〉。《表演藝術》179 期，2007 年 11 月，頁 58～60。

14. 李羿伶，〈論海山戲館《惡女嬌妻》的跨文化呈現〉。《臺藝戲劇學刊》4 期，2008 年 9 月，頁 69～89。

15. 李真，〈來華耶穌會士馬若瑟生平及學術成就鉤沉〉。《東アジア文化交涉研究》第 5 號，2012 年 6 月，頁 131～160。

16. 姚冰，〈戲劇藝術的未來在東方——從阿爾托的預言到姆努什金的實踐〉。《戲劇文學》2001 年第 8 期，2001 年，頁 65～68。

17. 姚彼得文，趙佩如譯，〈布雷希特百歲冥誕紀念專輯——以一顆寬容的心來紀念〉。《聯合文學》164 期，1998 年 6 月，頁 102～104。

18. 余匡復，〈布萊希特和傳統〉。《戲劇藝術》總 100 期，2001 年第 2 期，頁 29～40。

19. 林乃文，〈義大利藝術喜劇在臺北〉。《文化視窗》51 期，2003 年 5 月，頁 70～75。

20. 林鶴宜，〈此《欽差》非彼《欽差》〉。《表演藝術》50 期，1997 年 1 月，頁 63～65。

21. 林鶴宜，〈消失的主軸——我看《桂郎君》〉。《臺灣戲專學刊》13 期，2006 年 7 月，頁 125～127。

22. 林鶴宜，〈東方即興劇場：歌仔戲「做活戲」的演員即興表演機制和養成訓練〉，《東西對照與交軌 2010NTU 劇場國際學術研究會會議論文集（二）》。臺北：臺大戲劇學系研討會籌備小組，2010 年 10 月。

23. 周靜家，〈布雷希特百歲冥誕紀念專輯——觀看新藝術〉。《聯合文學》164 期，1998 年 6 月，頁 113～116。

24. 胡適，〈文學進化觀念與戲劇改良〉。《新青年》第五卷第四號，1918 年 10 月，頁 308～321。

25. 胡馨丹，〈中西兩部《灰闌記》之敘事分析〉。《淡江中文學報》26 期，2012 年 6 月，頁 25～47。

26. 耿一偉，〈藝術·歷史·政治——莫努虛金與陽光劇團創作年表〉。《表演藝術》179 期，2007 年 11 月，頁 58～59。

27. 馬照琪，〈東方形式點金，鎔鑄西方新劇場〉。《表演藝術》179 期，2007 年 11 月，頁 61～62。

28. 高詩嬪，〈河洛歌子戲《太子復仇》與莎士比亞《哈姆雷特》之比較研究〉。《輔大中研所學刊》18 期，2007 年 10 月，頁 133～151。

29. 孫惠柱，〈西方文化批判者伏爾泰的跨文化戲劇〉。《戲劇：中央戲劇學院學報》111 期，2004 年，頁 27～37。

30. 紀慧玲，〈哀悼戲曲 虛空一場〉。《表演藝術》290 期，2017 年 2 月，頁 80。

31. 宮寶榮，〈姆努什金與太陽劇社〉。《戲劇藝術》94 期，2000 年，頁 90～100。

32. 梁工，〈所羅門斷案故事在東西方的流變〉。《中州學刊》119 期，2000 年 9 月，頁 104～108。

33. 康保成，〈再論布萊希特對梅蘭芳的誤讀〉。《戲曲藝術》39 卷 1 期，2018 年 2 月，頁 6～14。

34. 張海濤，〈現代性的重述：《趙氏孤兒》在西方和現代中國的解讀〉。《戲劇文學》346 期，2012 年，頁 67～70。

35. 張黎，〈異質文明的對話——布萊希特與中國文化〉。《外國文學評論》2007 年 01 期，頁 28～38。

36. 陳中申，〈幫腔或是綁腔——國樂（民樂）加入歌仔戲的經驗談〉，《海峽兩岸歌仔戲創作研討會論文集》。臺北：文建會，1997 年，頁 289～300。

37. 陳玉慧，〈布雷希特百歲冥誕紀念專輯——布雷希特，生日快樂〉。《聯合文學》164 期，1998 年 6 月，頁 98～101。

38. 陳幼馨，〈2010 臺灣春風《雪夜客棧殺人事件》邁步走入中型劇場〉。《傳藝雙月刊》88 期，2010 年 6 月，頁 59～61。

39. 陳佩瑜，〈從元雜劇中女性面對婚姻挫折看女性意識——以《瀟湘夜雨》、《牆頭馬上》、《秋胡戲妻》為例〉，《凝劇新焦點——全國碩博士生戲劇學術研討會暨讀劇會論文暨劇本集》。臺北：臺北藝術大學，2009 年。

40. 陳茂康，〈誤會大了！愛情也悄悄來了？！一心戲劇團《啾咪！愛咋》〉。《表演藝術》297 期，2017 年 9 月，頁 28～29。

41. 陳慧玲，〈孫詩珮、孫詩詠 承先啟後穩紮穩打〉。《表演藝術》228 期，2011 年 12 月，頁 106～107。

42. 莊珮瑤，〈七字調的歌劇魅影——唐美雲歌仔戲劇團創團作梨園天神〉。《表演藝術》75 期，1999 年 3 月，頁 25～27。

43. 陸愛玲，〈世界的中央是一座劇場，舞臺之上搬演浮生若夢〉。《聯合文學》277 期，2007 年 11 月，頁 150～154。

44. 傅裕惠，〈因為身在歷史，更要創造歷史〉。《表演藝術》179 期，2007 年 11 月，頁 67～69。

45. 雷文學，〈布萊希特的「間離化效果」與中國戲曲〉。《重慶師範大學學報（哲學社會科學版）》2007 卷 6 期，2007 年 12 月，頁 94～100。

46. 楊俊霞，〈在復興中重生——即興喜劇中的人文主義精髓〉。《雲南藝術學院學報》3 期，2004 年，頁 20～24。

47. 楊馥菱，〈歌仔戲的跨文化編創——談梨園天神的兩次創作〉，《2011 跨越與實踐：戲曲表演藝術學術研討會論文集》。臺北：文津，2011 年，頁 31～58。

48. 楊馥菱，〈摩登歌仔戲 說出創意新蹊徑〉。《表演藝術雜誌》238 期，2012 年 10 月，頁 74～75。

49. 楊馥菱，〈一心歌仔戲《狂魂》改編浮士德之書寫策略探討〉。《戲曲學報》19 期，2018 年 12 月，頁 225～255。

50. 楊馥菱，〈試探跨文化戲曲《啾咪愛咋》之跨文化導演的創作及其藝術特色〉。《藝術論衡》復刊 10 期，2018 年 12 月，頁 59～86。

51. 廖俊逞，〈《威尼斯雙胞案》搖滾歌仔戲很反叛〉。《PAR 表演藝術》180
    期，2007 年 12 月，頁 20。

52. 廖俊逞，〈《雪夜客棧殺人事件》挑戰懸疑推理歌仔戲〉。《表演藝術》192
    期，2008 年 12 月，頁 12。

53. 臺灣春風歌劇團，〈新時代歌仔戲——《威尼斯雙胞案》〉。《傳藝》73 期，
    2007 年 12 月，頁 104～107。

54. 蔡欣欣，〈童叟無欺，老少咸宜　試探臺灣現代兒童戲曲〉。《表演藝術》
    101 期，2001 年 5 月，頁 84～88。

55. 劉佳，〈元雜劇《灰闌記》對布萊希特「陌生化效果」的影響〉。《戲曲藝
    術》第 30 卷 4 期，2009 年 11 月，頁 29～33。

56. 劉明厚，〈集體創作，共同設計——法國當代女導演姆努什金和她的太陽
    劇社〉。《中國戲劇》1999 年 8 期，頁 60。

57. 劉南芳，〈電視劇乎？歌仔戲乎？評梨園天神〉。《表演藝術》78 期，1999
    年 6 月，頁 50～51。

58. 劉南芳，〈色呈繽紛！花落何方？——評河洛歌子戲團《彼岸花》〉。《表
    演藝術》101 期，2001 年 5 月，頁 63～65。

59. 劉穎、付天海，〈布萊希特與中國戲曲〉。《西藏民族學院學報（哲學社會
    科學版）》28 卷 2 期，2007 年 3 月，頁 86～89。

60. 鄭芳雄，〈布雷希特百歲冥誕紀念專輯——談《四川好人》的中國題材運
    用〉。《聯合文學》164 期，1998 年 6 月，頁 117～123。

61. 鄭暉，〈娛樂與尖銳，而非僅僅愜意的玩笑——《三分錢歌劇》的藝術價
    值與當代啟示〉。《吉林藝術學院學報》110 期，2012 年，頁 7～9。

62. 鄭榮華，〈當代臺灣京劇現代化的幾個趨勢——從國光劇團《豔后和她的
    小丑們》談起〉。《藝苑》2013 年 01 期，頁 102～104。

63. 謝宜靜口述，廖俊逞、鄭尹真採訪整理，〈在陽光劇團的一千八百二十五
    個日子〉。《表演藝術》179 期，2007 年 11 月，頁 70～71。

64. 謝筱玫，〈胡撇仔及其歷史源由〉。《中外文學》第 31 卷第 1 期，2002 年
    6 月，頁 157～174。

65. 謝筱玫，〈從精緻到胡撇：國族認同下的臺灣歌仔戲論述〉。《民俗曲藝》
    155 期，2007 年 3 月，頁 79～110。

66. 謝筱玫，〈展演後設：國光劇團的《艷后》與《水袖》〉。《清華學報》45
卷 2 期，2015 年 6 月，頁 315～342。

67. 羅仕龍，〈中國「喜劇」《㑳梅香》在法國的傳譯與改編〉。《民俗曲藝》
189 期，2015 年 9 月，頁 63～117。

68. 羅仕龍，〈從律法價值的推崇到文學位階的確立：《竇娥冤》在法國的傳
譯與接受〉。《戲劇研究》23 期，2019 年 1 月，頁 73～105。

69. 羅磊，〈太陽劇社中期的「東方」轉向〉。《文藝研究》2016 年第 11 期，
頁 113～121。

70. 簡秀珍，〈北管婚變戲《三官（關）堂》抄本的口語傳統套式運用與敘事
結構〉。《戲劇研究》7 期，2011 年 1 月，頁 65～106。

71. 蘇真穎，〈發現東方的戲劇音樂旅行〉。《當代》201 期，2004 年 5 月，頁
100～109。

72. 關伯基，〈一齣與時俱進的《乞丐歌劇》〉。《星海音樂學院學報》2007 卷
3 期，2007 年 9 月，頁 1～7。

73. 關伯基、常敬儀，〈星月交輝——《三角錢歌劇》與其原作《乞丐歌劇》〉。
《星海音樂學院學報》2008 卷 4 期，2008 年 12 月，頁 61～67。

74. 龔北芳，〈論《高加索灰闌記》的「陌生化」手法〉。《國際關係學院學報》
2005 年第 3 期，2005 年，頁 66～68。

75. Adrian Hsia（夏瑞春）著，王珍瑤譯，〈在德國作家筆下奪胎換骨的《灰
闌記》〉（Eindeutschung des Kreidekreismotivs）。《明報月刊》總 135 期，
1977 年 3 月，頁 53～60。

四、其他：報章、節目冊、網站資料

1. 一心歌仔戲劇團，《狂魂——東方浮士德》節目冊。2011 年。

2. 一心歌仔戲劇團，《Mackie 踹共沒？》節目冊。2012 年。

3. 一心歌仔戲劇團，《啾咪！愛咋》節目冊。2017 年。

4. 一心歌仔戲劇團臉書，〈Mackie 踹共沒？〉https://www.facebook.com/Yi
Shin1989/photos/a.262158753903166/262160470569661/?type=3&theater。
發佈日期：2012 年 8 月 29 日。引用日期：2019 年 4 月 15 日。

5. 于善祿，〈評臺灣春風歌劇團新胡撇仔《威尼斯雙胞案》〉http://mypaper.
pchome.com.tw/yushanlu/post/1301868663。發佈日期：2007 年 12 月 22

日。引用日期：2019 年 3 月 20 日。

6. 李佩穎，〈從義大利即興喜劇到「新胡撇仔」〉http://www.wretch.cc/blog/ ZephyrOpera/4447508。發佈日期：2007 年 10 月 25 日。引用日期：2011 年 1 月 10 日。

7. 林乃文，〈戲劇對社會的辯證、調笑、或消費？一心戲劇團《Mackie 踹 共沒？》〉http://coolmoonintaiwan.blogspot.tw/2013/05/mackie.html。發佈 日期：2013 年 5 月 16 日。引用日期：2014 年 6 月 5 日。

8. 林茂賢主持，《歌仔戲曲調卡拉 OK》DVD 附冊。宜蘭市：宜蘭縣政府文 化局，2001 年。

9. 林鶴宜，「臺灣春風歌劇團《新胡撇仔——威尼斯雙胞案》第六屆臺新藝 術獎入圍理由」：http://www.taishinart.org.tw/chinese/2_taishinarts_award/ 2_2_top_detail.php?MID=3&ID=4&AID=9&AKID=16&PeID=99。引用日 期：2011 年 1 月 12 日。

10. 施如芳，〈當浮士德與中土宗教相遇《狂魂》〉。《表演藝術評論臺》： https://pareviews.ncafroc.org.tw/?p=1483。發佈日期：2011 年 12 月 17 日。 引用日期：2019 年 5 月 20 日。

11. 紀慧玲，〈改編自《哈姆雷特》，《聖劍平冤》很歌仔戲〉。《民生報》，1997 年 5 月 10 日，19 版。

12. 紀慧玲，〈我愛春美之龍飛鳳舞《我的情人是新娘》〉。《表演藝術評論臺》： https://pareviews.ncafroc.org.tw/?p=1340。發佈日期：2011 年 11 月 25 日。 引用日期：2019 年 5 月 20 日。

13. 紀慧玲，〈依稀 Brecht，依舊歌仔《Mackie 踹共沒？》〉。《表演藝術評論 臺》：http://pareviews.ncafroc.org.tw/?p=3527。發佈日期：2012 年 9 月 4 日。引用日期：2014 年 6 月 6 日。

14. 紀慧玲，〈華麗天狗，寶塚歌仔《鞍馬天狗》〉https://pareviews.ncafroc.o rg.tw/?p=22290。發佈日期：2016 年 11 月 29 日。引用日期：2019 年 5 月 20 日。

15. 紀蔚然，〈小丑報到〉。《聯合報》，2012 年 3 月 13 日，D3 版。

16. 梁越玲，〈牟尼之瞳製作緣起〉。《尚和歌仔戲劇團》官網：http://sunhopeec ho.com.tw/work_view.php?pid=20&pid2=55。引用日期：2019 年 5 月 15 日。

17. 張啟豐，〈落幕前的天鵝之歌《夜王子》〉。《表演藝術評論臺》：https://pa
reviews.ncafroc.org.tw/?p=3703。發佈日期：2012 年 9 月 26 日。引用日
期：2019 年 5 月 20 日。

18. 張震洲，〈栢優座《椅子》演繹荒誕人生〉。《PAR 表演藝術》：https://pa
r.npac-ntch.org/tw/news/doc-%E6%A0%A2%E5%84%AA%E5%BA%A7%
E3%80%8A%E6%A4%85%E5%AD%90%E3%80%8B%E6%BC%94%E7
%B9%B9%E8%8D%92%E8%AA%95%E4%BA%BA%E7%94%9F-ejhvb
4iuj3。發佈日期：2016 年 10 月 19 日。引用日期：2019 年 5 月 12 日。

19. 黃佳文，〈當笑聲掩蓋悲歡《Mackie 踹共沒？》〉。《表演藝術評論臺》：
http://pareviews.ncafroc.org.tw/?p=3660。發佈日期：2012 年 9 月 24 日。
引用日期：2014 年 6 月 6 日。

20. 黃朝琴，〈阿斗仔導歌仔戲《啾咪！愛咋》今開演〉。《青年日報》，2017
年 9 月 15 日，藝文園地版：https://www.ydn.com.tw/News/254287。

21. 郭士榛，〈椅子融合戲曲，演出荒謬人生〉。《人間福報》，2016 年 10 月
19 日，8 版。

22. 陳佩瑜，〈自有一片生意盎然，何需馬奎斯？《化作北風》〉。《表演藝術
評論臺》：https://pareviews.ncafroc.org.tw/?p=34518。發佈日期：2019 年
4 月 9 日。引用日期：2019 年 4 月 9 日。

23. 陽光劇團，〈理查二世〉https://www.theatre-du-soleil.fr/fr/notre-theatre/les-
spectacles/les-shakespeare-richard-ii-1981-158。引用日期：2019 年 4 月 15
日。

24. 當代傳奇劇場，《暴風雨》。臺北：當代傳奇劇場，2004 年。

25. 當代傳奇劇場，《等待果陀》。臺北：當代傳奇劇場，2006 年。

26. 廖俊逞，〈三分鐘看義大利即興喜劇〉。《表演藝術網路雜誌》123 期：
http://www.paol.ntch.edu.tw/e-mag-content.asp?show=1&id=1230781。發佈
日期：2003 年 3 月。引用日期：2011 年 1 月 10 日。

27. 臺灣春風歌劇團官方部落格，〈威尼斯雙胞案〉https://zephyropera.pixne
t.net/blog/post/101195591。發佈日期：2008 年 12 月 2 日。引用日期：2
019 年 4 月 15 日。

28. 臺灣春風歌劇團，《雪夜客棧殺人事件》節目冊。2010 年。

29. 蔡振家，〈以弦樂為主的歌仔戲？〉。《民生報》，2006 年 4 月 19 日，A10 版。

30. 謝筱玫，〈《罪》在何處？〉。《民生報》，2006 年 1 月 18 日，A10 版。

31. 鴻鴻，〈臺灣觀點的京腔莎劇《艷后和她的小丑們》〉。《表演藝術評論臺》：http://pareviews.ncafroc.org.tw/?p=1952。發佈日期：2012 年 4 月 2 日。引用日期：2019 年 5 月 12 日。

32. 簡秀珍，〈《Mackie 踹共沒？》——歌仔戲能跨得多遠？〉http://cloud.culture.tw/frontsite/guide/autListSearchAction.do?method=viewAutDetail&iscancel=true&columnId=9&subMenuId=302&siteId=101，引用日期：2014 年 5 月 30 日。

33. 鍾欣志，〈義大利藝術喜劇簡介〉，《威尼斯雙胞案》DVD 附冊。臺北縣：木棉花國際，2005 年。

34. 蘇怡安，〈永恆追求的靈魂缺口——《威尼斯雙胞案》故事〉http://www.wretch.cc/blog/ZephyrOpera/4500447。發佈日期：2007 年 11 月 22 日。引用日期：2011 年 1 月 10 日。

35. Mou, Edward 著，Kevin Chou 譯，《乞丐歌劇》DVD 附冊。臺北縣：南強國際，2005 年。

36. Magnum Photos, *Henry IV, part 1.*

37. https://mediastore.magnumphotos.com/CoreXDoc/MAG/Media/TR2/0/0/8/a/PAR11778.jpg。引用日期：2019 年 4 月 15 日。

38. 〈一齣沒有作曲者的歌劇：乞丐歌劇〉。《愛樂大百科》14 期：https://www.muzik-online.com/tw/periodical/muzik/2007/14/8e8806ee-77fd-4429-b89d-065398363bb0。發佈日期：2007 年 11 月。引用日期：2014 年 6 月 2 日。

39. 〈春美《我的情人是新娘》〉https://blog.xuite.net/anthena/my/47531515-%E6%98%A5%E7%BE%8E%E3%80%8A%E6%88%91%E7%9A%84%E6%83%85%E4%BA%BA%E6%98%AF%E6%96%B0%E5%A8%98%E3%80%8B。發佈日期：2011 年 7 月 2 日。引用日期：2019 年 5 月 15 日。

40. 〈春美《夜王子》〉https://blog.xuite.net/anthena/my/159916474-%E6%98%A5%E7%BE%8E%E3%80%8A%E5%A4%9C%E7%8E%8B%E5%AD%90%E3%80%8B。發佈日期：2013 年 11 月 10 日。引用日期：2019 年 5 月 20 日。

41. 〈雪夜客棧殺人事件〉。《臺新藝術獎文獻》：http://artsawardarchive.taishin art.org.tw/work/id/231。引用日期：2019 年 5 月 20 日。

42. 〈梨園天神桂郎君〉。《文化部》：https://toolkit.culture.tw/performanceinfo_171_29.html。發佈日期：2014 年 6 月 13 日。引用日期：2019 年 5 月 1 2 日。

43. 〈海山戲館：我是縣老爺〉。《文化部》：http://event.moc.gov.tw/sp.asp?xdu rl=ccEvent2013/ccEvent_cp.asp&cuItem=2168175&ctNode=676&mp=1。引用日期：2019 年 5 月 20 日。

44. 〈搖滾！！歌仔戲〉http://zephyropera.pixnet.net/blog/post/101195495-%E6 %90%96%E6%BB%BE!!%E6%AD%8C%E4%BB%94%E6%88%B2。發 佈日期：2007 年 12 月 9 日。引用日期：2011 年 1 月 10 日。

45. 〈黑白兩道聯手力鬥丐幫——淺談威瑪文化與《三便士歌劇》〉http://blog. xuite.net/richardwagner/library/21248192。發佈日期：2008 年 12 月 10 日。引用日期：2014 年 6 月 3 日。

46. 〈mackie 踹共沒？心得〉http://jc20094324.pixnet.net/blog/post/3207808-m ackie-%E8%B8%B9%E5%85%B1%E6%B2%92%3F-%E5%BF%83%E5% BE%97。發佈日期：2013 年 10 月 5 日。引用日期：2014 年 6 月 7 日。

47. 〈Where is 真相？ Mackie 踹共沒？〉http://halfdice.pixnet.net/blog/post/3 0752509-where-is-%E7%9C%9F%E7%9B%B8--mackie%E8%B8%B9%E5 %85%B1%E6%B2%92%EF%BC%9F。發佈日期：2013 年 8 月 13 日。引 用日期：2014 年 6 月 5 日。

五、影音

1. 一心歌仔戲劇團，《Mackie 踹共沒？》。2012 年，〔未出版〕，（演出者提供）。

2. 一心歌仔戲劇團，《啾咪！愛咋》。2017 年，〔未出版〕，（演出者提供）。

3. The English Baroque Soloists（英國巴洛克獨奏家團），《乞丐歌劇》。臺北縣：南強國際，2005 年。